Christian Q&A
묻고 답하고

| 박종순 지음 |

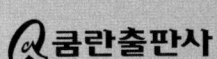
쿰란출판사

머리말

세 번째 '상담글'을 모아 책으로 펴냅니다. 하나님께 감사드리고 〈국민일보〉와 열독자, 그리고 한국교회에 감사드립니다. 솔직히 처음 〈국민일보〉 상담 창을 열었을 때 '관심들이 있을까?', '독자층은 형성될까?', '상담 내용은 맴도는 것들이 아닐까'라는 걱정이 있었습니다. 하지만 그것은 기우(杞憂)였습니다. 퍼올려도 샘솟는 샘물처럼 문제는 끝이 없고 진행형입니다. 단, 답은 한계가 있습니다. 그 이유는 간단합니다.

답글을 써야 하는 저 자신의 일천(日淺)함 때문입니다. 신앙과 삶에 얽힌 이야기들을 함께 나눈 햇수가 20여 년 가까워집니다. 놀랍고 감사합니다.

세 번째 상담글 모음을 《묻고 답하고》(Christian Q&A)로 정했습니다. 독자들의 질문이 진솔한 탓으로 답글도 진정성을 떠날 수 없었습니다. 기독교 상담의 최종 답은 정해져 있습니다. 그것은 '예수 그리스도', '성경', '복음'입니다. 팔도강산을 돌고 돌아도 답은 '예수 그리스도'

이십니다. 그래서 늘 성경을 살피고 정답을 찾았습니다. 독자들이 계속 문제를 보내는 한 누군가는 답을 해야 할 것입니다. 저도 묻고 답을 찾는 구도자가 되고 싶습니다.

하나님께 다시 감사드립니다. 〈국민일보〉와의 우정도 감사드립니다. 그리고 교회 주보에 상담란을 만들어 싣는다는 교회, 구역예배에서 QT 소재로 활용한다는 교회, 새 신자 훈련프로그램으로 적용한다는 교회, 노트를 만들어 상담내용을 스크랩한다는 열혈독자, 그분들이 신앙상담 코너의 주인공들이십니다. 감사드립니다.

성실하고 진솔한, 그리고 곧은 답을 바라는 독자들의 기대가 흔들리지 않도록 주님이 허락하시는 그날까지 최선을 다할 것을 약속합니다. 늘 감사드립니다.

2022년 10월

박종순 목사

차례

| 머리말 | … 2

 First 키워드 _ 가정생활

갈등

설날 세배해도 되나요?	14
친척들 전도하고 싶은데… 같이 제삿밥 먹어도 되나요?	16
시아버지 돌아가신 후 고부 갈등이 심해집니다	18
남편이 자꾸 목사님 설교를 비판합니다	20
사윗감이 직장 그만두고 목사가 되겠다고 합니다	22
아버지 유산 교회 장학재단 헌납 문제로 다툼	24
교회 옮기고 싶은데 가족이 반대합니다	26
잔소리한다 몰아세우는 가족들에게 분노가 치밀어요	28
장학재단에 유산 기부, 자녀들은 부정적입니다	30

자녀양육

학원 다니는 아이들, 주일에도 보내야 할까요?	32
교회에서 자란 딸, 커서는 교회 가기 싫다고 해요	34
봉사하고 섬기느라 중학생 남매 돌볼 시간이 부족해요	36
임신 중에 성경을 읽으면 좋다는데 맞나요?	38
태권도 선수 아들, 시합 때문에 주일성수를 못해요	40
새해 자녀에게 전하면 도움될 신앙 교훈	42
화내고 대드는 사춘기 중학생 딸아이	44

딸이 희귀병을 앓는데 치료법이 없다고 합니다	46
선교사 되겠다는 외아들, 내키지가 않아요	48
아들이 종교가 다른 여자와 결혼하기를 원해요	50

Second 키워드 _ 개인생활

경건

연기로 하는 술, 담배, 악역 걱정됩니다	54
천국, 지옥 다녀왔다는 간증 믿어도 될까요?	56
연명의료 거부하다 사망하면 자살이 되는지요?	58
예수님 형상을 만드는 건 괜찮은지요?	60
성령 훼방죄도 용서받을 수 있나요?	62
새해에 토정비결, 신년운세 등을 보는 사람이 많아요	64
하나님과의 인격적 만남이란	66
트로트 프로그램 즐기는 게 죄라는데	68
사행심에 휘둘리지 말고 바른 기도를	70
제사에 쓰였던 음식 먹어도 되나요?	72
소리 내 기도 안 해도 다 들으시나요?	74
기도원 원장에게 기도 받으러 간다는데 괜찮을까요?	76
작은 소리로 기도하면 하나님이 못 듣나요?	78
청년부 수련회 성평등 강의에서 성은 평등하고 선택의 자유가 있다는데 맞나요?	80
전도는 행함으로 본을 보이는 거라는데	82

관계

- 비기독교인 이성과 교제해도 될까요? — 84
- 신앙 초보 남자친구와 신앙 문제로 갈등을 빚어요 — 86
- 교회에서 만난 여성과 사귀고 싶은데 냉담해요 — 88
- 헌금 많이 하는 권사가 거짓말을 일삼고 상처를 주어요 — 90

성경

- 직장인인데 성경지식이 부족해 쩔쩔, 신학공부하고 싶어요 — 92
- 만일 가룟 유다가 악역을 하지 않았다면 — 94
- 성경 많이 읽어도 변화된 게 없는 사람이 있어요 — 96
- '복 받으라', '축복 받으라' 중 어떤 말이 맞나요? — 98
- 하나님은 모세와 친구처럼 대화했다는데 사실인가요? — 100
- 예수님을 왜 어린양이라고 하나요? — 102
- '명복'이란 용어, 기독교인이 사용해도 되나요? — 104
- '인간은 불멸의 존재'가 맞는 말인가요? — 106
- 바울이 경험한 셋째 하늘이란? — 108
- 하나님과 사람만이 영을 통해 소통 — 110
- '예수 이름으로', '예수님 이름으로' 헷갈려요 — 112
- 솔로몬이 건축한 성전과 현재 성전의 차이는 — 114
- 재림 예수는 구름 타고 오신다고 했는데… — 116
- '자기 십자가를 지라'는 말씀의 의미는 무엇인가요? — 118
- 천국에서도 수많은 사람 중 가족을 알아볼까요? — 120
- 하나님이 아브라함을 찾아가 음식 드시는 일이 가능한가요? — 122

자기관리

- 개척교회 섬기는 남편… 담배를 못 끊어요 — 124
- 모태신앙인 남편, 몰래 야동을 봐요 — 126
- 말과 행동을 거친 친구, 타일러도 안 들어요 — 128
- 안수집사 남편, 집에서 TV만 봐요 — 130

술·담배 못 끊으면 집사 직분 내려놓아야 하나요?	132
맥주는 술이 아니고 보리 음료라며 마십니다	134
포도주는 마셔도 되나요?	136
건강 관리에 너무 집착하는 게 아닌지 고민 돼요	138
건강 관리 불편하지만 운동하지 않으면 더 허전해요	140

진로

신학교 준비, 진보·보수 교단 기로에 있어요	142
부모님이 목사 되라는데…저는 확신이 없어요	144
선교사 꿈꾸는데, 준비는 어떻게 해야 할까요?	146
중학생 아들이 트로트 가수가 되고 싶다고 해요	148
신학대학 졸업 후 꼭 목회해야 하나요?	150

Third 키워드 _ 교회생활

건축·재정

헌금을 교회 계좌로 보내는 게 합당한가요?	154
교회 신축 때문에 교인들이 불평하고 떠나요	156
교회 팔려는데 매입자 신분을 구분하기 힘들어요	158
교회 예산편성 놓고 이견으로 대립 중이에요	160
설교시간에 헌금 얘기 자주 하는데 거부감이 들어요	162
범죄자가 낸 헌금을 피해자들이 돌려달라고 해요	164
예배 모임 중단하지 않는 이유가 헌금?	166
매달 받는 생활비도 십일조 해야 하나요?	168
코로나19 여파로 십일조를 못해 괴로워요	170

교회에서 지휘자, 반주자들에게 사례비를 지급하는데…	172
과시보다 의미 새기는 정성으로 하길	174
작은 교회라 온라인 예배, 양육이 어려워요	176
목회자, 교회가 비트코인에 투자해도 되나요?	178
온라인 예배 드리고 타교회 헌금도 보내는데 괜찮나요?	180
헌금봉투에 고인 이름 쓰고 기도해요 괜찮나요?	182

관계

교회 신축, 이름 변경 놓고 찬반이 나뉩니다	184
교회 내분 당사자들, 기도할 땐 '화해'… 두 모습에 씁쓸해요	186
담임목사 교회 개혁에 장로들이 부정적입니다.	188
목회 운영, 교인들 태도 모든 것이 마음에 안 들어요	190
갈등이 있는 교회에서 목회를 시작합니다	192
서로 하나님의 뜻이라며 기도하고 다툽니다	194
동료 찬양대원이 고수익 낸다며 돈 빌려달라고 해요	196
작은 교회에서 여친과의 교제에 시선이 곱지 않아요	198
계시 받았다며 사돈 맺자는 교우가 있습니다	200
하나님께 직통계시를 받는다는 지인이 있습니다	202
친구가 약속 시간도, 약속한 일도 지키지 않아요	204

목회운영

목회를 선교에 집중하다 보니 부실한 부분이 많다는데	206
교회 행사에 지자체장들 참석이 이어집니다	208
먼저 교인들의 신앙적 요구 살펴보길	210

목회자

후임 목사, 신문에 광고할까요, 청빙할까요?	212
목사님이 성탄 장식이 허례허식이라는데 맞나요?	214

목회자, 교회 자주 옮기는 게 바람직한가요	216
목사님이 설교 후 환우 병명 열거하며 기도해요	218
담임목사 선교지 방문과 해외 일정이 잦아요	220
대형교회 목회자의 무시 발언에 상처받았어요	222
교회 개척한 지 30년, 은퇴를 앞두고 있습니다	224
부목사님, 전도사님도 영적 아버지로 여겨도 되는지요?	226
목회자 예배, 기도회 때 남방 차림 안 되나요?	228
목회자 수염 놓고 성도들 의견이 분분합니다	230
사모가 전면에 나서야 하나요?	232
설교 시간에 메타버스·인공지능 언급하십니다	234
설교 시간에 유행가 부르는 목사님, 괜찮나요?	236

선교

일본은 교회 교파 적은데 왜 한국교회는 많은지요?	238
단기선교에 대한 부정적 여론이 있습니다	240
한·일 갈등으로 일본 선교 어려워요	242
북한·중국 선교에 대해 여과 없이 말해요	244

설교

설교자의 반말, 은어 괜찮은지요?	246
설교 시간에 '아멘' 강요하고, 안 하면 '믿음 없다'고 야단쳐요	248
설교단이 있는 강단 활용, 어떻게 해야 하나요?	250
왜 설교에 목숨을 걸어야 하나요?	252
출석 교회 목사님 설교가 너무 길어요	254
설교에 히브리어, 헬라어를 자주 혼용해요	256

예배

교회 외부강사, 간증자 초청이 너무 잦습니다	258
송구영신예배 때 말씀 뽑기 기복적이라는데…	260

장례예배, 입관예배가 우상숭배인가요?	262
예배는 꼭 다니는 교회에서만 드려야 하나요	264
5월이면 가정문제 강의로 예배를 대신해요	266
철야기도회 안 나가면 믿음 없다고 비난해요	268
유아실 예배 너무 시끄러워 집중이 안 됩니다	270
강아지 품에 안고 예배드리는 초신자가 있어요	272
집에서 온라인 예배를 계속 드려도 될까요?	274
찬송가 시끄럽고 따라 부르기 어려워요	276
대표기도가 부담스럽고 힘들어요	278
예배당은 장소 의미… 교회가 더 소중	280
성찬식도 비대면이 가능한가요	282
온라인 예배를 앞으로도 계속 드리자고 해요	284
고등부 학생이 혼자밖에 없다며 교회에 안 나가요	286
민요곡에 성가 가사 개사해 불러도 되나요?	288
십자가 가리는 영상 스크린 괜찮나요?	290
예배 장소 중요하지 않다는데…	292
예배에 주기도문, 사도신경 꼭 넣어야 하나요?	294

청지기

주일 낀 해외여행 어머니께서 말려요	296
직장 일로 주일 못 지키는데 항존직 임직 괜찮나요?	298
교구 안에 몰래 하는 친목모임이 있어요	300
자기 편 아니면 사탄으로 모는 중직자가 있어요	302
교인에게 빌려준 돈 아직 못 받고 있어요	304

Fourth 키워드 _ 사회생활

문화

교수님의 현실교회 비판… 옳은 가르침인가요?	308
기독연예인의 조폭 역할, 술담배 연기 불편해요	310
평창올림픽 기도 세리머니 못 봐 아쉬워요	312
종교 간 '화합과 일치' 기독교 정체성에 맞는 일인가요?	314
가나안 교인이란 어떤 교인인가요?	316
유해를 화장하면 부활 때 문제가 되나요?	318
기독 연합체 분열 걱정이 큽니다	320

일터

회식 때마다 폭탄주 강요해 너무 힘들어요	322
직장 신우회 회장이 신임을 받지 못하고 있어요	324
타종교인 동기와 동업을 생각하고 있어요	326
응급환자 주일 진료로 주일 성수를 못하고 있습니다	328
공직 은퇴 이후의 삶 어떻게 살아야 하나요?	330
기독교인이라고 굳이 티낼 필요가 없나요?	332

정치

목회자의 정치 관심 바람직한가요?	334
정치지망생인데 요즘 정치권 보면 환멸을 느껴요	336
한·일관계 어떻게 봐야 할까요?	338
목회자 독서모임에서 정치문제로 편이 갈려요	340
통일 위한 교회 관심이 너무 지나쳐요	342

First 키워드

가정생활
⋮

갈등

설날 세배해도 되나요?

 설날이 다가옵니다. 기독교인이 세배를 해도 되는지요?

세배란 새해가 되면 새 옷(설빔)으로 갈아입고 웃어른들에게 절을 하는 전통적 예절입니다. 그리고 세뱃돈을 받기도 하고 덕담을 듣기도 합니다. 성경 안에는 절을 금한 예도 있고, 절을 한 예도 있습니다. "새긴 우상을 만들지 말라 어떤 형상도 만들지 말라 그것들에게 절하지 말라 그것들을 섬기지 말라"(출 20:4-5)고 했습니다. 우상을 만들거나 섬기지 말라는 것입니다. 우상은 비인격체이며 물질이고 수제품입니다. 그것들을 섬기거나 절하지 말라고 한 것입니다. 그러나 절을 한 경우도 있습니다.

요셉의 형들이 양식을 구하러 애굽에 들어갔습니다. 그때 이미 요셉은 애굽의 총리였고 형들은 그 사실을 모르고 있었습니다. "요셉의 형들이 와서 그 앞에서 땅에 엎드려 절하매"(창 42:6). 총리에게 존경과 예의를 표한 것입니다.

다니엘이 바벨론 왕 느부갓네살의 꿈을 해석하고 난 뒤 왕이 다니엘에게 엎드려 절하고 예물과 향품을 주게 했습니다(단 2:46). 다니엘의 영적 권위와 지혜에 예의를 표한 것입니다. 아기 예수를 찾아온 동방박사들도 "엎드려 아기께 경배하고 보배합을 열어 황금과 유향과 몰약을 예물로"(마 2:11) 드렸습니다.

　새해를 맞아 웃어른을 찾아 세배를 하는 것은 우상 숭배가 아닙니다. 자녀나 아랫사람이 지켜야 할 예의이고 도리입니다. 그러나 세배보다 중요한 것은 평소에 부모에게 효도하고 웃어른을 존경하는 것입니다. 그리고 더 중요한 것은 내 영혼을 지으시고 나를 존재케 하신 하나님을 믿고, 섬기고, 높이는 것입니다. 하나님을 창조주 아버지로 인정하고 순종하는 생활 신앙이 더 소중합니다. 설날에 웃어른을 찾아뵙고 세배하는 것은 문제될 게 없습니다.

> 갈등

친척들 전도하고 싶은데…
같이 제삿밥 먹어도 되나요?

Q 저는 교회 권사입니다. 남편과 함께 친척집 제사에 참석한 후 제사음식으로 식사를 했는데 남편은 거리낌 없이 식사를 했지만 저는 거리낌이 있었습니다. 친척들은 예수를 믿지 않기 때문에 전도대상자입니다. 제사 음식을 먹어도 되는지요?

A 고린도교회도 유사한 문제를 안고 있었습니다. 고린도교회는 AD 50년경 제2차 전도 여행시 바울이 세운 교회입니다. 고린도는 당시 인구 60만 명을 헤아리는 대도시였고 상업의 도시, 철학자들이 모인 학문의 도시, 올림픽에 버금가는 이스무스 경기와 로마의 검투경기를 수입한 스포츠 도시였습니다. 그런가 하면 우상숭배 도시로 여신 아프로디테 신전에는 1천여 명의 여승들이 있었고 도덕적 타락이 만연하고 있었습니다. 그곳에 위치한 고린도교회는 분파, 도덕적 타락, 교인 간의 소송 문제, 결혼 문제, 성령의 은사, 헌금 문제, 부활신앙 문제 등 다양한 문제들로 몸살을 앓고 있었습니다.

그중 하나가 우상 제사와 제물 문제였습니다. 고린도전서 8~10장에서 이 문제를 다루고 있는데, 고린도교회에 문제가 됐던 우상의 제물은 우상 신전에 바쳤다가 시장에서 유통되는 식물이었습니다. 그 식물을 구입해 식용으로 삼는 것에 대한 문제가 제기된 것입니다 이 문제에 대해 바울은 "우상은 세상에 아무것도 아니며 또한 하나님은 한 분밖에 없는 줄 아노라"(고전 8:4), 우상은 신이 아니다, 우상에게 바쳤던 식물도 우상의 것이 아니다, 그러므로 "너희의 자유가 믿음이 약한 자들에게 걸려 넘어지게 하는 것이 되지 않도록 조심하라"(고전 8:9), "만일 음식이 내 형제를 실족하게 한다면 나는 영원히 고기를 먹지 아니하여 내 형제를 실족하지 않게 하리라"(고전 8:13)고 말합니다.

내가 우상의 제물을 먹은 것 때문에 다른 사람이 시험에 든다든지 실족하게 된다면 그 사람을 위해 먹지 않는 것이 좋다는 것입니다.

중요한 핵심은 "우상 숭배하는 자가 되지 말라"(고전 10:7)입니다. "시장에서 파는 것은 양심을 위하여 묻지 말고 먹으라"(고전 10:25). 그러나 "이것이 제물이라 말하거든 알게 한 자와 그 양심을 위하여 먹지 말라"(고전 10:28)는 것입니다. 바울의 결론적 교훈은 "그런즉 너희가 먹든지 마시든지 무엇을 하든지 다 하나님의 영광을 위하여 하라"(고전 10:31)입니다.

우리는 복음 안에서 자유함을 얻은 사람들입니다. '먹는다, 먹지 않는다'는 행위 자체보다 그로 인한 결과와 영향을 고려해야 합니다. 가족들과 함께 즐겁게 식사하십시오. 가족과 친척들이 다 예수 믿게 해 달라고 기도하십시오. 제사 음식이니까 나는 안 먹는다며 개별행동을 하게 된다면 음식 나눔을 통한 가족소통의 길이 막히게 될 것입니다. 음식을 먹느냐 먹지 않느냐의 문제보다 더 중요한 것은 가족들로부터 신뢰와 사랑과 인정을 받는 삶의 자세가 더 중요합니다. 너그러우십시오. 베푸십시오. 칭찬과 인정을 받으십시오. 그래서 가족들이 권사님의 말에 귀를 기울이게 하십시오. 전도의 문이 열릴 것입니다.

갈등

시아버지 돌아가신 후
고부 갈등이 심해집니다

Q 시부모님은 장로님, 권사님이시고 저의 남편은 외아들로 직장인입니다. 시아버님은 교직에 몸담고 계시다 갑자기 세상을 떠나셨습니다. 저희는 결혼 후 분가해 살았는데 시아버님이 세상을 떠나신 후 시어머니를 모시고 한 집에서 살고 있습니다. 제 탓이 크지만 갈수록 시어머님과 갈등이 심해집니다. 시어머님 생활은 여유가 있으신 편입니다. 어떻게 해야 할까요?

A 구약성경 룻기가 생각납니다. 주경가들은 룻기를 '아름다운 전원시', '구속사적 전기'라고 했습니다.

룻은 모압 여인이었습니다. 베들레헴의 흉년을 피해 모압으로 이주한 가족이 있었습니다. 그들은 엘리멜렉과 나오미 부부, 말론과 기론 두 아들입니다. 그런데 그곳에서 엘리멜렉이 죽고 두 아들은 각각 모압 여자와 결혼해 가정을 이뤘습니다.

얼마 후 두 아들이 죽고 시어머니 나오미와 큰며느리 오르바와 둘째 며느리 룻만 남게 되었습니다. 살 길이 막막해진 나오미는 베들레헴에 풍년이 들었다는 소문을 듣고 베들레헴으로의 귀향을 결정합니다. 그리고 두 자부에게 나는 떠날 테니 너희들은 이곳에 남아 좋은 남자 만나서 가정을 이루라고 했습니다. 오르바는 시어머니 말대로 모압에 남겠다며 곁을 떠났지만 룻은 "어머니 가시는 곳에 나도 가고 어머니 유숙하시는 곳에 나도 유숙하고 어머니의 백성이 나의 백성이 되고 어머니의 하나님이 나의 하나님이 되시고 어머니 죽으시는 곳에서 나도 죽어 장사될 것입니다"(룻 1:16)라며 나오미를 따랐습니다.

여기서 주목할 부분은 "내 딸아"와 "내 어머니"의 관계입니다. 나오미에게 룻은 며느리가 아닙니다. 내 딸입니다. 룻에게 나오미는 시어머니가 아닙니다. 내 어머니입니다. 고부관계는 껄끄러울 수 있습니다. 그러나 모녀관계는 그럴 이유도 필요도 없습니다.

남편과 사별한 시어머니의 외롭고 슬프고 서러운 삶을 헤아리십시오. 그리고 친정어머니라면 어떻게 할 것인가를 생각해보십시오.

권사님에게 권합니다. 건강하고 생활 걱정이 없다면 아들 며느리와 합가하지 마십시오. 외로움을 달래고 노후의 삶을 뜻있게 가꿀 일들을 찾으십시오. 얼마든지 할 일이 있을 것입니다. 자식에게 재산 다 물려주고 더부살이 인생이 되지 마십시오.

아들에게 권합니다. 어머니가 나를 어떻게 키웠으며 어떤 사랑을 나에게 베풀었는가를 잊지 마십시오. 어머니를 모셔야 될 상황이라면 사랑과 진심으로 모시도록 하십시오. 부모에게 효도하라는 성경의 권면을 잊지 마십시오. 단, 효도는 조건부나 이기적 행위여선 안 됩니다. 서로가 견디기 어려울 테니까요.

갈등

남편이 자꾸
목사님 설교를 비판합니다

Q 남편은 1천여 명 모이는 교회 안수집사입니다. 그런데 매주일 목사님 설교를 비판합니다. 듣는 저도 불편하고 영적으로 문제가 될까 봐 걱정입니다.

A 모든 사람에겐 표현과 비판의 자유가 있습니다. 설교라고 무조건 수용하고 아멘 할 수는 없습니다.

'누구나 설교할 수 있다, 그러나 누구나 설교해선 안 된다'는 것이 저의 지론입니다. 이유는 설교란 인간의 사상과 주관, 경험과 사건을 말하는 것이 아니라 하나님의 말씀을 전하는 것이기 때문입니다. 설교자는 설교의 주체가 아니라 메신저 곧 전달자에 불과합니다. 그런 면에서 볼 때 요즘 한국교회 강단은 가관이고 점입가경입니다. 복음과 십자가는 안 보이고 설교자만 강단을 점령한 채 서 있습니다. 강단은 하나님의 자리여야 하는데 설교자의 무대화하는 경우가 많습니다.

소리를 확성시키고 전달하는 기계에 이상이 생기면 전달에 문제가 일어납니다. 마찬가지로 설교자가 고장나면 그날의 설교는 전달도 설득도 감동도 변화도 일어나지 않습니다. 그리고 그런 일이 반복되다 보면 설교에 대한 부정적 매너리즘에 빠지게 됩니다. 그래서 설교는 선포자인 설교자에게 그 책임이 있습니다.

그런가 하면 듣는 사람들에게도 책임이 있습니다. 설교는 하나님의 말씀의 선포이며 대언입니다. 드라마도 아니고 코미디도 아닙니다. 오늘 나에게 주시는 하나님의 말씀이라는 이해를 전제하고 설교를 경청해야 합니다. 한국교회 교인들은 다양한 영상매체(TV) 때문에 설교 비교가 용이해졌습니다. 하루종일 채널을 옮겨가며 설교를 시청할 수 있습니다. 그래서 이 설교 저 설교를 비교하고 비판하는 것이 용이해졌습니다.

말씀드린 대로 비판은 가능합니다. 그러나 비판이 관행화되고 습관화하면 손해 보는 것은 자신입니다. 매주 매시간마다 영의 양식을 먹지 못하면 영혼이 영양실조에 걸립니다. 불량식품을 제공하는 설교자의 책임도 있고 편식하고 투정부리는 듣는 자의 책임도 고려해야 합니다.

그리고 설교자의 고충도 이해해야 합니다. 어떻게 매번 결정적 설교를 할 수 있겠습니까? 설교자는 자신을 내려놓고 하나님의 도구로 쓰임 받는다는 믿음으로 전하고, 듣는 사람은 나에게 하나님이 말씀을 주신다는 태도로 말씀을 들어야 합니다.

말씀을 경청하십시오. 말씀을 삶속에서 실천하십시오. "존귀하나 깨닫지 못하는 사람은 멸망하는 짐승과 같도다"(시 49:20)라는 말씀을 경구로 삼아야 합니다. 바로 듣고 깨닫고 그대로 살아야 합니다.

> 갈등

사윗감이 직장 그만두고
목사가 되겠다고 합니다

  남편은 대학에서 가르치고, 저는 자그마한 가게를 운영하고 있습니다. 교회에서는 안수집사와 권사로 섬기고 있습니다. 딸이 대학졸업 후 상담심리학을 전공하기 위해 미국 유학 중 같은 교회에서 경영학을 전공한 남자를 만나 결혼을 전제로 교제중입니다. 그런데 딸의 남자친구가 직장을 그만두고 목사가 되겠답니다. 남편은 반대, 저는 반반입니다.

사윗감을 보는 네 가지 관점이 있습니다.

첫째, 인격입니다. 즉, 그 사람의 사람됨이 중요합니다. 교제, 만남, 객관적 평가를 통해 검증이 가능합니다. 둘째, 가풍입니다. 가족관계, 가족구성, 그 집안의 내력 등 이것도 주변, 친지, 이웃, 사회적 관계망을 통해 확인해야 합니다. 셋째, 비전입니다. 개인의 능력, 그가 품는 꿈, 그 비전을 이루려는 의지가 검증되어야 합니다. 현실에 안주하고 돈 벌어 부자 되겠다는 비전이라면 무의미한 가치이기 때문입니다. 넷째, 신앙입니다. 신앙은 개인의 문제이지만 전승된 신앙인가, 가족구성원의 신앙은 어떤가도 함께 검증되어야 합니다. 천만 가지 좋은 조건을 갖췄다 하더라도 신앙이 부실하거나 흔들리는 사람이라면 그리스도인의 가정 성립요건으로는 부적합일 수밖에 없습니다.

부모들이 자식에게 거는 기대는 '건강해라, 티격거리지 말고 살아라, 신앙생활 잘해라'로 모아져야 합니다. 부모가 거는 기대치와 본인의 가치기준이 동일해야 된다는 생각도 버리는 게 옳습니다.

배우자 선택을 딸에게 맡기십시오. 부모가 결혼하는 게 아니잖습니까? 딸도 철부지 어린아이가 아니니까요. 돈 많은 재벌 2세들, 권력가의 2세들 성한 사람들이 많지 않습니다. 탈선, 이혼, 분쟁, 뉴스들이 끊이지 않고 있습니다. 선택은 선택자에게 책임이 있습니다. 그래서 선택은 신중하고 이성적 판단과 검증을 전제해야 합니다. 당사자의 신중한 고려와 판단에 맡기십시오. 탈 없는 직장생활을 접고 신학을 하겠다는 데는 그만한 이유가 있을 것입니다. 삶의 대전환을 시도하기까지에는 기도와 숙고의 과정을 거쳤을 것입니다.

목사가 할 수 있는 일은 다양합니다. 목회, 선교, 교육, 사회봉사, 국제기구 등 개인의 역량을 따라 다양한 사역에 헌신할 수 있습니다. 물론 돈을 벌고 출세를 하고 잘 먹고 잘살겠다는 일차원적 의도라면 목사가 되지 않는 게 좋습니다. 그러나 인간의 영혼을 살리고 정신사의 새로운 장을 열겠다는 차원 높은 결단이라면 쌍수를 들어 지지하고 찬성표를 던지십시오. 노철학자 김형석 교수의 말이 떠오릅니다. "남 탓, 나이 탓하지 마시오. 인생은 나이가 많아서 끝나는 것이 아니라 남에게 도움을 줄 수 없을 때 끝납니다."

하나님을 위하여 사람을 위하여 일하는 바르고 좋은 목사가 되도록 지원하고 지지하십시오. 목사 될 사람이라는 이유만으로 반대표를 던지지는 마십시오. 유의미하고 차원 높은 결단을 내린 한 젊은이의 앞길을 축복하십시오.

> 갈등

아버지 유산 교회 장학재단 헌납 문제로 다툼

Q 세상 떠나신 아버님이 작지만 유산을 교회 장학재단에 헌납하신 다는 유언을 남겼습니다. 그러나 2남 1녀의 생각이 달라 다툼이 일어나고 있습니다.

A 부친의 숭고한 뜻을 따라 삼남매가 유산을 장학재단에 헌납하자는 데 합의하면 문제될 게 없습니다. 그러나 반대하는 자녀가 있다면 얘기가 달라집니다.

최선의 방법은 유가족들의 합의로 아버지의 뜻을 따르는 것입니다. 다음 세대를 키우는 장학사업에 유산이 사용된다면 얼마나 보람되고 자랑스럽겠습니까.

그렇지만 상속권을 가진 가족이 안 된다고 반대하면 문제가 복잡해집니다. 그럴 경우 유산 상속을 둘러싼 가족 간의 분쟁이 벌어지게 될 것입니다. 싸우기보다는 유산 상속에 대한 법적 절차를 거친 뒤 부친의 뜻을 따르고 싶은 자녀만이라도 부친의 이름으로 장학재단에 헌납하는 방법이 있습니다. 법적 효력이 있는 유언장을 생전에 작성했더라면, 그리고 생전에 장학재단에 헌납했더라면 유산 때문에 다툴 일이 없었을 것입니다.

재산 때문에 형제가 싸우지는 마십시오. 돈보다 중요한 것은 신앙이고, 형제 우애입니다. 유언장이 없더라도 믿음의 사람들이라면 부친의 유언을 따르는 게 옳습니다.

그리스도인의 재물 관리는 철저한 청지기 신앙에 근거해야 합니다. 바울은 "탐심은 우상 숭배"(골 3:5)라고 했고, 야고보는 "욕심이 잉태한즉 죄를 낳고 죄가 장성한즉 사망을 낳느니라"(약 1:15)고 했습니다. 그리고 "우리가 세상에 아무것도 가지고 온 것이 없으매 또한 아무것도 가지고 가지 못하리니 우리가 먹을 것과 입을 것이 있은즉 족한 줄로 알 것이니라"(딤전 6:7~8). "돈을 사랑함이 일만 악의 뿌리가 되나니"(딤전 6:10)라고 했습니다.

우리는 물질의 소유주가 아닙니다. 관리자일 뿐입니다. 선한 청지기, 칭찬 받는 청지기가 되어야 합니다.

> 갈등

교회 옮기고 싶은데
가족이 반대합니다

Q 해외 주재원 생활을 끝내고 귀국했습니다. 저는 교회를 옮기고 싶은데 아내와 두 딸은 반대합니다.

A 교회를 옮기고 싶은 이유가 있을 것입니다. 일반적으로 교회 분위기가 싫어서, 인간관계가 힘들어서, 거리가 멀어서, 설교가 마음에 들지 않아서 등이 이유로 꼽힙니다. 그런 이유는 누구에게나 있을 수 있습니다. 그러나 생각을 바꿀 수 있다면 그런 이유는 얼마든지 극복이 가능합니다.

물론 교회의 책임도 있습니다. 귀족화한 행태들, 지방색, 부정적 분위기, 내분과 갈등 등은 적응을 가로막는 장애물들입니다.

설교도 예외일 수 없습니다. 성경 중심, 예수 중심, 복음 중심의 궤를 벗어난 설교, 좌와 우로 치우친 설교, 교인들의 삶과 무관한 설교가 계속된다면 설교 탓이 불어나게 될 것입니다. 이런 부분은 전적으로 교회와 설교자가 져야 할 책임입니다.

그러나 이상적인 교회를 찾는 것은 쉽지 않습니다. 완벽한 교회는 존재하지 않기 때문입니다. 저 교회는 이상적 교회다 싶어 옮긴다 하더라도 그 교회 역시 불완전한 교회라는 점을 발견하게 될 것입니다.

좋은 교회를 찾기보다는 내가 좋은 교회가 되고, 마음에 드는 교회를 찾기보다는 나 자신이 교회의 주인 되시는 주님 마음에 드는 사람이 되는 것이 더 중요합니다.

교회를 옮길 수 있습니다. 그러나 습관적 이동은 피하십시오. 그리고 가족의 합의가 이뤄져야 합니다. 이산가족이 될 수는 없지 않습니까? 가족이 함께 교회를 섬기고 교회 이야기를 함께 나누려면 출석교회가 같아야 합니다.

또한 가장의 선택이 자녀들에게 어떤 영향을 미칠 것인가를 고려하십시오. 어려운 고비들을 극복하고 3~4대 대를 이어 한 교회를 섬기는 가정들도 있습니다. 내가 어떤 교인이 되느냐에 따라 교회 모습이 달라질 수 있습니다. 내가 바른 교인이 된다면 교회다움이 이뤄질 것입니다.

갈등

잔소리한다 몰아세우는 가족들에게 분노가 치밀어요

Q 저는 아내와 고2, 중3 자녀 네 식구와 살고 있습니다. 가족들은 제가 잔소리한다고 몰아세우고 소통도 되지 않습니다. 분노를 참기 어렵고 이혼을 고려중입니다.

A 잔소리를 줄이십시오. 잔소리란 듣기 싫은 말을 반복하는 것, 필요 없는 말을 늘어놓는 것입니다. 필요한 말도 반복하면 잔소리가 되고, 잔소리는 면역력을 키워 본뜻을 가로막게 됩니다.

잔소리는 나이와 비례합니다. 그 어느 나라 사람도 잔소리를 좋아하는 사람은 없습니다. 더욱이 청소년들일수록 잔소리에 대한 거부감이 큽니다. 잔소리하는 자신도 남이 하는 잔소리는 싫어합니다.

학습은 반복효과가 있지만 잔소리는 효과가 없습니다. 예를 들겠습니다. 아무 데나 신발을 벗어던지는 아이들이 있습니다. 그네들에게 "신발은 벗은 다음 가지런히 놓아라"는 말은 잔소리가 아니고 바른 말입니다. 그러나 매일 수십 번씩 아이들이 눈에 띌 때마다 '신발 바로 놓아라, 가지런히 놓아라'를 되풀이한다면 행동개선에 아무런 도움이 되지 않습니다.

아이들이 신발을 가지런히 놓게 하는 방법이 있습니다. 아무런 말없이 열 번 스무 번 아이들이 벗어던진 신발을 가지런히 정돈해 주는 것입니다. 그러노라면 그네들의 무관심이 관심으로, 관심이 깨달음으로, 깨달음이 신발을 정돈하는 개선 쪽으로 바뀔 것입니다.

가족 간의 대화를 먼저 시도하십시오. 대화란 고상한 주제가 아니어도 좋습니다. 일상적인 주변 이야기들, 소박한 가족 이야기로 대화의 물꼬를 트십시오. 대화란 서로 주고받는 것입니다. 잔소리는 일방통행이지만 대화는 양방통행입니다.

대화의 성공은 말하기보다 듣는 데서 시작됩니다. 아내나 자녀들의 말에 귀를 기울이십시오. 경청하십시오. 나부터 고칠 것을 찾아 고치십시오. 문제의 발단이 누구 때문인가를 살피고 분노를 조절하십시오.

현대인은 분노조절 장애에 시달리고 있습니다. 화는 화를 부릅니다. 인격을 파괴하고 관계를 망치고 신앙을 무너뜨립니다. 아내나 자녀들을 분노의 대상으로 삼지 마십시오. 이혼은 마음도 품지 마십시오. 결혼보다 더 어렵고 힘든 게 이혼입니다. 이혼이 가져올 폐해와 후유증을 겁내십시오.

자아성찰, 대화와 소통이 이루어지고, 분노가 조절되어 회복의 길이 열리길 기도하십시오. 그리고 하나님과 먼저 소통하십시오.

갈등

장학재단에 유산 기부, 자녀들은 부정적입니다

Q 저는 78세 은퇴장로입니다. 가정을 이루고 사는 삼남매가 있습니다. 많지는 않지만 가지고 있는 유산을 교회 장학재단에 바쳐 후진을 키우는 데 미력하나마 기여하고 싶습니다. 자녀들은 사는 데 어렵지 않은데 부정적입니다. 옳은 길을 가르쳐 주십시오.

A 욥기 1장 21절이 생각납니다. "내가 모태에서 알몸으로 나왔사온즉 또한 알몸이 그리로 돌아가올지라 주신 이도 여호와시요 거두신 이도 여호와시오니 여호와의 이름이 찬송을 받으실지니이다 하고." 전도서 5장 15~16절도 생각납니다. "그가 모태에서 벌거벗고 나왔은즉 그 나온 대로 돌아가고 수고하여 얻은 것을 아무것도 자기 손에 가지고 가지 못하리니…어떻게 왔든지 그대로 가리니."

바울도 디모데전서 6장 7절에서 "우리가 세상에 아무것도 가지고 온 것이 없으매 또한 아무것도 가지고 가지 못하리니"라고 했습니다. '왔다가 간다, 빈손으로 간다'는 것은 불변의 법칙입니다. 그런데 사람들은 더 많이 소유하고 누리기 위해 무리수를 두고 과욕을 마다하지 않습니다. 그러다가 넘어집니다.

미국의 재벌들은 기부문화에 익숙합니다. 거기에 비해 한국의 재벌들은 기부에 인색합니다. 문어발식 사업 확장에 열을 올리고 천문학적인 부를 축적하지만 기부나 기여도는 미미합니다.

　TV방송 중에 영재발굴단이라는 프로그램이 있습니다. 한국의 꼬마에디슨이라는 별명을 가진 8살 홍준수 어린이 이야기가 방영되었습니다. 천재적 과학성과 발명이 에디슨을 뺨치고 남는 어린이 이야기인데요. 그러나 그 어린이가 한 말이 머리에서 떠나지 않습니다. "저는요 성공하고 돈 벌면 99프로를 기부할 거예요. 왜냐면요 빌 게이츠가 95프로를 기부했는데 저는 빌 게이츠보다 더 많이 하고 싶으니까요."

　미국에 비해 한국에는 통 큰 기부자가 없습니다. 지금 내가 누리고 있는 것들, 소유하고 있는 것들은 내 것이 아닙니다. 하나님의 것이라는 것이 성경의 가르침입니다. 천문학적인 재물도 죽을 땐 그대로 놓고 갑니다. 그것이 선각자들의 빈손 철학입니다.

　유산증여나 상속에 관한 권리는 장로님에게 있습니다. 내외분이 합의하시고 실행하시면 됩니다. 유산 기부를 사후에 하시려면 유언장을 만드셔야 하고 생존 시 하시려면 절차를 변호사와 의논하시기 바랍니다. 유언장도 법적 인정을 받을 수 있는 작성 절차를 거치셔야 합니다. 재산의 과다를 떠나 다음 세대를 위한 장학기금으로 기부하시겠다는 장로님의 생각에 경의를 표합니다.

　부모님의 숭고한 뜻을 자녀들도 따르리라 믿습니다. 재벌 2세, 3세들의 재산싸움을 볼 때마다 과욕이 얼마나 추한가를 발견하게 됩니다. 착한 기부문화가 정착돼 우리 사회가 훈훈한 봄 동산이 되기를 열망합니다. 빈부귀천 차별 없이 숨 끊어지면 빈손으로 떠난다는 사실을 우리 모두는 잊지 말아야 합니다.

자녀양육

학원 다니는 아이들, 주일에도 보내야 할까요?

Q 삼남매 가장입니다. 중학교, 고등학교 다니는 아이들은 주일에도 학원에 가야 합니다. 9시 중고등부 예배와 11시 장년 예배를 드린 후 학원에 갑니다. 절대로 안 되는 것인지 가르쳐 주십시오.

A 교육의 선진화가 이룩된 나라들은 학교교육이 교육의 중심인 데 반해 교육 후진성을 면치 못한 나라들은 사교육이 공교육을 앞서고 있습니다. 학교교육 따로 사교육 따로 그것도 과목별로 과외 교육을 받아야 하는 우리네 교육 현실이 안타깝습니다. '왜 학교 교육만으로 안 될까? 못할까?'라는 생각에 뜻있는 사람들은 공감하고 있습니다.

교육은 백년대계라는데 정권이 바뀌고 교육행정 책임자가 바뀔 때마다 교육제도가 바뀌고 입시제도가 바뀌다 보면, 그 틈새에서 혼란을 겪는 사람들은 학부모와 학생들 그리고 교육 당사자들입니다.

남들은 다 학원에 가고 이 과목, 저 과목 찾아다니는데 주일예배 때문에 빠지면 진도 맞추기도 힘들고 성적이 떨어질 거라는 현실적 고민 백 프로 이해합니다. 당사자는 물론 부모 입장에선 상급학교 진학이 장래사를 결정짓는 분수령이 되기 때문에 한마디로 이래라 저래라 할 수는 없습니다. 주일에 학원에 보낼 것인가? 말 것인가? 주일에도 과외 공부를 할 것인가? 안할 것인가? 단답으로 정답을 줄 수는 없습니다. 네 식구가 마주앉아 허심탄회한 대화를 나누고 신앙적 합의점을 찾아 결정하셔야 합니다.

하지만 참고로 몇 가지 조언을 드리겠습니다.

첫째, 주일은 예배드리고 쉬는 날로 정하십시오. 그러기 위해선 신앙적 결단이 필요합니다. 주일 하루 '학원수업 빠지면 큰일 난다, 성적 떨어진다, 진학 못한다'는 조바심이라면 주일 지키는 것이 어려울 것입니다. 하나님의 창조 사이클대로라면 일곱째 되는 날은 안식하신 날입니다. 그리고 그날을 지키라고 했습니다.

둘째, 예배드리고 학원에 가도록 하십시오. 온전한 주일 성수를 하노라는 사람들도 주유소에서 기름 넣고 돈 내고 버스 타고 식당에서 매식하게 됩니다. 바리새적 주일 성수는 무의미합니다. 구약의 안식일을 강요하는 것도 바람직하지 않습니다. 예배도 드리지 않고 주일을 휴일로 보내는 사람들, 여가를 즐기고 오락을 일삼는 사람들에 비하면 주일 성수 때문에 고민하는 자세에 격려를 보냅니다.

주시할 것은 주일도 학원에 가고 과외를 한다고 해서 반드시 대학입학이 보장되는 것은 아닙니다. 그리스도인의 신앙은 세상만사 하나님의 도우심 없이는 되는 일이 없다는 점을 믿고 고백해야 합니다. 삶의 패턴이 다 변화하고 있지만 그렇다고 우리네 신앙이 그 물결에 휩쓸리는 것은 피해야 합니다. 천년만년이 지나도 지킬 것은 지키는 것이 정도 신앙이니까요.

자녀양육

교회에서 자란 딸, 커서는 교회 가기 싫다고 해요

Q 고등학교 2학년에 재학 중인 딸이 있습니다. 유치원 때부터 교회에서 자랐습니다. 그런데 올해 들면서부터 '하나님이 어디 있느냐, 엄마는 하나님을 본 일이 있느냐, 교회 나가기가 싫다, 사람은 믿을 게 못 된다'며 대듭니다. 당황스럽고 걱정스럽습니다. 딸의 신앙을 어떻게 지도해야 할까요?

A 사춘기가 되면 부정적, 적대적 감정과 행동으로 자신을 방어하는 행동을 하게 됩니다. 사춘기는 누구나 겪는 과정으로 이해해야지 큰 일이라도 벌어진 양 겁낼 필요가 없습니다. 야단치거나 맞대응하다 보면 감정의 골이 패이고 관계가 삭막해집니다.

딸의 경우 영적 사춘기로 보면 됩니다. 어려서부터 탈 없이 교회를 다니던 딸이 겪는 영적 성장통이랄 수 있겠습니다. 아무런 의구심이나 회의 없이 신앙이 곱게 자랄 수도 있겠지만, 자아가 형성되고 지식세계의 폭이 넓어지기 시작하면 모든 사건과 논리에 '왜?'라는 의문부를 달게 됩니다. 아무런 생각이 없는 아이라면 관습대로 교회를 다니고 중고등부에서 활동하고 그러면서 성년이 될 것입니다.

그러나 '왜?'라는 의문을 제기하기 시작했다는 것은 자아성숙을 위한 움직임이고 성숙의 단계로 진입했다는 증거로 보아야 합니다. 문제는 신앙 문제, 신의 존재, 성경의 난해한 부분들을 한마디로 설명하기가 쉽지 않다는 것입니다. 바로 그 점이 과학과 신앙의 차이이기도 합니다. 과학은 합리적 학문입니다. 실험이 가능하고 논증과 결과를 밝힐 수 있습니다. 그러나 신앙의 세계는 기구를 통한 실험이나 논증이 어렵습니다. 과학의 세계는 알고 난 후 믿는 세계이고, 신앙의 세계는 믿고 난 후 아는 세계라고 보아야 합니다. 그 누구도 하나님을 본 사람이 없습니다. 하나님이 말씀으로 천지를 창조하셨다는 사실을 창조 당시 목격한 사람이 없습니다. 그러나 믿으면 하나님의 실존을 인정하고 사역과 섭리를 이해할 수 있게 됩니다.

신앙성숙에도 단계가 있습니다. 영적 사춘기도 그 단계 속에 포함됩니다. 이 단계에 들어서면 매사가 민감해집니다. "너는 왜 부정적이냐, 왜 믿음이 없느냐?"라고 다그치지 마십시오. 믿음을 갖기 위해 노력하고 있는 과정이니까요. 칭찬하십시오. 대화하십시오.

딸의 의문에 대해 전문가와 의논하고 그 답을 함께 나누십시오. 의심하는 건 죄라느니 무조건 믿으면 답이 나온다느니 나도 옛날에 다 겪었다느니 등의 통상적 언어로 딸의 언행을 차단하지 마십시오. 심각한 고민일수록 진지하게 신중하게 대화하십시오. 절대로 자녀들 앞에서 신앙적으로 어두운 이야기나 교회의 부정적 상황을 논하지 마십시오. 그 과정을 슬기롭게 대처하고 넘기기 위해 기도하고 준비하고 대화하십시오.

그리고 믿을 사람 없다는 이유를 살펴보십시오. 인간관계에서 누군가에게 상처를 받았을 수 있기 때문입니다. 자녀들의 신앙 관리, 정신 관리, 건강 관리, 생활 관리는 부모의 책임이 큽니다.

자녀양육

봉사하고 섬기느라
중학생 남매 돌볼 시간이 부족해요

Q 저는 여전도회 회장, 지역장, 찬양대, 노인학교 등 열심히 교회 일을 맡고 있습니다. 그런데 아이들 돌볼 시간이 모자랍니다. 중학교 다니는 남매는 불평이 많습니다.

A 여러 분야에서 교회를 섬기는 모습이 아름답습니다.

그러나 사춘기에 접어든 두 아이의 엄마라는 사실을 간과하지 마십시오. 교회를 섬기는 일은 여러 사람이 분담할 수도 있고, 기회를 미룰 수도 있습니다. 그러나 자녀 교육은 분담도, 미루는 것도 불가능합니다. 자녀교육이나 양육은 때를 놓치면 돌이킬 수 없게 됩니다. 그때 그 나이로 되돌릴 수 없기 때문입니다. 교회 형편에 따라야겠지만 너무 많은 일을 하려 들지 마십시오.

베다니 이야기가 떠오릅니다. 마르다는 예수님을 위해 부지런히 음식을 준비하고 마리아는 말씀을 듣고 있었습니다. 일손이 바빠진 마르다가 마리아도 함께 거들도록 해달라고 했습니다. 그에 대한 주님의 답을 주목해야 합니다.

"마르다야 마르다야 네가 많은 일로 염려하고 근심하나 몇 가지만 하든지 혹은 한 가지만이라도 족하니라 마리아는 이 좋은 편을 택하였으니 빼앗기지 아니하니라"(눅 10:41~42).

　마르다도 필요하지만 마리아처럼 더 큰일을 선택하십시오. 많은 일 때문에 근심하고 염려하고 쫓기다 보면 득될 게 없습니다. 일의 주체는 사람이어야지 일이 주체가 되면 안 됩니다. 교회 섬김은 선택이 가능하고 분담도 가능합니다. 그리고 단숨에 끝나는 일이 아니라 긴 시간 지속해야 합니다.

　하지만 사춘기에 접어든 아이들 돌봄은 그 누구에게도 떠넘길 수 없습니다. 엄마는 필요할 때 곁에 있어 줘야 합니다. 대화, 소통, 돌봄이 필요한 아이들 곁을 지키십시오. 우선순위와 완급을 정하십시오.

　사춘기에 접어든 아이들은 이유 없는 반항아들입니다. 그녀들에게 이유 있는 불평과 반항조건을 만들어 줄 필요는 없지 않습니까? 학교에서 돌아온 아이들이 텅 빈 집에서 어떤 느낌을 갖게 될까요? "엄마, 교회 있어. 너네끼리 밥 챙겨먹어라." 이건 아닙니다.

　그렇다고 집안일이나 아이들 핑계로 주의 일이나 영성관리를 소홀히 하지 마십시오. 시간, 기회, 섬김, 돌봄을 균형 있게 조율하십시오. 자녀들을 올곧게 키우는 것도 부모가 맡은 큰 사명임을 잊지 마십시오.

자녀양육

임신 중에 성경을 읽으면 좋다는데 맞나요?

Q 임신 중인데 성경을 읽으면 좋다고 해서 읽고 있습니다. 왜 무엇이 좋은지요?

A 책 속에 길이 있다고 합니다. 그러나 성경 속에는 구원이 있고 생명이 있습니다. 양서를 읽는 것도 유익하지만 성경을 읽는 것은 영혼을 살리기에 절대로 필요합니다.

임산부는 자신과 태아의 삶을 바르게 관리해야 합니다. 건강, 정서, 신앙을 절도 있게 관리할 책임이 있습니다.

심리학자 토마스 바니는 《태아는 알고 있다》라는 저서를 통해 "태아는 천재"라면서 임신 5개월 된 태아에게 말을 많이 해주고 그림이나 글자가 있는 카드를 임산부 배 앞에 보여주면서 설명하면 아이큐 160이 넘는 천재로 길러낼 수 있다고 했습니다. 태아는 태모를 통해 전달되는 감정과 행동들을 인지하고 영향을 받는다는 것입니다. 그래서 건강한 영양공급, 건전한 정서와 환경을 관리해야 하고 담배, 술, 카페인, 약물 복용을 피해야 합니다.

태아는 3~4개월이면 오감이 발달한다고 합니다. 그런 면에서 태교가 중요합니다.

창세기 30장 37~43절을 보면, 야곱이 아롱진 양 새끼를 낳게 하기 위해 양 떼가 와서 물 먹는 구유 앞에 껍질 벗겨 무늬를 낸 나뭇가지를 세워놓는 이야기가 나옵니다. 물을 먹으러 온 양 떼들이 그 가지 앞에서 새끼를 배므로 얼룩얼룩한 것과 점이 있고 아롱진 새끼를 낳게 했습니다. 새끼를 밸 때 얼룩무늬의 영상이 스며들게 한 것입니다. 주경학자 케일은 "야곱의 간교한 계략이긴 했지만 양의 수태에 영향을 주었다"고 했습니다.

태아와 대화 나누기, 좋은 음악 들려주기, 좋은 그림 보여주기, 좋은 책 읽어주기, 편하고 좋은 마음 품기 등 태교에 필요한 일들이 다양합니다. 그러나 최상의 태교는 신앙적 태교입니다. 태아는 영혼을 가진 존재입니다. 임산부가 찬송 부르고, 기도하고, 성경을 읽고, 신앙적 대화를 나눈다면 태아는 모태에서부터 신앙훈련을 쌓고 태어날 것입니다. 그리고 사무엘처럼 영성의 거인이 될 것입니다.

복중에서부터 영성이 훼손되면 회복이 어려워집니다. 태아가 듣도록 소리 내 찬송하고 기도하고 성경을 읽도록 하십시오.

자녀양육

태권도 선수 아들,
시합 때문에 주일성수를 못해요

Q 샬롬을 빕니다. 초등학교 6학년 아들이 태권도 선수로 활동하고 있습니다. 그런데 문제는 태권도 대회가 거의 금요일부터 주일까지 열립니다. 1년간 주일 지키지 못하는 횟수가 7번 정도 됩니다. 운동선수는 주일성수를 어떻게 해야 되는지요?

A 아들이 건강하게 자라고 운동으로 자신을 다듬어 나간다는 것은 축복입니다.

태권도는 품새, 격파 등 다양성을 가진 격투운동으로 올림픽 종목이 되는가 하면 세계 태권도연맹이 창립되는 국제적 스포츠로 각광받고 있습니다. 태권도는 예의, 염치, 인내, 극기, 백절불굴을 5대 정신으로 삼고 세계 각처에 태권도 도장이 있는가 하면 태권도 선교사들이 세계 여러 나라에 나가 태권도로 복음을 전하고 있습니다. 특히 한국이 태권도 종주국이라는 점이 자랑스럽습니다.

우선 아들이 태권도를 하는 이유를 살펴보아야 합니다. 선수가 되기 위해서인지, 건강을 위해서인지, 자신을 세우기 위해서인지, 세계 무대에 나서기 위해서인지, 선교를 위해서인지 목적과 비전을 정하는 게 옳습니다. 왜, 어떻게, 얼마나 할 것인가가 정해지면 답도 나오게 됩니다.

인성 예절교육과 신체단련을 위해서라면 한창 감수성이 예민한 시기에 주일 예배를 빠지면서까지 운동을 할 필요는 없을 것입니다. 운동보다 중요한 것이 신앙이니까요.

그러나 각종 대회에 참가하고 급수를 올리고 띠 색깔을 바꾸고 국가대표 선수가 되기로 했다면 과정을 따르고 경기 규칙을 지켜야 할 것입니다. 대표선수나 지도자가 되는 것은 누구나 쉽게 되는 것이 아닙니다.

주일예배에 빠지지 않는 방법을 찾아보십시오. 주일을 지키지 못하는 것이 마음에 걸린다는 것은 주일성수에 대한 신앙이 살아 있다는 증거입니다. 앞으로 태권도 선수나 지도자의 길을 계속 걷기로 한다면 태권도의 기본정신에 충실해야 할 것이고, 거기다 신앙의 도복을 입는다면 멋진 태권도인이 될 것입니다.

태권도 선교사들은 현지에서 태권도 도장을 운영하면서 현지인을 대상으로 태권도를 가르치고 선교하는 사역을 겸하고 있습니다. 우리나라엔 태권도 선교회도 조직되어 있습니다. 아들이 신앙적으로 성장하고 태권도 세계의 거목이 된 후 태권도선교를 견인하는 리더가 되는 비전을 품는다면 품새가 달라지고 삶의 자세가 달라지게 될 것입니다. 그러나 띠, 트로피, 단증에 발목이 잡혀 신앙자세가 흐트러진다면 단순한 태권도인의 자리를 벗어나지 못할 것입니다.

우선순위를 신앙에 두느냐, 운동에 두느냐에 따라 답은 정해질 것입니다. 살게 하시고, 동작하게 하시고, 운동하게 하시는 분이 하나님이심을 믿는다면 주일 지키는 문제는 답이 나올 것입니다.

자녀양육

새해 자녀에게 전하면 도움될 신앙 교훈

Q 대학 3학년인 아들과 1학년인 딸을 둔 안수집사입니다. 저희 부부는 고등부 교사로, 아들과 딸은 성가대원으로 교회를 섬기고 있습니다. 새해에 남매에게 교훈이 될 이야기를 해주고 싶습니다. 어떤 교훈이 좋을지 도와주십시오.

A 가족이 함께 신앙생활을 할 수 있다는 것, 교회를 섬길 수 있다는 것, 그리고 신앙과 삶을 이야기할 수 있다는 것은 큰 복이 아닐 수 없습니다. 우리 주변엔 영적 이산가족들이 많습니다. 뿔뿔이 흩어져 다른 길을 가는 가족이 있는가 하면, 이질적 신앙 때문에 갈등과 아픔을 겪는 가정들도 있습니다. 아들, 딸이 교회를 떠나지 않고 교회를 섬기고 신앙가정을 이루고 살아가는 것을 감사하시기 바랍니다. 그리고 격려와 박수를 보냅니다.

바울은 "내가 그리스도를 본받는 자가 된 것같이 너희는 나를 본받는 자가 되라"(고전 11:1)고 했습니다. 부모의 본을 따라 자녀의 신앙생활이 틀을 잡고 올곧게 성장하게 됩니다.

말보다 중요한 것은 '본'이 되는 것입니다. 본은 언행을 통해 드러납니다. 어떤 본을 보이느냐에 따라 자녀나 가족들의 신앙생활이 결정됩니다. 자녀들이 존경하고 따르고픈 신앙의 길잡이가 되십시오. 자녀 탈선의 주된 책임은 부모에게 있다는 점을 부모들은 유의해야 합니다. 새해를 맞는 자녀들과 함께 이런 이야기는 어떨까요.

첫째, 하나님을 떠나지 말라.

환경과 여건을 따라 신앙도 변할 수 있습니다. 그러나 하나님을 멀리하거나 떠나면 삶의 의미도 목적도 무너집니다. 그것은 성경 속의 인물들과 역사가 증거하고 있습니다. '어떤 경우에도 하나님 신앙을 지키자, 하나님을 떠나지 말자, 그리고 하나님을 사랑하고 섬기자'라는 이야기를 나누십시오. 시대 상황에 치인 탓이지만 요즘 부모들의 관심은 진학, 성공, 출세, 치부에 모아지고 있습니다. 절대적 가치는 소홀히 하고 상대적 가치에 올인하고 있습니다. 신앙과 가치관의 정립을 함께 이야기하십시오.

둘째, 최선을 다하라.

최선이란 자신에게 부여된 삶과 일에 성실을 다하는 것입니다. "너는 마음을 다하고 뜻을 다하고 힘을 다하여 네 하나님 여호와를 사랑하라"(신 6:5)는 말씀 역시 최선을 다하라는 명령입니다. 누구나 최선을 다하면 최고가 될 수 있고 최선을 다하지 않으면 최하가 된다는 것을 이야기하십시오.

셋째, 비전을 세우라.

요셉은 꿈꾸는 소년이었습니다. 그리고 은혜로 그 꿈을 이뤘습니다. 저지대에 살아도 높은 이상과 꿈을 품는 사람이 있고, 높은 자리에 있어도 비전이 없는 탓으로 단명하는 사람이 있습니다. 무엇을 할 것인가, 어떻게 살 것인가, 어떻게 믿을 것인가를 이야기하십시오. 그리고 그 이야기들을 해마다 노트에 적어 가보로 남기십시오.

> 자녀양육

화내고 대드는 사춘기 중학생 딸아이

Q 중학교 1학년 딸아이 엄마입니다. 대화를 피하고 화내고 대들고 엄마를 대놓고 무시합니다. 사춘기라서 그러는 거라고 하지만 분하고 속상합니다. 딸과의 전쟁을 치르고 있습니다.

A 10대 사춘기를 제1기 사춘기, 중년 사춘기를 제2의 사춘기, 노년 사춘기를 황혼 사춘기라고 합니다. 사춘기란 살아 있다는 존재의 증빙이기도 합니다. 그래서 과정통, 성장통이라고도 합니다.

심리학자들은 인간의 성장과정을 유아기, 유년기, 아동기, 학동기, 사춘기, 성년기, 노년기 등 일곱 기로 구분합니다. 사춘기란 성년기로 진입하는 과정이고 통과의례로 보면 됩니다. 내 아이가 사춘기를 통과하고 있다면 건강하다는 징후여서 긍정적으로 수용하고 이해해야 합니다. 딸은 제1의 사춘기, 엄마는 제2의 사춘기를 통과하고 있다면 사춘기 전쟁은 불을 보듯 뻔합니다. 딸의 사춘기는 엄마 하기 따라 그 기간이 길어질 수도 있고 단축될 수도 있습니다. 사춘기를 거치면서 자아 인식과 발달이 시작되고 몸과 마음이 성숙기로 접어들게 됩니다.

요즘 아이들은 영양 상태가 좋아지고 사회적 다양성과 변화 때문에 사춘기가 빨라졌다고 합니다. 성장호르몬의 분비로 신체 각 부위가 발달하고 2차 성징이 나타납니다. 사춘기가 되면 신체적으로 정신적으로 극도로 예민해지고 민감해집니다. 이때 잘못하면 사춘기 기간이 길어지게 되고 짜증, 대듦, 불손, 무시, 불안, 강박증, 우울증에 심하면 충동적 행동으로 번질 수도 있습니다.

중년이 겪는 제2의 사춘기 증상도 비슷해 충돌 가능성이 높습니다. 신체균형 상실, 가슴 두근거림, 허무, 불안, 불면, 우울증 등 유사한 증상을 앓고 있는 모녀여서 모녀간의 충돌이 일어나고 있습니다. 강약과 대소의 차이는 있지만 모든 아이들과 부모가 겪는 과정이라는 것을 이해하십시오. 아이의 감정표현이나 행동에 맞대응하지 마십시오. 딸보다는 엄마가 너그러워야 하니까요.

임상심리학자 리사 다무르는 "아동기와 결별하고 새로운 부족에 합류하는 단계"라고 했고, 바울 사도는 "너희 자녀를 노엽게 하지 말라"(엡 6:4)고 했습니다.

간섭하지 말고 배려하십시오. 그리고 다양한 방법으로 사랑을 전하고 보이십시오. 대화가 안 되면 쪽지나 문자로 엄마의 마음과 사랑을 전하십시오. "사랑하는 딸"이라는 표현을 아끼지 마십시오. 가장 중요한 것은 엄마의 기도입니다. 딸의 이름을 부르며 기도하십시오. 그리고 어떤 경로를 통해서든 기도하는 엄마의 모습이 딸에게 전달되면 더 좋을 것입니다. 사랑하는 딸이 인격적 독립을 선언하고 하나님의 사람으로 성장하도록 자양분이 되십시오.

자녀양육

딸이 희귀병을 앓는데
치료법이 없다고 합니다

Q 남매를 둔 엄마입니다. 딸이 어려서부터 난치성 희귀병으로 고생하고 있습니다. 저도 딸도 지쳐 있습니다. 기적을 바랄 뿐 치료 방법이 없다고 합니다. 가슴이 너무 아프고 딸이 불쌍합니다.

A 뭐라 위로를 드려야 할지 그리고 어떤 답을 드려야 할지 막막합니다. 모든 부모의 바람은 자녀들이 건강하게 자라는 것, 탈 없이 사는 것입니다. 그런데 뜻대로 되지 않는 것이 자녀 문제입니다. 감기만 걸려도 부모의 마음은 안쓰럽고 답답한 법인데 희귀병이라니 그 심정을 어떻게 헤아리겠습니까?

정말 해법은 없을까요? 아닙니다. 인간의 절망과 포기의 끝자락, 거기가 하나님의 희망의 출발점입니다. 최첨단 의학이 포기했다면 다른 길을 찾아나서는 것은 어렵습니다. 그러나 마지막 시도는 가능합니다. 그것은 하나님의 기적을 기대하는 것입니다.

문제는 '그냥 포기하느냐, 믿고 시작하느냐'입니다. 성경은 기적을 위한 책은 아닙니다. 그러나 성경 안에는 수를 셀 수 없는 기적 기사들이 수록돼 있습니다. 하나님이 말씀으로 천지를 창조하셨다는 창조기사부터가 기적의 출발입니다.

하나님은 예언자들을 통해 기적을 행하셨습니다. 몇 가지 사례들을 예로 들어 보겠습니다. 썩은 물을 고쳤습니다(왕하 2:21). 죽은 아이를 살렸습니다(왕하 4:34). 나아만의 나병을 고쳤습니다(왕하 5:14). 히스기야 왕의 병을 고쳤습니다(사 39:1).

예수님의 사역을 살펴보겠습니다. 나환자를 고치셨습니다(마 8:3). 열병을 고치셨습니다(마 8:15). 귀신 들린 자를 고치시고(마 8:32), 중풍병자를 고치시고(마 9:6), 맹인의 눈을 뜨게 하시고(마 9:30; 요 9:11), 가나안 여자의 딸을 고치시고(마 15:28), 죽은 나사로를 살리셨습니다(요 11:44). 그뿐입니까? 예수님 자신이 부활하셨습니다(마 28:6, 17; 막 16:9, 14; 눅 24장; 요 20장). 위에 열거한 기사 외에도 고치신 기사는 많습니다(마 4:24, 9:35). 그리고 제자들에게 권세를 위임하셨습니다(마 10:1, 10:8). 그 뜻은 고치시는 역사는 지난 사건이 아니고 지금도 계속된다는 것입니다. 과거 완료형이 아니고 현재진행이며 미래완료형입니다.

오늘도 하나님의 능력과 이루시는 기적은 진행되고 있습니다. 하나님의 기적을 믿고 맡기고 구하십시오. 그 길 외에 다른 해법이 없지 않습니까? 함께 기도할 중보자들을 찾고 교회에 기도를 요청하십시오. 수평적 길은 다 막혔더라도 그러나 하나님께로 향한 길은 열려 있습니다. 거기가 소망의 문이고 해법의 통로입니다. 포기하지 마십시오. 절망하지 마십시오. 믿고 맡기십시오. 믿음이란 '신뢰한다, 맡긴다'는 뜻입니다. 의심하거나 맡기지 못하면 하나님의 기적은 내 곁을 떠나버립니다. 나와는 아무런 상관이 없는 먼 나라 이야기가 돼버립니다. 절대적으로 믿고 전폭적으로 신뢰하면 하나님의 기적은 오늘 내 안에서도 일어납니다. 그 이유는 간단합니다. 하나님은 오늘도 내일도, 그리고 영원히 살아 계시기 때문입니다.

자녀양육

선교사 되겠다는 외아들, 내키지가 않아요

Q 저는 교회 권사입니다. 경영학을 전공한 외아들이 선교사가 되겠답니다. 선뜻 찬성하기 어렵습니다.

A 어머니와 자녀의 기대치나 생각이 일치하기는 어렵습니다. 결혼이나 직업에 대한 기대도 그렇습니다.

권사님은 아들이 어떤 사람이 되길 바라십니까? 대통령입니까? 한 사람만 뽑기 때문에 어렵습니다. 그리고 우리나라 역대 대통령 가운데 성한 사람이 없습니다. 재벌인가요? 재벌 가문치고 다투지 않는 집안이 없습니다. 명사인가요? 노벨문학상 수상자 헤밍웨이는 명성을 떨친 명사였습니다만 자살로 생을 끝냈습니다. 사인은 고독이었답니다.

그런가 하면 뉴욕대학과 뉴브런즈윅 신학교를 졸업한 언더우드와 프랭클린 앤드 마샬 대학과 드류신학교를 졸업한 아펜젤러가 1885년 조선을 찾아왔습니다. 그들은 이 땅에 교회와 학교, 그리고 병원을 세웠습니다. 경신학교, 연세대학교 세브란스 병원, 새문안교회, 정동교회 등입니다.

선교는 명령입니다(행 1:8). 모든 기독교인은 선교사가 되어야 합니다. 선교적 교회를 강조하는 이유도 거기에 있습니다. 선교는 하나님의 부르심과 보내심에 응답하는 거룩한 결단입니다.

한국세계선교협의회(KWMA)가 선포한 비전에 따르면, 전 세계 미전도종족에게 복음을 전하려면 10만 명의 선교사가 필요하다고 합니다. 현재 한국 선교사 파송수는 171개국에 2만 8천여 명입니다. 더 많은 선교사가 나서야 합니다.

선교명령을 과소평가하거나 외면하는 것은 바른 제자도가 아닙니다. "가서 제자 삼으라", "땅끝으로 가라"는 명령에 아멘 해야 합니다.

그런데 상황은 점점 더 어려워지고 있습니다. 코로나19로 선교활동이 중단되고, 교회의 이해도가 낮아지고 있습니다. 그래도 선교는 해야 합니다.

권사님 생각과 아들의 생각이 다르다는 이유로 강요하지는 마십시오. 권사님의 비전이 수평적이라면 아드님의 비전은 상향적이고 거룩한 비전입니다. 리빙스턴, 언더우드, 아펜젤러 같은 선교사가 되게 해 달라고 기도하십시오. 하나님의 부르심에 응답하는 것은 아드님 몫입니다. 아드님의 비전을 지지하고 도와주십시오. 그리고 그 비전을 접지 않도록 공유하십시오.

> 자녀양육

아들이 종교가 다른 여자와 결혼하기를 원해요

Q 4대째 기독교 가정입니다. 4대째인 아들이 결혼하고 싶은 여자가 다른 종교인입니다. 어떻게 해야 할까요?

A 선택과 결정은 아들 몫입니다. 그러나 아들과의 진지한 소통이 필요합니다. 결혼이란 외모나 외적 조건만으로 성립되는 것은 아닙니다. 외적 조건은 가변차선처럼 변할 수 있기 때문입니다. 꼼꼼히 따져야 할 결혼조건은 '사랑하는가, 건강한가, 건전한가, 신앙의 공통점이 있는가, 동반자가 될 수 있는가' 등을 점검해야 합니다.

결혼은 감정적 접근보다는 이성적 접근이 필요합니다. 감정은 판단을 흐리게 하거나 오판할 가능성이 크기 때문입니다. 특히 기독교인의 경우 신앙적 이질감을 해소하는 것이 선행되어야 합니다. 예를 들어 남편은 교회로, 아내는 사찰로, 남편은 교회로, 아내는 성당으로 가는 것을 서로 고집한다면 어떻게 되겠습니까? 그 괴리를 메우는 일이 간단하지 않습니다. 결혼을 위해 주신 말씀은 아니지만 참고해야 할 성경구절이 있습니다.

"너희는 믿지 않는 자와 멍에를 함께 메지 말라 의와 불법이 어찌 함께하며 빛과 어두움이 어찌 사귀며 그리스도와 벨리알이 어찌 조화되며 믿는 자와 믿지 않는 자가 어찌 상관하며 하나님의 성전과 우상이 어찌 일치가 되리요"(고후 6:14-16).

바울이 고린도교회에 보낸 교훈입니다.

결혼은 한 남자와 한 여자가 한 몸을 이루는 창조질서이고 명령입니다(창 2:24). 둘이 하나가 되는 신비한 결합이기도 합니다. 그리고 두 사람이 가지고 있던 이질적 조건들을 하나로 만들어 나가는 삶의 지혜와 예술적 융합이 필요합니다. 아들이 여자친구를 설득해 신앙을 갖도록 하십시오. 만일 여자가 절대로 종교나 신앙을 바꿀 수 없다고 고집한다면 결혼 이후의 생활 역시 둘이 하나 되는 일이 어려워질 것입니다.

4대째 기독교 가정이라면 선택과 결정이 더 신중해야 합니다. 자신의 주견과 입장에 절대적 가치를 두는 사람이라면 결혼생활도 쉽지 않을 것입니다. 예수 그리스도를 영접하고 하나님의 딸이 되도록 최선을 다하십시오. 선입견으로 미리 선을 긋지는 마십시오. 가능성을 열어두고 노력하노라면 좋은 결과를 맞게 될 것입니다. 그리고 그런 긍정적 결과를 기대하고 기도하십시오.

Second 키워드

개
인
생
활

⋮

경건

연기로 하는 술, 담배, 악역이 걱정됩니다

Q 저는 모 예술대학에 재학 중인 연기자 지망생입니다. 기독연예인이 되고 연기자가 되는 것이 저의 꿈입니다. 그런데 연기자가 된 후 술 마시고 담배 피우고, 폭력배 등 악역을 맡으면 어떻게 해야 하나 걱정입니다.

A 모든 크리스천은 자신이 그리스도인임을 인정하고 자신의 정체성을 지켜야 합니다. 기독연예인의 경우 기독교인이라는 것과 공인이라는 두 가지 책임을 지게 됩니다.

연예지망생의 숫자가 계속 증가하고 있습니다. 그것은 대중의 인기를 모을 수 있다는 특수성 때문입니다. 그러나 누구나 연예인이 될 수 있는 것은 아닙니다. 타고난 재능과 후천적 노력에 따라 스타가 될 수도 있고, 꿈으로 끝날 수도 있습니다. 평범한 연예인의 자리에 머물지 말고 탁월한 연기자가 되십시오. 대중의 박수갈채를 받는 연기자가 되십시오. 그런 큰 꿈을 품고 거보를 내딛도록 하십시오. 연기자는 개성 있는 연기력으로 승부합니다. 맡은 배역을 어떻게 소화하느냐, 어떻게 생동감 넘치는 연기를 하느냐에 따라 연기자의 인기와 인지도는 결정됩니다. 외모보다 개성 있는 연기가 더 중요합니다.

먼저 그 세계에서 인정받는 연기자가 되십시오. 어떤 작품, 어떤 연기를 맡든지 최고의 평가를 받도록 하십시오. 배역을 가리지 마십시오. 엑스트라, 조연 가리지 말고 최선을 다하십시오. 하루아침에 주연으로 캐스팅돼 금방석에 앉는 연기자도 있지만, 그런 경우는 누구에게나 주어지는 것이 아닙니다. 시간이 걸리더라도 탄탄한 연기력으로 경력을 쌓고 연기의 폭을 넓혀 가십시오.

연기자가 작품에 캐스팅되기를 기다리는 경우가 있고 제작자나 감독이 연기자를 찾는 경우가 있습니다. 제작자나 감독의 눈에 띄는 연기자, 꼭 캐스팅하고 싶은 연기자가 되도록 노력하십시오. 그런 위치에 올라서면 작품을 선별하고 선택할 수 있게 되겠지만 인정받기 전까지는 이 작품, 저 작품을 연기자 마음대로 선택하는 게 쉽지 않습니다. 그러나 기독교인으로서 용납할 수 없는 일이라든지 비윤리적 처신은 단호히 선을 긋고 배제하는 게 옳습니다. 자신이 술 담배를 즐기는 것과 대본을 따라 연기하는 것은 다릅니다. 자신이 타락하고 악을 행하는 것과 시나리오를 따라 악역을 맡는 것은 같지 않습니다.

기독연예인들이 모임을 만들어 신앙을 지키고 선교사명을 다하기 위해 노력하는 연예인들도 있고, 자아 관리에 최선을 다해 성공한 특출한 연예인들도 많습니다. 전천후 연기자, 개성 있는 연기자, 자신을 정갈하게 관리하는 연기자, 일터에서 하나님의 영광을 드러내고 크리스천 연예인으로서 사명을 다하는 연기자가 되게 해달라고 기도하십시오.

멋진 꿈을 포기하지 마십시오. 그리고 함께 기도하고 꿈을 펼 동지들을 찾고 만나십시오. 일터에서 하나님의 일꾼으로 살아갈 수 있는 지혜와 힘을 구하십시오.

경건

천국, 지옥 다녀왔다는 간증 믿어도 될까요?

Q 어느 모임에서 천국 갔다 왔다는 간증을 들었습니다. 지옥에 기독교인들이 많고 특히 목사님, 장로님이 많고 기독교인 80%가 지옥에 있다고 합니다. 이 간증 믿어도 될까요?

A 믿지 마십시오. 그런 류의 간증은 개인적인 것일 뿐 공인할 수 있는 간증이 아닙니다. '천국에 갔더니 누구누구가 있더라, 지옥에 갔더니 아무개가 있더라'는 이야기는 개인적 체험이더라도 정설인 것처럼 확대 과장하는 것은 결코 성경적이지 않습니다.

천국과 지옥은 순례코스가 아닙니다. 그동안 국내외를 통틀어 천국과 지옥을 보고 왔다는 사람들이 꼬리를 물고 간증자로 나서기도 했습니다. 예수님의 재림 날짜를 계시 받았다는 사람들의 예언이 허위로 끝난 것처럼, 천국과 지옥을 보고 왔다는 사람들의 간증도 허위로 끝났습니다. 허위라야 맞습니다. 천국과 지옥은 내왕이 가능한 관광지가 아닙니다. 한 번 가는 곳이지 사람 마음대로 들락날락하는 곳이 아닙니다.

아브라함과 부자의 대화를 예로 들어보겠습니다. 음부의 고통 중에서 부자가 간청합니다. "나사로를 보내어 그 손가락 끝에 물을 찍어 내 혀를 서늘하게 하소서 내가 이 불꽃 가운데서 괴로워하나이다"(눅 16:24). 이에 대한 아브라함의 답은 "너희와 우리 사이에 큰 구렁텅이가 놓여 있어 여기서 너희에게 건너가고자 하되 갈 수 없고 거기서 우리에게 건너올 수도 없게 하였느니라"(눅 16:26)고 하였습니다. 내왕이 불가능하다는 것입니다. 천국 지옥 간증의 특징은 저마다 간증 내용이 다르고, 보고 왔다는 천국 지옥의 모습이 다르다는 것입니다. 그리고 전도에 도움이 된다면서 교회들이 그들을 내세워 집회를 주선한 것도 특징입니다. 그런데 "모세와 선지자들에게 듣지 아니하면 비록 죽은 자 가운데서 살아나는 자가 있을지라도 권함을 받지 아니하리라"(눅 16:31)는 말씀을 주목해야 합니다. 허망한 사실, 검증되지 않은 간증을 부추기는 것은 삼가야 합니다.

"천국과 지옥은 있다." 이 사실은 진리이고, 성경적 논증입니다. 그러나 "다녀왔다, 보고 왔다"는 것은 비성경적이고 거짓이거나 허구입니다. 개인적 체험이나 허구를 일반화하고 기정사실화하고 성경 위에 놓는 것은 사이비적 행태로 보아야 합니다. 천국은 예수 믿고 구원받는 사람들이 들어가는 영원한 처소이고, 지옥은 구원받지 못한 사람들이 들어가는 불못, 유황 불못, 꺼지지 않는 불못입니다.

천국은 갔다가 다시 되돌아올 필요가 없는 곳이고, 지옥 역시 한 번 들어가면 다시 되돌아 나올 수 없는 곳입니다. 성경 어느 곳에도 관광명소처럼 넘나들고 구경할 수 있는 곳이란 말이 없습니다. 그리고 천국은 최첨단 장비로 촬영할 수 있는 곳도 아니고 우주선으로 탐사가 가능한 곳이 아닙니다. 펄시 콜레, 토마스 주남, 메리 백스터, 한국의 아무개 권사, 여전도사, 외국의 아이들 하나같이 거짓임이 드러났습니다. 천국은 궁금한 곳이 아닙니다. 장차 들어갈 곳으로 믿고 대망해야 합니다. 더 이상 한국교회가 그들의 농간에 흔들리면 안 됩니다. 천국과 지옥은 확실히 존재합니다. 그러나 관광지는 아닙니다.

경건

연명의료 거부하다 사망하면 자살이 되는지요?

 기독교인이 연명의료를 거부하다가 사망하면 자살이 되는지요?

 연명의료(치료) 행위를 한두 마디로 논하는 것은 여러 가지 면에서 쉽지 않습니다. 인간의 생명과 관련된 사항이기 때문입니다.

연명의료란 치료효과가 없는 환자에게 임종시기를 연장하는 일련의 의료행위들, 예를 들면 심폐소생술, 항암제 투여, 혈액투석, 인공호흡 등을 말합니다. 우리나라의 경우 2016년에 환자가 원할 경우 연명의료를 중단할 수 있다는 연명의료결정법을 공표했습니다. 연명의료 중단은 환자와 전문의의 동의하에 성립됩니다. 절차를 따라 연명의료 중단 의향서를 미리 제출하도록 되어 있습니다.

중요한 것은 환자 자신의 자발적 의사로 결정한다는 것과 언제라도 철회가 가능하다는 것입니다.

인간은 생명의 주인이 아닙니다. 흙으로 사람을 지으시고 생기를 불어넣어 생령이 되게 하신 분은 하나님이십니다(창 2:7). 생령이란 살아 있는 존재, 즉 영혼을 가진 존재라는 뜻입니다.

연명의료를 통해 일시적 연명은 가능하겠지만 완치가 이루어지는 것은 아닙니다. 순리대로 가느냐, 연명하느냐는 본인의 선택입니다.

연명의료를 거부하는 것은 자살이 아닙니다. 다양한 요인과 환경적 요인이 복합돼 자살이 이뤄지지만 연명의료 거부와 같은 맥락에서 보는 것은 옳지 않습니다.

예수님이 이 땅에 오신 목적은 병든 자들을 고치시기 위해서만은 아니었습니다. 그럼에도 예수님은 수많은 병자들을 치료하셨습니다. 우리의 허물과 죄를 사하시고 구원하시기 위해 오셨습니다(사 53:5). 그러나 사복음서를 보면 각양 병자들을 고쳐주셨습니다. "모든 병과 모든 약한 것을 고치셨다"(마 4:23)고 했습니다.

가족들의 경우 연명치료 거부로 인한 아쉬움도 있고 연명치료로 인한 아픔도 있다고 합니다. 생명은 하나님의 것입니다. 주시는 건강과 하루하루의 삶을 감사합시다. "장미꽃 감사, 장미꽃 가시도 감사"라는 헐트만의 찬송처럼 주신 생명을 소중히 그리고 가치 있게 지킵시다.

연명치료 거부를 자살로 볼 이유는 없습니다. 스스로 자기 목숨을 끊는 게 자살이니까요.

> 경건

예수님 형상을 만드는 건 괜찮은지요?

Q 유치부에서 예수님 형상을 종이로 만들어 입구 게시판에 붙이고 아이들이 교회 올 때 예수님이 반갑게 맞아주신다는 뜻이라고 합니다. 형상 만드는 건 괜찮은지요?

A "나 외에는 다른 신들을 네게 두지 말지니라 너는 자기를 위하여 새긴 우상을 만들지 말고 위로 하늘에 있는 것이나 아래로 땅에 있는 것이나 땅 밑 물속에 있는 것의 어떤 형상도 만들지 말며 그것들에게 절하지 말며 그것들을 섬기지 말라"(신 5:7~9).

이스라엘에게 주신 계명입니다. 사물을 신격화하는 것, 그것들을 형상화하고 섬기는 것이 우상숭배입니다. 천주교는 마리아, 성인, 성물을 형상화하고 숭배합니다. 거기다 교황 무오설까지 주장했습니다.

그러나 하나님의 계명은 분명합니다. '형상을 만들지 말라, 섬기지 말라'입니다. 성경대로 믿고 따르는 것이 바른 신앙이고 기독교 전통입니다.

우리 주변에는 수많은 예수님 그림이 있고 사진이 있습니다. 그러나 예수님 당시는 화가도, 사진기술도 없었습니다. 후대에 화가의 영감으로 그린 예수님의 얼굴이어서 고증은 쉽지 않습니다. 직접 얼굴과 얼굴을 대할 날이 올 것입니다.

아이들을 위해 예수님 그림을 그려 세울 수도 있고, 붙일 수도 있습니다. 그러나 그림 자체가 예수님은 아닙니다. 그러니까 아이들에게 '이 그림이 곧 예수님이야. 예수님께 기도하고 노래 불러드리자'라고 하는 것은 옳지 않습니다. 십자가에 달리신 예수님 그림을 바라보며 '아, 저렇게 달리시고 죽으셨구나'라며 깨닫는 것은 문제될 게 없습니다. 사람을 성인화한다든지, 형상으로 만들어 숭배하는 것, 업적을 높이고 신성화하는 것은 금해야 합니다.

모 천주교 뜰에 김대건 상을 세운 곳이 있었습니다. 그 앞을 지나는 교인들마다 걸음을 멈추고 두 손을 합장한 채 절을 하는 모습을 볼 수 있었습니다. 마리아상, 성인상, 성물도 절을 해야 할 대상은 아닙니다.

예수님 그림이나 형상의 경우도 '이분이 바로 예수님이다. 이 그림에게 절하자'라는 것은 안 됩니다. 그림이나 형상의 틀 속에 머무시는 분이 아니기 때문입니다.

바울이 말한 "그리스도의 형상을 이루기까지"(갈 4:19)의 뜻은 눈, 코, 귀, 입 등 지체를 의미하지 않고 영적 형상과 품성을 뜻합니다. 우리 안에 그리스도 예수의 형상이 이뤄지는 것이 기도제목이어야 합니다.

> 경건

성령 훼방죄도 용서받을 수 있나요?

Q 저는 대학생입니다. 성령훼방죄도 용서를 구하면 용서받을 수 있는지요?

A 성령훼방죄에 관한 성경구절은 마태복음 12장 31~32절에 기록되어 있습니다. "사람에 대한 모든 죄와 모독은 사하심을 얻되 성령을 모독하는 것은 사하심을 얻지 못하겠고…누구든지 말로 성령을 거역하면 이 세상과 오는 세상에서도 사하심을 얻지 못하리라."

구역성경은 '모독'을 '훼방'으로 번역했습니다. 본 구절은 난해구절 가운데 하나입니다. '훼방'이나 '모독'의 뜻은 '해쳐서 말한다'입니다. 사람이 사람을 해치는 행위도 범죄입니다. 하물며 사람이 하나님을 해치는 행위는 용서받을 수 없다는 것입니다.

성령님의 사역은 다양합니다. 그중에 하나가 사람들의 마음을 감동해 죄를 회개하고 예수 그리스도를 구주로 영접한 후 구원받게 하는 사역입니다. 그런데 성령님의 존재를 부정하고 사역을 거부하는 것은 사함 받을 길이 없습니다. 그리고 성령훼방이 일시적 사건이 아니라 연속적이고 지속적일 때는 사함 받지 못한다는 것입니다.

바울은 디모데전서 1장 13절에서 "내가 전에는 비방자요 박해자

폭행자였으나 도리어 긍휼을 입은 것은 내가 믿지 아니할 때에 알지 못하고 행하였음이라"고 했습니다. 알지 못할 때는 훼방자였으나 그리스도를 구주로 영접한 이후 용서받고 전도자가 되었다는 것입니다.

고의적으로, 지속적으로 훼방하는 죄는 사함 받지 못합니다. 그러나 바울처럼 깨닫고 회개하고 그리스도의 사람이 되면 정죄는 물러갑니다.

주경가 알포드는 "성령에 반항하기로 작정하고 고집하는 마음의 상태가 훼방이다"라고 했습니다. 예수님 당시 바리새인들은 하나님을 섬기는 사람들이라고 자처했습니다. 그리고 율법을 지키는 사람들임을 내세웠습니다. 그러나 그들은 마음도 행위도 말도 악하고 부정적이었습니다. 개선의 징후가 전무했습니다. 그들이야말로 말과 행위로 성령님의 존재와 사역을 부정하는 사람들이었습니다.

불신죄는 회개하고 믿으면 사함 받지만 의도적으로 작심하고 성령을 훼방하는 죄는 용서받지 못합니다. 구원받은 사람들은 성령님의 내주하심을 믿고 인도하심을 따라 살고 행동해야 합니다.

경건

새해에 토정비결, 신년운세 등을 보는 사람이 많아요

Q 새해가 되면 토정비결, 신년운세, 타로 등을 통해 점을 치는 사람들이 많습니다. 이런 것들은 통계니까 괜찮다는 사람도 있습니다. 기독교인의 자세는 어떠해야 하는지요?

A 통계는 사람이 만든 숫자입니다. 통계에 자신의 운세를 맡기고 일희일비하는 것은 옳지 않습니다. 통계란 확인하는 숫자일 뿐 운명을 맡길 대상은 아닙니다.

토정비결이란 조선 명종 때 토정 이지함이 지은 일종의 예언서입니다. 해와 달의 운행을 숫자로 따져 한 해의 신수를 보는 것을 말합니다. 사업의 성패, 결혼, 길흉사, 운세 등을 거기에 맞춰 점치고 판단합니다.

별자리 운세, 스마트 운세가 젊은이들 사이에서 유행하고 사주카페도 있다고 합니다. 그런가 하면 타로 점도 유행하고 있다고 합니다. 본래 타로는 게임용 카드였습니다. 그런데 18세기에 들어서면서 타로 카드가 점술용으로 사용되기 시작했고, 젊은이들 사이에서 번지고 있다고 합니다. 그런가 하면 온라인으로도 점을 친다고 합니다.

문제는 기독교인의 대처 자세입니다. 취미로 통계니까 하는 태도는 옳지 않습니다. 그런 것 말고도 건전한 취미는 많습니다. 연초가 되면 신문들이 앞다퉈 신년운세풀이 기사를 싣는 것도 문제입니다. 그리고 선거철이 되면 내노라 하는 사람들이 점집을 드나든다고도 합니다.

그러나 하나님을 믿는 기독교인이 따를 것은 아닙니다. 성경은 무속행위나 점술 등을 용납하지 않습니다. 그 이유는 인간의 삶과 미래는 주관하시는 분은 창조주 하나님이시기 때문입니다.

"접신한 자와 박수무당을 음란하게 따르는 자에게는 내가 진노하여 그를 그의 백성 중에서 끊으리니"(레 20:6).

"그의 아들이나 딸을 불 가운데로 지나게 하는 자나 점쟁이나 길흉을 말하는 자나 요술하는 자나 무당이나 진언자나 신접자나 박수나 초혼자를 너희 가운데에 용납하지 말라"(신 18:10~11).

"두려워하는 자들과 믿지 아니하는 자들과 흉악한 자들과 살인자들과 음행하는 자들과 점술가들과 우상숭배자들과 거짓말하는 모든 자들은 불과 유황으로 타는 못에 던져지리니 이것이 둘째 사망이라"(계 21:8).

새해에 토정비결·신년운세 등을 보는 사람이 많은데 주목할 말씀들입니다.

경건

하나님과의 인격적 만남이란

Q 대학생입니다. 하나님과의 인격적 만남이란 무엇을 말하는지요?

A 우리는 매일 수많은 사람을 만납니다. 그러나 내가 그들을 다 알고 그들이 나를 아는 것은 아닙니다. 인격적 만남이란 단순히 얼굴과 이름을 아는 것으로 이뤄지지 않습니다. 산, 나무, 돌, 짐승과 대화한다는 사람들이 있습니다. 그러나 인격적 만남이나 대면은 아닙니다. 하나님과의 인격적 만남은 하나님을 인격적 존재로 믿는 데서 출발합니다.

성경은 도처에서 하나님의 실존을 설명하고 있습니다. 창세기는 "태초에 하나님이 천지를 창조하시니라"(창 1:1)로 시작됩니다. 그리고 요한계시록 22장 20절은 "내가 진실로 속히 오리라"로 끝납니다. '창조하시고, 두루 다니시고, 고치시고, 전하시고, 살아나시고, 승천하시고, 다시 오시고.' 이 말씀들은 사람이 만든 신이 아니고 살아 계시는 인격적 존재임을 증언합니다. "나는 스스로 있는 자이니라"(출 3:14)는 말씀은 하나님의 자존을 한마디로 설명하고 있습니다. 알파와 오메가, 시작과 끝, 영원 전부터 영원까지 계시는 분, 초월자라는 것입니다.

그 하나님은 내가 앉고 일어서는 것을 아시고, 멀리서도 내 생각을 밝히 아시고, 내 행위를 아시고 내 혀의 말도 아시고, 내 내장을 지으시고 모태에서 나를 만드신 분입니다(시편 139편). 누가 나를 이보다 더 섬세하게 알 수 있겠습니까? 나를 지으시고 아시고 함께하시는 하나님이시기 때문에 인격적 만남과 대화가 가능한 것입니다.

인격적 만남이라고 해서 손을 마주잡고 식사를 함께 나누고, 차를 함께 마실 수 있는 것은 아닙니다. 성육신하신 예수님과는 그런 만남이 가능했지만 지금은 영적 교제를 통해 만남이 가능합니다.

타종교의 신은 추상적이거나 사람이 만든 신이어서 지존자가 아닙니다. 그러나 하나님은 응답하시고 함께하시는(마 28:20), 살아 계신 하나님이십니다(요 20:28). 그래서 아브라함의 하나님, 이삭의 하나님, 야곱의 하나님이십니다(출 3:6).

하나님 신앙이 견고해야 삶이 흔들리지 않습니다.

> 경건

트로트 프로그램 즐기는 게 죄라는데

Q 저는 권사입니다. 영화나 드라마 특히 트로트를 즐겨봅니다. 그런데 목사님이 설교 중 그런데 빠지는 건 죄라고 책망하셨습니다.

A 기독교인이라고 문화생활이나 여가생활을 기피할 필요는 없습니다. 단, 정도 조절은 반드시 필요합니다. 설교보다 영화가 더 좋고, 찬송보다 트로트가 더 신바람 나고, 성경묵상보다 드라마를 더 좋아한다면 문제가 됩니다. 문화 단절도, 문화중독도 바람직하지 않습니다.

노르웨이 사람들의 별장 이야기가 떠오릅니다. 별장 위치는 섬입니다. 전기도, 수도도, 자동차도 없습니다. TV도 라디오도 없습니다. 그런 곳에서 10~20년 사는 건 어렵겠지만 단기간 쉼을 위한 방법으로는 동의하고 싶습니다.

우리네 삶은 다양한 세속문화에 노출되어 있습니다. 그래서 갈 곳도 쉴 곳도 마땅치 않습니다. 사람이 문화를 누리고 여가를 즐겨야지 문화에 종속당하고 여가에 끌려간다면 바른 삶이 성립되기 어렵습니다.

문화 자체는 죄가 아닙니다. 그러나 타락한 문화에 빠지면 죄 짓고 파국을 맞게 됩니다.

요즘 트로트 열풍이 대단합니다. 트로트 가수 지망생들이 줄을 잇고 시청률이 치솟고 있다고 합니다. 그러나 그런 것들이 그리스도인의 경건 생활을 막거나 흔든다면 삼가는 게 좋습니다.

문화가 사탄의 도구가 되면 그 파괴력은 상상을 초월합니다. 문화나 여가가 죄는 아닙니다. 그러나 깊이 빠지면 죄 지을 충동을 만들고, 신앙이 흔들리게 됩니다.

기독교 문화현장은 매우 열악합니다. 그리고 세속문화를 따라가는 게 어려워졌습니다. 그래서 기독교가 승부를 문화에 거는 것은 오산입니다. 복음으로 승부해야 합니다. 복음이 기독교의 생명이니까요.

권사님, 당장은 힘들겠지만 TV 시청을 줄이십시오. 그리고 기도, 성경 읽기, 찬송 부르기, 섬기는 삶에 시간 배정을 많이 하십시오. 경건의 진미를 맛보게 될 것입니다.

경건

사행심에 휘둘리지 말고 바른 기도를

 로또 복권을 구입하고 당첨을 위해 기도하면 들어주실까요?

하나님은 모든 기도를 다 들으십니다. 그러나 로또 당첨을 위한 기도는 그대로 응답하시지 않습니다. 응답은 하나님의 전권이기 때문입니다.

유럽 최초의 복권은 1476년 이탈리아에서 시작됐고, 그 후 세입을 위해 국가가 주도했다고 합니다. 우리나라의 경우는 1947년 올림픽 선수 후원을 위해 복권 판매를 시작했고, 로또 판매는 2002년부터였습니다.

당첨 확률은 815만분의 1이랍니다.

전문가들은 몇 가지 문제점을 지적합니다. 사행심 조장, 한탕주의, 건강한 노동가치 훼손입니다. 세입을 위해서라지만 복권 판매가 사행심을 조장하는 것은 바람직하지 않습니다.

미국 피츠버그 대학 연구팀이 복권 당첨자 3,500명을 대상으로 조사한 결과, 1,900명 이상이 5년 만에 빈털터리가 됐습니다. 우리나라의 경우도 당첨금을 유의미하게 썼다는 사람은 찾기 어렵습니다.

주기적으로 복권을 구입하는 중독증도 있고 당첨을 위해 기도하는 사람들도 있습니다. 구실은 그럴싸합니다. 십일조를 하겠습니다, 헌금으로 반을 드리겠습니다, 개척교회를 짓겠습니다, 장학금을 내겠습니다 등 그런 류의 기도를 하는 사람들이 있습니다. 그러나 당첨금으로 보람된 일을 했다는 사람은 거의 없었습니다.

"구하여도 받지 못함은 정욕으로 쓰려고 잘못 구하기 때문이라"(약 4:3)는 말씀을 기억하십시오.

주님은 "돌들로 떡덩이가 되게 하라"는 마귀의 시험을 단호히 물리치셨습니다(마 4:4). 사행심에 휘둘리는 것은 바른 신앙 자세가 아닙니다. 하나님은 로또 당첨을 위한 기도보다 먼저 그의 나라와 그의 의를 구하는 기도를 원하십니다. 로또 유혹을 물리치십시오. 거기에 빠지지 마십시오. 바른 기도에 힘쓰십시오.

경건

제사에 쓰였던 음식 먹어도 되나요?

Q 종갓집 셋째 며느리입니다. 제사가 끝나면 제사 음식을 먹게 됩니다. 먹어도 괜찮은지요?

A 바울 사도가 고린도교회에 주신 교훈을 살펴보겠습니다. 당시 고린도는 그리스의 대도시로 인구는 60만 정도였고, 올림픽 경기를 본떠 이스무스 경기를 개최했습니다. 우상숭배와 도덕적 타락이 극심했고, 아프로디테 여신전 안에는 1천 명의 여승들이 있었습니다.

바울은 고린도교회 교인들에게 "너희는 우상 숭배하는 자가 되지 말라"(고전 10:7)고 했습니다. 우상숭배 금지는 모세를 통해 이스라엘 백성에게 주신 계명이었습니다(출 20:4).

고린도가 우상숭배 도시였던 탓으로 시중에 유통되는 식품들은 신전제사를 거쳐 나온 것들이었습니다. 그것들을 먹어야 하는가 하는 문제가 교회 안에서 일어났습니다.

바울은 "우상은 세상에 아무것도 아니며"(고전 8:4), "시장에서 파는 것은 양심을 위하여 묻지 말고 먹으라"(고전 10:25)고 했습니다.

구약의 제사는 하나님이 받으셨습니다. 그러나 조상 제사는 후손의 도리일 뿐 그 제사를 조상들이 받는 것은 아닙니다. 제상에 차린 음식들도 조상의 혼이 먹는 게 아닙니다. 그러니까 하나님이 주신 음식이라는 믿음으로 먹어도 된다는 것입니다.

단, "만일 음식이 내 형제를 실족하게 한다면 나는 영원히 고기를 먹지 아니하여 내 형제를 실족하지 않게 하리라"(고전 8:13)는 말씀을 주목해야 합니다. 내가 제사 음식을 먹는 것 때문에 실족하는 사람이 있다면 먹지 말라는 것입니다.

제사 음식은 제사 과정을 거쳤을 뿐 하나님이 주신 음식입니다. 주저하거나 걱정할 필요가 없습니다. 그보다 더 중요한 것은 셋째 며느리가 최고라는 칭찬의 주인공이 되는 것입니다. 종갓집 가족들에게 모든 면에서 본을 보이십시오. 그리고 셋째 며느리 때문에 온 집안이 구원받는 역사를 일궈내십시오. "이때를 위함이 아닌지 누가 알겠느냐"(에 4:14)라는 말씀을 기억하십시오.

경건

소리 내 기도 안 해도 다 들으시나요?

Q 제가 다니는 교회는 통성기도를 하지 않습니다. 마음속으로 기도해도 다 들으신다고 합니다.

A "여호와의 손이 짧아 구원하지 못하심도 아니요 귀가 둔하여 듣지 못하심도 아니라"(사 59:1).

"주께서 내가 앉고 일어섬을 아시고 멀리서도 나의 생각을 아시오며"(시 139:2).

두 구절 말씀은 전능하신 하나님은 모든 것을 아시고 들으시는 분임을 설명합니다. 통성기도는 들으시고, 묵상기도는 듣지 못하시는 제한적 하나님이 아니시라는 것입니다.

통성기도는 기도의 자세 문제입니다. "내가 소리 내어 부르짖을 때에 들으시고"(시 27:7)라고 했고, 시편 50편 15절은 "환난 날에 나를 부르라 내가 너를 건지리니 네가 나를 영화롭게 하리로다"라고 했습니다. 그리고 시편 141편 1절에서 다윗은 "내가 주께 부르짖을 때에 내 음성에 귀를 기울이소서"라고 했고, 시편 142편 1절에서도 "내가 소리 내어 여호와께 부르짖으며 소리 내어 여호와께 간구하는도다"라고 했습니다.

그런가 하면 바리새인은 자신의 의를 드러내려는 과시형 기도를, 세리는 가슴을 치며 회개하는 기도를 했습니다. 이에 대한 주님의 평가는 "세리가 의롭다 하심을 받았다"였습니다. 다시 말하면 세리의 간곡한 기도가 응답되었다는 것입니다.

유대인들은 서서 엎드려 무릎을 꿇고 기도했습니다. 큰소리로 기도할 수도 있고 묵상의 기도를 드릴 수도 있습니다.

한국교회의 통성기도는 1907년 평양 장대현교회 사경회에서 시작됐습니다. 은혜 받은 사람들이 회개하고 소리 내어 기도했습니다. 그리고 강렬한 성령님의 임재를 체험했습니다. '다 아신다, 다 들으신다'는 논리만 강조하다 보면 기도할 필요가 없게 됩니다. 기도 안 해도 다 아시기 때문입니다.

그렇다고 시도 때도 가리지 않고 통성으로 기도하는 것은 옳지 않습니다. 때와 장소, 그리고 예배와 모임에 대한 분별이 필요합니다.

통성기도와 묵상기도는 상충관계가 아닙니다. 부르짖어야 할 때는 입을 넓게 열고(시 81:10) 목청 터지도록 기도해야 합니다. 그러나 조용히 주님을 만나야 할 때에는 은밀히(마 6:18) 기도해야 합니다.

경건

기도원 원장에게 기도 받으러 간다는데 괜찮을까요?

Q 기도 받으러 간다며 기도원 원장을 찾아가는 사람들이 있습니다. 기도는 받는 것인가요?

A 기도는 드리는 것이지 받는 것이 아닙니다. '기도 받는다'는 것은 '기도하다', '기도드리다'의 잘못된 표현이긴 하지만 전혀 그 의미가 다릅니다.

기도는 피조물인 인간이 창조주 하나님께 삶의 정황을 말씀드리고 응답을 듣는 거룩한 소통입니다. 우리의 기도를 들으시고 응답하시는 분은 하나님이십니다. 그래서 주님이 가르쳐주신 주기도의 경우도 "하늘에 계신 우리 아버지여"로 시작됩니다.

독백은 자신에게 말하는 것이고 대화는 상대와 주고받는 것입니다. 그러나 기도는 하나님께 드리는 것입니다.

기도할 때 반드시 지켜야 할 기도의 원리가 있습니다.

첫째, 기도는 하나님께 드린다.
둘째, 기도 응답은 하나님만 하신다.
셋째, 예수님 이름으로 기도해야 한다.
넷째, 믿고 기도해야 한다.

다섯째, 기도를 생활화해야 한다.

여섯째, 주님이 가르쳐주신 기도를 모범으로 삼아야 한다.

기도 받으러 간다는 데는 전제가 있을 것입니다. 기도해주는 사람이 축복권이 있다든지, 병 고치는 능력이 있다든지, 문제 해결의 비법을 가지고 있다든지 등의 소문 때문일 것입니다. 바로 그 점이 함정입니다. 문제해결, 질병 치유, 복 주심의 전권은 하나님께 있습니다. 특정인의 소관이 아닙니다. 만일 나한테 기도 받으면 만사와 만병이 다 해결된다고 호언하는 사람이 있다면 그는 하나님의 영광을 훼손하는 죄를 범하게 됩니다.

특히 기도하는 사람들은 '내가 한다', '내가 해줄게'라는 오만을 버려야 합니다. 하나님은 특정인의 기도만을 들으시고 응답하시는 분이 아니십니다.

그리고 나는 기도하지 않으면서 용하다는 사람의 기도만을 바라는 것은 잘못입니다. 여기저기 찾아다니기보다는 내가 간절한 기도를 드리는 것이 먼저입니다. 그리고 기도해준 대가를 바란다든지 요구하는 것은 바른 태도가 아닙니다.

경건

작은 소리로 기도하면 하나님이 못 듣나요?

Q 제가 아는 권사님은 하나님이 병을 고쳐주시기 때문에 병원에 갈 필요가 없다고 하고, 사람이 깜짝 놀라는 순간 귀신이 들어간다고 합니다. 그리고 작은 소리로 기도하면 하나님이 기도를 듣지 않는다고 합니다. 맞는 말인지요?

A 맞지 않습니다. 하나님은 영혼과 육체의 질병을 고치십니다. "나는 너희를 치료하는 여호와임이니라"(출 15:26)고 하셨고, "모든 병과 모든 약한 것을 고치시니"(마 4:23)라고 했습니다.

그런데 "하나님이 고치실 테니까 병원도 가지 말고 기다려라"는 것은 신앙적 발상이 아닙니다. "내 생명과 내 건강은 하나님께 맡겼습니다. 죽고 사는 것은 상관이 없습니다. 주님 뜻을 따르겠습니다"라는 것이 신앙적 자세입니다. 병원에 갈 필요가 없다는 것은 사람이 해야 할 일까지 하나님께 전가하겠다는 태도여서 바른 신앙태도라고 볼 수 없습니다.

사복음서에 기록된 예수님의 사역을 살펴보면 죽은 자를 살리시고 병자들을 고치신 기사들이 반복되고 있습니다. 그러나 단 한 번도 병원이나 의원을 찾지 말라 내가 다 고쳐준다고 하신 적은 없습니다. 우리는 전지전능하신 하나님을 믿습니다. 능치 못하심이 없으심도 믿습니다. 그렇다고 나는 손끝 하나 까딱하지 않고 하나님이 다 알아서 하신다는 것은 옳지 않습니다. 병원에 가십시오. 명의를 만나십시오. 약도 복용하십시오. 그러나 병원 의사나 의약은 전능자도 절대적인 존재도 아닙니다. 제한이 있고 한계가 있습니다. 하지만 하나님은 무한한 능력과 치유의 권능을 행하십니다. 하나님보다 인간적 방법을 절대시하는 것은 피해야 합니다.

깜짝 놀라는 순간 귀신이 들어간다는 허설에 흔들리지 마십시오. 내가 믿음이 약해지고 영적으로 허점이 드러나면 마귀는 그 틈새를 공격합니다. 공격의 기회와 방법, 즉 전략은 마귀가 선택합니다. 마귀는 내가 약하면 강하게 도전하고, 내가 믿음의 전신갑주를 입고 강한 군사가 되면 얼씬거리지도 못합니다.

작은 소리로 기도하면 하나님이 듣지 않으신다는 말도 맞지 않습니다. 큰소리, 작은 소리, 마음의 소리 다 들으십니다. 단 하나님은 입을 열고 큰 소리로 하나님을 부르고 찬송하고 기도하는 것을 기뻐하십니다.

"너희 만민들아 손바닥을 치고 즐거운 소리로 하나님께 외칠지어다"(시 47:1).

"내가 주께 부르짖을 때 내 음성에 귀를 기울이소서"(시 141:1).

시편의 교훈은 큰소리로 각종 악기로, 그리고 손뼉 치며 찬송하라는 것입니다. 손뼉 치고 큰 소리로 기도하는 것도, 묵상하며 기도하는 것도 하나님은 다 아시고 들으십니다. 중요한 것은 소리의 크고 작음 때문에 응답이 결정되는 것이 아니라는 것입니다. 믿음의 기도가 응답의 조건임을 기억하십시오.

> 경건

청년부 수련회 성평등 강의에서 성은 평등하고 선택의 자유가 있다는데 맞나요?

Q 청년부 수련회에서 신학강좌를 했습니다. 강사로 오신 모 신학대학 교수님이 성 평등을 논하면서 성은 평등하고 인간에겐 선택의 자유가 있다는 논조를 폈습니다. 의견이 분분하고 찬반양론이 맞서고 있습니다.

A 사안의 중요성에 비해 제가 알고 있는 식견은 짧습니다. 그래서 전문가들의 글, 강연, 보도, 논문 등을 꼼꼼히 살폈고, 평소 제가 가졌던 생각과 견해를 정리해 답을 드리겠습니다.

모든 인간은 평등합니다. 남녀, 인종, 계급, 직업에 있어서 평등합니다. 그것은 하나님의 창조의 기본 틀입니다. 그러나 성은 평등하지 않습니다. 남성과 여성 양성으로 창조하시고 둘이 합하여 하나가 되라는 것이 하나님의 창조원리입니다.

인간의 성은 자신의 선택으로 결정될 수 있는 것이 아닙니다. 어느 날 남성이 나는 여성이라고 하면 여성이 되는 것이 아닙니다. 그런데 성평등을 국가가 주도하고 법을 제정하겠다는 발상은 있을 수 없는 일입니다. 만일 성평등이 법제화된다면 성경의 창조론은 허구가 되고 남성과 여성의 창조원리는 무너지게 됩니다. 신앙과 신학이 자리를 잃게 됩니다. 기독교는 성경을 신앙과 행위의 본으로 삼고, 신앙도 삶도 신학도 거기에 뿌리를 두어야 합니다.

성평등의 사전적 의미는 성을 이유로 차별받지 않고 법률적으로 동등한 대우를 받는 것으로 되어 있습니다. 그러나 성은 하나가 아니라는 것이 전문가들의 주장입니다. 해부학적으로도 남녀의 염색체가 다르고 생식기관이 다르다고 말합니다. 성별 때문에 차별하는 것은 금해야 합니다. 그러나 남녀 성은 똑같다는 논리나 법제정은 안 됩니다.

문제는 흐름입니다. 미국, 영국, 스웨덴, 캐나다, 호주 등이 앞장서 기숙사, 화장실을 성평등, 성중립을 내세워 공용하는가 하면 성평등을 반대하는 행위를 법적으로 제재하기 시작했습니다. 그들의 주장은 "개인이 선택하는 성도 생물학적 성과 동등하다"라는 것입니다. '남자가 여자라고 선택하면 여자이다'라는 논리는 창조신앙 입장에선 어불성설입니다. 왜 교회가 그런 강사를 초청하고 젊은이들에게 성평등 논리를 펴게 했는지, 그리고 교회의 신앙적 위치가 그래도 되는지 답답합니다.

누가 뭐래도 교회는 성경대로라야 합니다. 성경을 덮어놓고 전개되는 논의, 행위, 신학이 무슨 의미가 있습니까? 성차별은 안 됩니다. 그러나 성평등은 절대로 안 됩니다.

경건

전도는 행함으로 본을 보이는 거라는데

Q 저희 교회는 전도를 안 합니다. 전도는 행함으로 본을 보여야 한다며 길거리나 가정방문 전도는 기독교의 품위를 떨어뜨린다고 합니다.

A 전도란 예수를 믿지 않는 사람들에게 예수 그리스도를 전하고 그 영혼을 구원하는 거룩한 행위입니다. 교회를 전하는 것이 아니라 예수님을 전하는 것입니다.

"착한 행실로 하나님께 영광을 돌리라"(마 5:16)고 했습니다. 그러나 그 어느 곳에도 행함으로 전도하라는 곳은 없습니다. 물론 기독교인들의 굴절되고 이중적인 삶 때문에 전도의 문이 막히고 하나님의 영광이 가려질 수 있습니다. 그러나 '전도는 할 필요 없다, 옳은 행실을 보이면 전도가 성립된다'는 것은 전도를 왜곡하는 구실이고 궤변입니다.

예수를 믿으라면서 믿을 수 없게 만드는 사람들도 있습니다. 그러나 그런 사람들 때문에 전도를 막는 것은 비성경적입니다.

전도 명령을 찾아보겠습니다. "가면서 전파하여 말하되 천국이 가까이 왔다 하고"(마 10:7), "너희는 가서 모든 민족을 제자로 삼아"

(마 28:19), "땅끝까지 이르러 내 증인이 되리라"(행 1:8), "전파하는 자가 없이 어찌 들으리요"(롬 10:14), "가라, 증인이 되라, 전파하라"고 했습니다.

전도의 조건은 구원의 확신입니다. 내가 만난 예수, 내가 믿는 예수를 입으로 행위로 전하려면 구원의 확신이 전제되어야 합니다. 예수를 부끄러워하는 사람은 전도가 어렵습니다. "누구든지 사람 앞에서 나를 시인하면 나도 하늘에 계신 내 아버지 앞에서 그를 시인할 것이요 누구든지 사람 앞에서 나를 부인하면 나도 하늘에 계신 내 아버지 앞에서 그를 부인하리라"(마 10:32~33)는 말씀과 "사람이 마음으로 믿어 의에 이르고 입으로 시인하여 구원에 이르느니라"(롬 10:10)는 말씀을 새겨야 합니다. 몸짓으로 예수를 증거하는 것은 어렵습니다. 그러나 입으로 예수를 시인하고 증거하는 것은 그리스도인의 필수 의무입니다.

그 사람의 행위 때문에 예수 믿고 구원받은 사람이 몇이나 될까요? 그리고 바른 행함을 보여줄 만한 사람이 누구일까요? 전도는 말과 삶으로 전하는 통전적 행위입니다. 전도를 행함의 틀 속에 가두지 말아야 합니다. 때를 얻든지 못 얻든지 전도해야 합니다.

관계

비기독교인 이성과 교제해도 될까요?

Q 상대가 비기독교인이라면 교제를 시작조차 하지 말아야 할까요? 아니면 교제하고 전도를 해도 될까요? 만일 상대가 계속 하나님을 거부한다면 교제를 중단해야 할까요?

A 성경말씀이 생각납니다. "너희는 믿지 않는 자와 멍에를 함께 메지 말라 의와 불법이 어찌 함께하며 빛과 어두움이 어찌 사귀며 그리스도와 벨리알이 어찌 조화되며 믿는 자와 믿지 않는 자가 어찌 상관하며 하나님의 성전과 우상이 어찌 일치가 되리요"(고후 6:14~16).

바울이 말한 "믿지 않는 자"란 예수 그리스도가 구주 되심을 부인하는 사람들을 말합니다. 유신론과 무신론, 예수 그리스도를 구주로 믿고 고백하는 사람과 부인하는 사람은 타협이 불가능하다는 것입니다. 하나님의 품성은 의 자체이십니다. 그러나 사탄의 속성은 불의입니다. 하나님의 의와 사탄의 불의는 함께할 수도, 타협도, 절충도 불가능합니다. 빛과 어두움도 공존하지 못합니다. 벨리알은 사탄입니다. 거짓 증언자, 음모를 꾸미는 자, 악마의 왕이 곧 벨리알입니다. 그런데 어떻게 벨리알과 함께할 수 있겠습니까?

"멍에를 함께하지 말라"의 뜻은 믿음을 해치는 그 어떤 것과도 타협하지 말라는 것입니다. 소 두 마리가 밭을 갈 때 한 멍에를 맨 탓으로 함께 밭을 갈아야 합니다. 차별화된 행동이 불가능합니다.

이 이야기는 기독교인이 세상을 살아가면서 지켜야 할 삶의 기본과 윤리에 관한 교훈입니다. 이 사람 저 사람 가리지 않고 교제하고, 쉽게 결혼하고, 그리고 돈 버는 일이라면 이일 저일 가리지 않고 손대는 것을 피하라는 것입니다.

그리스도인의 정체성은 성별입니다. 구별된 사람들, 구별되어야 하는 사람들이라는 뜻입니다. 분별없이 누구나 다 만나고 아무것이나 다 먹고 어떤 일이든 가리지 않는다면 불신자들과 다를 바가 무엇이겠습니까.

그렇다고 세상과 담을 쌓고 인간관계를 차단하고 독선과 아집의 울타리를 친 채 살아선 안 됩니다. 그리스도인의 사명은 세상을 변화시키고 사람을 그리스도에게로 인도하는 것입니다. 입산 수도승처럼 굴어도 안 되고, 교회가 심산유곡의 수도원이 되어도 안 됩니다.

전도대상자로 정하고 교제하는 것은 바람직한 접근법입니다. 그러나 종교도, 신앙도 따지지 않고 결혼상대자로 교제하는 것은 심사숙고하십시오. 결혼이란 이질적 조건의 사람들이 만나 동질성을 일궈나가는 창작예술이긴 하지만 선별과 선택의 지혜가 필요합니다. 선택에 대한 책임은 선택자 자신에게 있는 것이니까요.

관계

신앙 초보 남자친구와
신앙 문제로 갈등을 빚어요

Q 저의 부친은 지방교회 목회자이시고, 저는 서울에서 고교 교사로 재직 중입니다. 출석하는 교회에서는 성가대와 찬양인도 팀원으로 봉사하고 있습니다. 대학 다닐 때 동아리에서 만난 남자친구와 교제중인데 그의 신앙은 초보입니다. 주일예배도 억지로 가끔 출석하고, 저에게는 꼭 그렇게 교회에 올인해야 되느냐 주말을 즐기자며 다그칩니다. 결혼을 전제로 한 교제를 이어나가야 할지 고민하고 있습니다.

A 대부분의 남자들은 결혼 전 교제기간에 여자친구의 환심을 사기 위해 의사를 존중하고 자신의 생각이나 행동을 절제, 조절한다고 합니다. 교회도 따라다니고 취미도 맞추기 위해 노력한다는 것입니다. 그러다가 결혼하고 나면 태도가 바뀌고 남성 특유의 강성 이미지가 드러나 부부 갈등이 시작된다고 합니다. 물론 이것은 부분적 이야기일 것입니다. 얼굴이 다르듯 두 사람의 생각, 취미, 습관, 비전이 같을 순 없습니다. 그리고 그런 것들은 살아나가면서 조정과 조율, 적응과 소통이 가능합니다.

그러나 종교와 신앙의 견해 차이나 갈등은 좀처럼 간격 메우는 것이 쉽지 않습니다. 더욱이 목사님의 딸이라는 것을 이미 알고 교제를 시작했을 텐데, 여자친구의 신앙적 배경을 이해하지 못하고 문제를 삼거나 교회생활을 통제하려 든다면, 교제 진행에도 문제가 되겠지만 결혼 후의 부부생활과 신앙생활이 어떻게 될지 생각을 정리해야 될 것 같습니다.

교제중인 두 사람이 서로 진정으로 사랑한다면 남자친구를 그리스도인으로 바꾸십시오. 그리스도를 구주로 영접하고 함께 신앙적 가정을 이루고 신앙에 기초한 부부가 되도록 노력하십시오. 그래서 함께 교회를 섬기고 신앙적 비전을 공유하고 일궈나가도록 하십시오. 그 점이 교제보다 결혼보다 더 중요한 선결과제라고 봅니다.

그러나 그런 노력에 동조하지 않는다면, 남자친구의 환경이나 개인적 능력이 뛰어나다 하더라도 교제를 고려하십시오. 목사님의 딸이기 전에 하나님의 딸이라는 점과, 결혼이나 교제보다 더 중요한 것이 신앙이라는 것을 잊지 마십시오.

인생과 신앙에서 선택이 차지하는 비중은 너무나 큽니다. 선택에 따라 행불행과 성패가 결정됩니다. 그리고 선택에 대한 책임은 선택자의 몫입니다.

남자친구가 순순히 이해하고 따른다면, 그래서 신앙의 동지, 인생의 반려로 든든히 선다면 아름답고 행복한 인생을 함께 설계하십시오. 노력도 포기도 서두르지는 마십시오. 과정도 결단도 시간이 필요한 거니까요.

이 문제를 놓고 기도하십시오. 그리고 목회자이신 아버님과 진지하게 의논하십시오. 혼자 결정하지 마십시오.

관계

교회에서 만난 여성과
사귀고 싶은데 냉담해요

Q 제가 다니는 교회에서 함께 청년부 활동을 하는 여성이 있습니다. 사귀고 싶고, 결혼도 하고 싶은 마음이 들어 데이트 신청을 했지만 대답이 없고 냉담합니다. 어떻게 처신해야 할까요?

A 사람이 사람을 사랑하는 것은 악도, 죄도 아닙니다. 그러나 남녀 간의 사랑과 교제는 정도를 벗어나면 안 됩니다. 그리고 정당한 윤리의 규범을 지켜야 합니다. 사랑엔 국경이 없다고 합니다만, 기독교인이라면 성경의 교훈을 벗어난다든지 탈윤리적이거나 반사회적인 사랑이나 교제는 금해야 합니다.

먼저 왜 그 여성이 냉담할까를 생각해 보십시오. 젊은이에 대한 관심이 없거나, 남자친구로 부적절하다고 판단했거나, 아니면 교제하는 남자가 있거나 등 이유가 있을 것입니다. 교제란 서로에 대한 관심과 이해가 전제됐을 때 성립됩니다. 오래전 어느 교회에서 있었던 일입니다. 성가대석에 앉아 있는 남성을 결혼 상대자로 정하고 기도하는 여성이 있었습니다. 어느 날 '네 남편감은 그 사람이다 그와 결혼하라'는 응답을 받았다는 것입니다. 그런데 그 남자는 결혼한 기혼자였고 아이들의 아빠였습니다. 하나님은 그런 불미스런 일에 동의하시는 분이 아닙니다. 그리고 그런 류의 응답도 하지 않으십니다. 그런 행위가 깊어지면 짝사랑, 집착, 편집증으로 변하게 됩니다.

마음에 들지 않는 사람과 어떻게 교제할 수가 있으며 거기다 결혼을 생각할 수 있겠습니까? 그녀의 반응을 정중한 거절로 받아들이는 것이 옳을 것 같습니다. 남녀 간의 사랑은 주고받고가 전제되어야 하고 이해와 소통이 성립되어야 합니다. 그리고 교제가 결혼으로 이어지려면 인격적 소통과 이해, 결혼관과 가치관의 공통분모를 찾아야 합니다.

특히 기독교인의 경우는 결혼의 조건과 가치기준을 성경에서 찾아야 합니다. 남자와 남자의 결혼? 안 됩니다. 여자와 여자의 결혼 역시 안 됩니다. 그리고 윤리규범을 무시하는 결혼도 용납하면 안 됩니다. 성경은 한 남자와 한 여자의 결혼을 명령하고 있습니다. 그리고 불륜도 금하고 있습니다. 그녀에 대한 집착을 버리십시오. 좋은 배우자를 만나 결혼하게 해달라고 기도의 줄을 바로잡으십시오. 기도 응답은 내 뜻을 관철해서 얻어내는 전리품이 아닙니다. 내 뜻과는 상관없이 하나님의 뜻을 헤아리고, 따르고, 기다리는 것이 기도여야 합니다.

우리는 그 실례를 겟세마네 동산에서 있었던 주님의 기도에서 찾을 수 있습니다. 십자가의 고난과 죽음을 앞에 놓고 드린 주님의 기도는 "나의 원대로 마옵시고 아버지의 원대로"였습니다. 십자가를 지는 것이 아버지의 뜻이라면 그대로 순종하겠다는 결단의 기도, 우리는 여기서 우리의 기도를 돌아봐야 합니다. 아버지의 뜻과 원대로는 온데간데없습니다. 내 뜻대로 내 맘대로가 활개치고 있습니다. 상황과 여건 따라 하나님의 뜻을 선별하려는 잘못을 회개해야 합니다. 남녀교제와 결혼은 사랑과 윤리, 그리고 신앙과 규범의 울타리 안에서 진행되고 성사되어야 합니다.

관계

헌금 많이 하는 권사가
거짓말을 일삼고 상처를 주어요

Q 저희 교회 권사님 한 분은 방언도 하고 헌금도 많이 하고 봉사도 많이 합니다. 그런데 다른 사람에게 상처 주고 거짓말도 잘하고 덕이 없습니다.

A 방언, 헌금, 봉사는 권사님만의 특권이 아닙니다. 누구나 할 수 있는 일입니다.

문제는 교회의 덕을 세우는 일입니다. 방언은 자신과 교회공동체에 유익을 줄 수 있어야 합니다. 성령님의 은사를 자기과시의 방편으로 악용한다든지 자신의 존재감을 드러내는 수단으로 쓰는 것은 잘못입니다.

교회의 직제상 항존직을 목사, 장로, 집사, 권사로 구분합니다. 그리고 모든 직분은 주님과 교회를 섬기기 위해 제정됐습니다. 목사는 목회를, 장로는 행정과 치리를, 집사는 섬김을, 권사는 돌봄을 책임져야 합니다.

그런데 자신의 본무는 소홀히 하고 맡은 직분을 다른 방편으로 도구화하는 것은 옳지 않습니다. 상처 주고 거짓말하고 덕을 세우지 못하는 것은 아무개 권사만의 문제가 아닙니다. 누구라도 그런 잘못을 범할 개연성을 안고 있습니다.

　우리네 약점은 교회생활과 사회생활, 신앙생활과 삶의 괴리가 너무나 크다는 것입니다. 신앙생활이 교회 울타리 안으로만 국한되는 것을 삼가야 합니다. 그리스도인이 자리한 동네에서, 직장에서, 시장에서 바람직한 삶의 모습을 보일 때 전도의 문이 열리고 향기를 발하게 됩니다.

　그런데 교회 안에서마저 본을 보이지 못하고 상처를 주는 사람이라면 세상 속에서 어떻게 그리스도인의 향기를 발할 수 있겠습니까? 내가 받은 직분을 통해 하나님께는 영광을 교회에는 유익을 줄 수 있어야 합니다.

　"예수는 좋다 그러나 너를 보면 예수가 싫다"라는 상황이 벌어질 수도 있고, "나는 예수를 모른다 그러나 너를 보면 예수가 좋다"라는 상황이 성립될 수도 있습니다. 우리가 취할 자세는 후자라야 합니다. 삶과 신앙의 이중성을 바로잡아야 합니다.

　반면교사라는 말이 있습니다. 그 뜻은 본이 되지 않는 다른 사람의 언행을 보고 자신을 바로 세우는 도움으로 삼는다는 것입니다. 아무개 권사를 반면교사로 삼으십시오. 나를 바르게 세우고 바른 교회생활을 위한 거울로 삼으십시오. 상처받거나 비난하기에 앞서 자신을 살피는 지혜를 선택하십시오.

> 성경

직장인인데 성경지식 부족해 쩔쩔, 신학공부하고 싶어요

Q 저는 평신도 직장인입니다. 교회에서는 중등부 교사로 섬기고 있습니다. 그런데 아이들을 가르치다 보면 늘 성경지식이 부족해 쩔쩔매고 있습니다. 그래서 신학을 공부하고 싶습니다.

A 신학을 공부하는 이유는 크게 셋으로 나눌 수 있습니다.

첫째, 목회자가 되기 위해서입니다.

교단이나 신학교마다 입학 규정이 정해져 있습니다. 정규 신학대학은 국가가 정한 교육법에 의해 학사가 이뤄지기 때문에 그 절차를 따라야 합니다. 학부를 졸업한 사람들이 3년간 신학을 공부한 후 총회가 실시하는 목사고시에 합격해야 목사가 될 수 있습니다. 무인가 신학교의 경우는 예외입니다. 그러나 더 중요한 것은 왜 목회자가 되려는가입니다. 목회자가 되기 위한 소명이 있는가가 확인되어야 합니다. 그 이유는 일반적인 직업 선택이 아니기 때문입니다. 목회란 인간의 영혼구원을 위한 신령한 사역이기 때문에 아무나 아무렇게나 할 수도 없고 해서도 안 됩니다.

일반 직업 선택은 취업하고, 승진하고, 돈 벌고, 잘 사는 게 목적이어도 문제될 게 없습니다. 그러나 목사가 되고 목회를 하려는 목적이

승진하고, 잘 살고, 영화를 누리는 것이라면 생각 자체를 접는 것이 옳습니다. 교회 성장과 함께 목회자들의 삶이 한결 편해지고 여유로워졌다지만, 우리나라의 경우 90% 이상의 교회들은 현상유지에 쫓기거나 미자립교회에 머물고 있습니다. 몇몇 대형교회의 호사스러움을 보고 목사가 되려 한다면 신학을 하지 않는 게 좋습니다.

둘째, 신학자가 되기 위해서입니다.

전문 분야에서 후학을 가르치는 신학자들이 필요합니다. 신학 분야의 석학이 되려면 엄청난 노력과 연구가 필요합니다. 그리고 학문적 인증이 필요하고, 석사, 박사 과정 학위는 물론 신학계가 인정하는 연구 실적이 있어야 합니다. 더 중요한 것은 신학은 일반 인문학의 차원을 넘어서야 한다는 것입니다. 하나님에 관한 학문이기 때문에 신앙이 전제되어야 합니다. 신앙 없는 신학자들은 해괴망측한 학문으로 교회를 혼돈에 빠뜨리기 때문입니다.

셋째, 자신의 식견을 넓히기 위해서입니다.

그러나 대부분의 신학교는 커리큘럼 편성 원칙 때문에 성경을 집중적으로 배우고 연구하는 것이 어렵습니다. 3년 동안 다양한 신학을 접해야 하기 때문에 전문적 성경연구는 불가능합니다. 그리고 어떤 신학이냐에 따라 교회봉사의 걸림돌이 될 수도 있습니다. 그래서 단순한 신학 지식만을 위한 신학은 피하는 게 좋습니다. 교회를 외면한 신학, 신앙 없는 신학, 단순히 지식 습득을 위한 신학이라면 권하고 싶지 않습니다.

성경

만일 가룟 유다가 악역을 하지 않았다면

Q 만일 가룟 유다가 그런 악역을 하지 않았다면 예수님의 십자가 죽음이나 구원사역이 어떻게 되었을까요?

A 가룟 유다는 예수님의 열두 제자 중 한 사람이었고 당시 유대 나라 열심당의 당원이었습니다. 그는 예수님의 제자로서 재무를 담당하기도 했습니다. 그의 행적을 살펴보면 두 얼굴을 가진 사람, 탐욕의 사람, 회개를 외면한 사람이었습니다.

누구나 돈은 필요합니다. 그러나 탐욕은 파멸의 첩경이 됩니다. 사울 왕도 아합 왕도 그리고 유다도 탐욕이 문제였습니다. "탐심은 우상숭배"(골 3:5)라고 했습니다

베드로와 유다는 함께 예수님의 제자였습니다. 둘 다 잘못이 있었습니다. 베드로는 평소 "어디든 주와 함께 가겠다, 주님이 죽는 곳에도 함께 가겠다, 다 주를 버려도 나는 버리지 않겠다"라며 호언장담 했습니다. 그런 그가 세 번씩 예수님을 부인하고 맹세하고 저주했습니다(마 26:70~74). 그러나 베드로의 잘못은 철저한 회개로 마무리됩니다. "밖에 나가서 심히 통곡하니라"(마 26:75). 그러나 유다는 뉘우치고 스스로 목매어 죽는 것으로 끝납니다(마 27:3~5).

베드로는 뉘우치고 통곡하고 돌아섰고, 유다는 뉘우치고 목매어 죽었습니다. 베드로는 주님께로 돌아섰고, 유다는 주님 밖으로 돌아섰습니다.

유다의 행위에 대한 주님의 입장과 해석이 중요합니다. "인자는 자기에 대하여 기록된 대로 가거니와 인자를 파는 그 사람에게는 화가 있으리로다 그 사람은 차라리 태어나지 아니하였더라면 제게 좋을 뻔하였느니라"(마 26:24).

가룟 유다의 악역과 상관없이 예수님의 십자가 사건은 진행되지만, 악역을 자처하고 나선 유다는 자신의 악역에 대한 심판을 받아야 된다는 것입니다. 정의의 이름과 진리의 이름으로 통용되는 악역은 물리쳐야 합니다.

사도행전 기자도 유다의 악역을 거론하고 있습니다. 그는 본래 제자였으나 그의 불의 때문에 스스로 죽었다고 기술하고 있습니다(행 1:17~20).

선한 일의 도구로 쓰임 받도록 노력합시다.

성경

성경 많이 읽어도 변화된 게 없는 사람이 있어요

Q 제가 다니는 교회는 7년 전부터 성경읽기 운동을 시작했습니다. 매년 다독상을 받는 사람이 있는데 교회 안에서 덕을 세우지 못해 비난을 받고 삶도 변한 게 없습니다.

A 성경은 많이 읽고 적게 읽는 데 문제가 있는 것이 아니라 하나님의 말씀으로 믿고 받고 순종하는 것이 중요합니다. 히브리서 4장 12절에 의하면, "하나님의 말씀은 살아있고 활력이 있어 좌우에 날선 어떤 검보다도 예리하여 혼과 영과 및 관절과 골수를 찔러 쪼개기까지 하며 또 마음의 생각과 뜻을 판단하나니"라고 했습니다.

다독 목표를 채우기 위해 글자만 읽어나간다면 찌르고 쪼개는 역사를 체험하지 못하게 됩니다. 성경은 읽어야 합니다. 믿어야 합니다. 그리고 믿은 대로 살아야 합니다. 이 과정 없이 다독하고 상 받고, 상 받기 위해 또 읽고를 반복한다면 변화된 삶을 기대하기는 어려울 것입니다.

성경을 읽는 방법은 많이 읽는 다독, 빨리 읽는 속독, 새김질하며 읽는 정독, 그리고 손으로 읽고 쓰는 필사가 있습니다. 어떤 형태든 성경은 많이 읽는 게 좋습니다. 아무개는 성경을 쓰고 읽어도 변화된 게 없다며 비판하고 성경을 읽지 않는 것은 바른 자세가 아닙니다. 건강한 신앙생활은 다른 사람을 보지 않고 나를 보아야 합니다. 내 눈 속의 들보를 보는 눈이 건강한 눈입니다.

성경을 읽고 필사하는데 사람이 변하지 않는 이유는 읽기만 할 뿐, 믿고 실천하는 노력이 약하기 때문입니다. 성경읽기뿐이겠습니까? 수십 년 교회를 드나들고 직분을 맡고 교회를 섬기지만 삶의 변화가 없고 덕을 세우지 못하는 것은 말씀과 삶의 괴리 때문입니다. 그런 면에서 바로 믿고 바로 사는 것이 중요합니다. 바로 믿어야지 잘 믿는 척해선 안 된다는 것입니다.

성경을 다독하는 것 자체는 문제될 게 없습니다. 문제는 다독 기록을 세우고 칭찬받고 자기를 과시하려는 생각이 문제입니다. 상을 받기 위해 전도를 한다든지, 성경을 다독하는 것은 바람직하지 않습니다. 사명이니까 전도하고, 하나님 말씀이니까 많이 읽는다는 기본을 지킨다면 자신과 공동체에 유익이 될 것입니다.

다른 사람을 바라보지 말고 성경읽기를 시작하십시오. 다독 기록을 채우려 들지 말고 그날의 만나로 읽으십시오. 깊이 묵상하고 말씀의 실천을 위해 고민하십시오. 성경읽기 표를 만들고 일기를 쓰듯 표를 따라 읽어나가십시오. 성경을 읽는 속도가 빨라질 것이고 삶의 변화가 일어날 것입니다.

다독보다는 정독을 권합니다.

성경

'복 받으라', '축복 받으라' 중 어떤 말이 맞나요?

Q 복 받으라와 축복 받으라 어떤 말이 맞나요? 바른 용법이 궁금합니다.

A 복과 축복이 혼용되고 있지만 그 뜻은 다릅니다. 복이란 편하고 만족한 것을 의미합니다.

사람은 복을 원하고 필요로 하는 존재이지 복의 근원도, 복을 만드는 존재도 아닙니다. 성경은 복의 근원과 주체가 하나님이시라는 것을 강조합니다. 사람은 복을 바라고 빌어줄 수는 있지만 복을 만들고 베푸는 것은 하나님의 사역이라는 것입니다.

창세기 1장 28절은 하나님이 아담과 하와에게 복을 주셨다고 했고, 12장 2절에서는 하나님이 아브라함에게 복을 주셨다고 했습니다. 22장 17절은 외아들 이삭을 번제로 드린 아브라함에게 "내가 네게 큰 복을 주고"라고 했고, 26장 12절 이하는 하나님께서 이삭에게 복을 주셨기 때문에 백배의 수확을 거두었고 거부가 되었다고 설명합니다. 이상의 구절들은 복을 주시는 분이 하나님이시라는 것을 밝힙니다.

그러나 축복이란, 사람이 사람에게 복이 임하기를 비는 것을 의미합니다. 다른 사람의 행복을 바라고 비는 행위가 바른 삶의 태도입니다.

구약에서 축복의 예들을 찾아보겠습니다. 멜기세덱이 아브라함에게(창 14:19), 이삭이 야곱에게(창 27:27), 야곱이 아들들에게(창 48:20) 등 축복이 긍정적으로 사용됐음을 알 수 있습니다.

바울은 그리스도인이 누려야 할 복을 신령한 복이라고 했습니다(엡 1:3). 일반적인 복과의 차별성을 강조한 것입니다. 건강, 치부, 성공, 명예, 번영 등은 일반적 복의 범주에 속합니다. 그런데 바울은 예정과 선택, 구속과 섭리를 복으로 정의하고 있습니다.

일반적 복의 필요성을 부정하거나 외면할 필요는 없습니다. 신령한 복은 하나님의 은혜이며 삶에 대한 보상입니다.

구원을 예로 들겠습니다. 구원은 행함에 대한 보상이 아닙니다. 믿음의 결과입니다. 그러나 일반적 복은 행함에 대한 보상입니다. 구원이 근본적 복이라면 복된 삶의 조건들은 구원받은 자녀들에게 주시는 하나님의 배려이며 선물입니다. 복과 축복의 용어 사용은 구분하는 게 옳지만, 이미 국어사전이 축복을 명사로 정하고 있기 때문에 어법상 큰 문제가 된다고 보지는 않습니다. 두 단어를 적절하게 구분한다면 바른 말을 사용하는 현자일 것입니다.

> 성경

하나님은 모세와 친구처럼 대화했다는데 사실인가요?

Q 하나님은 모세와 친구처럼 대화했다고 하는데 그것이 가능한지요?

A 출애굽기 33장 11절에 의하면 "사람이 자기의 친구와 이야기함같이 여호와께서는 모세와 대면하여 말씀하시며"라고 했습니다. "대면하여"의 의미는 얼굴과 얼굴을 마주 대하는 것입니다. 그러나 그것은 불가능합니다. 하나님은 영이시기 때문에 인간처럼 이목구비를 갖춘 얼굴은 대면할 수 없을 뿐 아니라 손과 발로 만지고 걸으시는 분이 아닙니다. 하나님의 얼굴, 손과 발은 상징적이고 영적인 의미입니다. 친구처럼 대면하여 말씀을 하셨다는 것은 모세에게 말씀하셨다는 것입니다.

구약시대 인간이 하나님의 얼굴을 뵙는 것은 불가능했습니다. 이사야 41장 8절에서는 "나의 종 너 이스라엘아 내가 택한 야곱아 나의 벗 아브라함의 자손아"라고 했습니다. 그 뜻은 아브라함의 신실성과 진정성을 인정하시고 친구처럼 여기셨다는 것입니다. 그러나 아브라함이 하나님을 벗이라고 부른 일은 없습니다. 다시 말하면 모세나 아브라함이 하나님을 친구(벗)라고 부른 것이 아니고, 하나님께서 친구라고 부르셨다는 것입니다.

영이신 하나님을 육안으로 본다든지 만나는 것은 불가능합니다. 그러나 하나님은 예수 그리스도의 성육신을 통해 하나님을 대면할 수 있게 해주셨고, 가까이 할 수 있게 해주셨습니다.

"나를 본 자는 아버지를 보았거늘 어찌하여 아버지를 보이라 하느냐"(요 14:9)라는 말씀의 뜻은 이 땅에 오신 예수 그리스도는 비록 사람의 몸을 입고 오셨지만 하나님으로 우리 가운데 거하신다는 것입니다. 그리고 "내가 명하는 대로 행하면 곧 나의 친구라"(요 15:14)고 말씀하셨습니다.

아무나 친구가 되는 것이 아닙니다. 모세도 아브라함도 제자들도 하나님 마음에 드는 사람들이라야 했고, 명하는 대로(말씀대로) 행하는 사람들이라야 합니다.

참 친구는 친구를 위해 목숨을 버리는 사람입니다(요 15:13). 배신을 일삼고 배교를 일삼는 사람은 친구가 될 수 없습니다. 예수님의 친구라면 예수님을 위하여 목숨을 버릴 수 있을 때 참 친구가 될 수 있습니다. 이는 결코 쉬운 일은 아닙니다. 이것이 바로 주님을 위해 생명을 바친 순교자들과 날마다 삶의 자리에서 희생과 헌신의 땀을 쏟는 사람들을 높이고 존경하는 이유이기도 합니다.

성경

예수님을 왜 어린양이라고 하나요?

Q 왜 예수님을 어린양이라고 했는지 궁금합니다.

 어린양은 순결과 온유의 상징이고 구약시대는 제물로 사용했습니다. 출애굽하기 전 어린양을 잡고 무교병을 먹었습니다(출 12장). 그리고 번제물로 바쳤습니다(출 29:38). 세례 요한은 예수님을 "세상 죄를 지고 가는 하나님의 어린양이라"고 지칭했습니다. 세상 죄를 지고 간다는 것은 십자가에서의 죽음을 뜻하고, 하나님의 어린양이라는 것은 속죄의 제물이 되심을 의미합니다. 사람은 그 누구도 세상 죄를 대신 질 수 없습니다. 그리고 사람이 기르는 양은 제물이 될 수는 있지만 죄를 대신하는 어린양은 될 수 없습니다.

하나님의 어린양은 대속과 구원의 주권이 하나님께 있음을 설명합니다. 구약의 어린양 제사는 어린 양 예수 그리스도를 통해 성취될 십자가 희생과 속죄 구원의 예표입니다. 이사야는 장차 오실 메시아를 어린양으로 묘사했습니다.

"마치 도수장으로 끌려가는 어린양과 털 깎는 자 앞에 잠잠한 양 같이 그의 입을 열지 아니하였도다"(사 53:7).

구약의 짐승 제물은 살아 있는 것, 흠 없는 것이어야 했습니다. 베드로는 예수님을 "흠 없고 점 없는 어린양"이라고 했습니다(벧전 1:19). 죽은 것은 제물이 될 수 없고, 흠 있는 것도 제물이 될 수 없습니다.

죄 가운데 태어나고 죄에 빠져 사는 인간은 그 누구도 대속의 제물이 될 수 없습니다. 세상 죄를 지고 가는 하나님의 어린양이신 예수님만이 속죄제물이 되십니다. 히브리서 4장 15절은 "모든 일에 우리와 똑같이 시험을 받으신 이로되 죄는 없으시니라"고 했습니다.

죄 없으신 예수님이 십자가의 아픔과 고통을 겪으셨고, 그를 믿음으로 우리가 구원받게 된다는 것이 복음의 핵심입니다. 그리고 예수 그리스도의 십자가는 일회적 사건입니다.

"많은 사람의 죄를 담당하시려고 단번에 드리신 바 되셨고"(히 9:28)라는 말씀이 그 증거입니다. 세상 죄를 지고 가는 하나님의 어린양 때문에 구원받은 사실을 감사해야 합니다.

성경

'명복'이란 용어, 기독교인이 사용해도 되나요?

Q "고인의 명복을 빕니다"라는 용어를 기독교인이 사용해도 되는지요?

A 명복은 불교 용어입니다. 죽은 사람이 심판받는 곳을 명부라고 하는데, 그곳에 가서 심판받지 말고 좋은 곳으로 가도록 빈다는 것입니다. 기독교 용어가 아닙니다. 성경 어느 곳에도 죽은 자를 위해 기도하라, 좋은 곳으로 가도록 사자를 위해 빌라는 구절은 없습니다.

로마 가톨릭은 죽은 자가 좋은 곳으로 가려면 면죄를 받아야 하고, 그러기 위해서는 면죄부를 사야 한다는 해괴한 이론을 만들었습니다. 이 문제로 신학자들 간에 논쟁을 벌이기도 했지만 성경에 없는 신학이나 제도가 교회와 신앙을 통제하는 것은 결코 옳지 않습니다. 하나님 외에는 죄를 사하거나 면할 수 없습니다. 그것이 가능하다는 것은 신학과 교회의 타락을 보여주는 것입니다.

죽은 자를 위한 기도나 명복을 비는 것은 기독교인이 취할 태도가 아닙니다. 그러나 기독교인도 상가 예절은 철저히 지켜야 합니다. 의복 차림도 단정해야 하고 상가나 장례식장을 드나들 때도 정숙해야 합니다. 큰 소리로 떠들거나 잡담을 주고받는 것, 산만하게 내왕하는 것은 모두 삼가야 합니다.

　조문하는 용어도 선별해야 합니다. "명복을 빕니다"라는 용어 대신 "하나님의 위로를 빕니다.", "주 안에서 위로 받으시기 바랍니다.", "부활 소망으로 위로 받으시기 바랍니다.", "삼가 위로의 말씀드립니다" 등 정제된 조문 인사가 바람직합니다.

　그리고 장례 절차를 담은 순서지를 만들 경우 장례예배라는 표기는 옳지 않습니다. 장례식으로 해야 합니다. 결혼예배, 회갑예배, 입주예배, 개업예배도 마찬가지입니다. '예식'으로 표기하는 게 옳습니다. 일상적 언행이 슬픔당한 가족들에겐 큰 영향을 미치게 된다는 걸 잊지 마십시오.

성경

'인간은 불멸의 존재'가 맞는 말인가요?

 '인간은 불멸의 존재'라는 글을 읽었습니다. 맞는 말인지요?

 기독교적 용어는 불멸보다는 영생이 바람직합니다.

타락 이전의 인간은 영생하는 존재였습니다. 그러나 타락 이후 인간은 유한한 존재로 변했습니다.

"생명나무 열매도 따먹고 영생할까 하노라"(창 3:22).

"두루 도는 불칼을 두어 생명나무의 길을 지키게 하시니라"(창 3:24).

이 구절의 의미는 범죄한 인간은 영생할 수 없다는 것입니다.

그러나 구약성경은 영생이 하나님께 있음을 증언합니다. "여호와께서 복을 명령하셨나니 곧 영생이로다"(시 133:3)라고 했고, "땅의 티끌 가운데에서 자는 자 중에서 많은 사람이 깨어나 영생을 받는 자도 있겠고"(단 12:2)라고 했습니다. 그리고 신약성경은 영생은 예수 그리스도를 통해 성취됨을 증언합니다.

"하나님이 세상을 이처럼 사랑하사 독생자를 주셨으니 이는 그를 믿는 자마다 멸망하지 않고 영생을 얻게 하려 하심이라"(요 3:16). "예수께서 이르시되 나는 부활이요 생명이니 나를 믿는 자는 죽어도 살겠고 무릇 살아서 나를 믿는 자는 영원히 죽지 아니하리니 이것을 네가 믿느냐"(요 11:25~26)라는 예수님의 말씀이 영생의 방법과 내용을 설명해줍니다.

심판과 죽음은 범죄에 대한 심판이고, 영생은 믿고 구원받은 사람들에게 주시는 은혜의 선물입니다. 현존자인 인간은 불멸의 존재가 아니라 멸망 받을 존재입니다. 그러나 구주로 오신 예수 그리스도를 믿고 영접하면 영생하는 존재가 됩니다. 이 진리는 기독교의 핵심입니다.

구원의 길이 많고 다양하다는 종교다원주의는 다른 길을 통해 인간은 불멸의 존재가 될 수 있다고 말합니다. 그러나 성경은 "다른 이로써는 구원을 받을 수 없나니 천하 사람 중에 구원을 받을 만한 다른 이름을 우리에게 주신 일이 없음이라"(행 4:12)고 단언합니다.

성경을 덮고 다른 이론을 전개하는 것은 기독교 신앙도 신학도 아닙니다. 인간은 불멸의 존재가 아닙니다. 그러나 구원받으면 영원한 존재로 영생을 누리게 됩니다. 그리고 영생 신앙을 가진 사람과 그렇지 않은 사람의 삶은 차별화되어야 합니다.

성경

바울이 경험한 셋째 하늘이란?

 바울이 경험한 셋째 하늘이란 어떤 하늘인가요?

 고린도후서 12장 1~10절은 바울의 신비한 체험에 관한 기사입니다.

고린도교회에는 바울의 사도직과 영적 체험과 능력을 부정하려는 사람들이 있었습니다. 그들에게 부득불(고후 12:1), 자랑(변호)을 하고 있습니다. 그러나 자신이 경험한 환상과 계시를 "한 사람을 아노니"라는 3인칭으로 표현하면서 자신을 드러내지 않고 있습니다. 자랑이 목적이 아니었기 때문입니다. 작은 능력이나 체험을 과장하고 자랑하는 것은 바람직하지 않습니다. 바울의 겸손을 배워야 합니다.

유대인들의 일반적 하늘 이해는 셋째 하늘입니다. 솔로몬도 자신의 성전 봉헌 기도 중에 "하늘과 하늘들의 하늘이라도 주를 용납하지 못하겠거든"이라고 했습니다. 주경가들의 일반적 견해는 하나님이 계시는 영원한 세계를 셋째 하늘로 보고 있습니다.

그런가 하면 둘째 하늘로 구분하는 신학자들도 있습니다. 첫째 하늘은 눈으로 볼 수 있는 물리적 하늘이고, 둘째 하늘은 눈으로 볼 수 없는 초월적이고 신령한 공간이라는 것입니다.

바울이 이끌려 들어간 셋째 하늘은 새가 날고 별이 떠 있는 하늘이 아닙니다. 하나님이 계시는 곳, 최상의 하늘, 영원한 세계를 의미합니다. 바울은 영원한 하늘인 천국을 본 것입니다. 그러나 바울은 자신의 신비한 체험을 자기 과시의 도구로 삼지 않았습니다.

"나를 위하여는 약한 것들 외에 자랑하지 아니하리라"(고후 12:5).

"지나치게 생각할까 두려워하여 그만두노라"(고후 12:6).

천국을 보았노라는 이들이 있습니다. 있을 수 있지만 그러나 그것은 개인적 체험입니다. 보편화하고 신학화하는 것은 옳지 않습니다. 훗날 천국 가면 누구나 선명하게 볼 수 있게 됩니다. 바울의 절제를 배워야 합니다.

> 성경

하나님과 사람만이 영을 통해 소통

 교회에서 '영적으로'라는 말을 많이 사용합니다. 무슨 뜻인지요?

 '영적으로'의 일반적 의미는 초월적인 것을 말합니다.

그러나 기독교 용어로서는 깊은 뜻을 내포하고 있습니다. 하나님이 사람을 지으실 때 다른 생명체들과는 차별되게 창조하셨습니다. 인간 창조의 경우 하나님의 형상대로(창 1:26), 남자와 여자로(창 1:27), 땅의 흙으로 사람을 지으시고 생기를 그 코에 불어 넣으시니 사람이 생령이 되니라(창 2:7)고 했습니다.

하나님의 형상은 육적 형상이 아니고 전인격을 포괄하는 영적 형상을 의미합니다. 즉, 인간만 이성적, 윤리적, 종교적 존재로 지음 받게 된 것입니다. 그리고 영적 존재로 창조하신 것은 영이신 하나님과의 교제를 위해서라는 것이 주경가들의 해석입니다.

그리고 생기는 영혼, 호흡, 기운 등을 뜻하고 생령은 살아 있는 존재, 하나님과 교통하는 영혼을 가진 존재라는 것입니다. 동물도 흙으로 지으셨지만 생기를 불어 넣으신 것은 사람뿐이었습니다. 그러니까 다른 피조물에게는 영적이라는 용어를 사용할 수 없습니다.

하나님과의 교제는 영적이라야 합니다. 예배도 영과 진리로 드려야 하고(요 4:24) 삶도 영적인 데 치중해야 합니다. 육체를 가진 존재여서 육적인 삶을 외면할 수는 없지만 그러나 그리스도인의 삶은 영적인 데 비중을 두어야 합니다. 육체보다 영혼이 더 소중하기 때문입니다. 그래서 경건한 하나님의 사람들은 영혼 돌봄에 최선을 다했습니다.

시인 다윗은 "나의 영혼이 주를 우러러보나이다"(시 25:1)라고 했고, 요한은 "네 영혼이 잘됨같이 네가 범사에 잘되고 강건하기를 내가 간구하노라"(요삼 1:2)고 했습니다.

성경은 영혼을 앞에 두고 있습니다. 육체의 정욕이나 쾌락은 영혼을 병들게 합니다. 그래서 영적 삶을 바르게 관리하고 세워나가야 합니다.

그리스도인의 바람은 육적 성공보다 영적 성공을, 육적 번영보다 영적 번영을, 육적 안일보다 영적 평안을 구해야 합니다.

교회도 영적 공동체일 때 교회다움을 이룰 수 있습니다.

> 성경

'예수 이름으로',
'예수님 이름으로' 헷갈려요

 기도 끝에 '예수 이름으로 기도드립니다'와 '예수님 이름으로 기도드립니다'의 표현이 혼용되고 있습니다.

이름은 창세기에서 시작됩니다.

"아담이 각 생물을 부르는 것이 곧 그 이름이 되었더라"(창 2:19).

"아담이 모든 가축과 공중의 새와 들의 모든 짐승에게 이름을 주니라"(창 2:20).

최초의 작명가는 아담이었습니다.

예수님의 이름은 주의 사자의 예언이었습니다.

"아들을 낳으리니 이름을 예수라 하라 이는 그가 자기 백성을 그들의 죄에서 구원할 자이심이라"(마 1:21).

예수님의 탄생은 예언의 성취였고 구속사역의 시작이었습니다.

일반적으로 '님' 호칭은 존경이나 높임의 뜻으로 사용합니다. 그러나 반드시 '님'자를 붙여야 격이 높아지는 것은 아닙니다. 외국어에도 존칭사가 있습니다만, 우리말처럼 용도가 다양하진 않습니다.

예수님의 경우는 '님'자와 상관없이 그 이름만으로도 위대함과 능력, 존경과 사랑이 드러납니다. 그러나 그리스도인 입장에선 '님' 호칭을 부르는 게 바람직합니다. 선생보다는 선생님이라는 호칭이 바른 것과 같습니다. 성경이나 찬송가는 '예수'라고 표기하고 있지만 기도 끝에 부르는 호칭은 '예수님 이름으로'가 옳습니다.

'님'자의 남용도 피해야 합니다. 예를 들면, 교인들이 목사 부인을 사모님이라고 호칭하는 것은 맞지만, 목사 자신이 부인을 우리 사모님이라고 호칭하는 것은 문장 구성상 맞지 않습니다.

그리고 '성령'은 '성령님'으로, '당신'은 '주님'이나 '하나님'으로 호칭을 바꿔야 합니다. '당신'은 높임말이긴 하지만 기도 중에 하나님을 '당신'이라고 호칭하는 것은 바람직하지 않습니다.

기도 용어와 표현에 대한 검토와 정리가 필요합니다.

> 성경

솔로몬이 건축한 성전과 현재 성전의 차이는

 솔로몬이 건축한 성전과 현재 성전은 어떤 차이가 있는지요?

성전의 전신인 성막은 시내산에서 받은 하나님의 명령을 따라 모세가 만들었습니다(출 26장). 성막은 광야시대에 예배 처소였고, 그 이후 478년간 이어졌습니다. 솔로몬의 성전 완공으로 성막시대가 끝나고 성전시대를 맞게 됩니다.

솔로몬 성전의 설계는 하나님이 만드셨고 다윗에게 주신 것이었습니다. "다윗이 이르되 여호와의 손이 내게 임하여 이 모든 일의 설계를 그려 나에게 알려 주셨느니라"(대상 28:19).

다윗은 아들 솔로몬에게 성전건축을 위임했습니다.

성전은 하나님을 예배하는 거룩한 집입니다. 왕궁도 대통령궁도 성전이 아닙니다. 솔로몬은 모리아산 위에 성전을 건축한 뒤 봉헌기도에서 "내가 참으로 주를 위하여 계실 성전을 건축하였사오니 주께서 영원히 계실 처소로소이다"(왕상 8:13)라고 했습니다.

그러나 솔로몬의 성전은 바벨론의 침공으로 무너졌습니다. 바벨론 포로 귀환 후 스룹바벨이 성전을 재건했지만 외침으로 무너졌고, 헤롯이 정치적 야심으로 성전을 재건했지만 숱한 역사의 변동을 거치면서 무너졌고, 지금은 회교사원이 성전터에 자리 잡고 알라신을 숭배하고 있습니다. 이스라엘의 꿈은 성전터에 성전을 복원하는 것이지만 아랍과의 대결구도상 불가능한 상황입니다.

중요한 것은, 성전은 건물이 아니라는 것입니다. 신앙의 회복 없이 성전건물 복원을 반복한다면 다른 건축물과 뭐가 다르겠습니까?

예루살렘 성전이 무너짐과 다시 세움을 반복한 것은 건물이 성전이 아니라는 것을 교훈합니다. 건물은 외형이고 형식입니다. 형식보다 본질이 중요합니다.

"너희는 너희가 하나님의 성전인 것과 하나님의 성령이 너희 안에 계시는 것을 알지 못하느냐 누구든지 하나님의 성전을 더럽히면 하나님이 그 사람을 멸하시리라"(고전 3:16~17).

신령한 성전이 우선입니다. 화려한 건축물이 곧 성전은 아닙니다.

성경

재림 예수는 구름 타고 오신다고 했는데…

Q 예수님께서 재림하실 때 구름 타고 오신다고 했는데 어떻게 구름을 타고 오시는지요?

A 구름을 구성하는 것은 작은 물방울입니다. 직경 1mm의 100분의 1정도인 물방울 1백만 개가 모여 1g 정도의 구름을 만든답니다. 그리고 바람과 공기에 의해 공중에 떠 있기도 하고 움직인다는 것이 과학자들의 해설입니다.

성경은 여러 곳에서 구름을 언급하고 있습니다. "내가 또 밤 환상 중에 보니 인자 같은 이가 하늘 구름을 타고 와서"(단 7:13)라고 했습니다. 장차 재림하실 예수 그리스도가 구름 타고 오신다는 예언입니다. 마태복음 24장 30절에서는 주님이 친히 "그들이 인자가 구름을 타고 능력과 큰 영광으로 오는 것을 보리라"고 하셨고, "하늘 구름을 타고 오는 것을 너희가 보리라"(마 26:64)고 하셨습니다.

그리고 승천 현장에서 천사들은 "하늘로 올려지신 이 예수는 하늘로 가심을 본 그대로 오시리라"(행 1:11)고 증언했습니다.

그런가 하면 사도 요한은 "볼지어다 그가 구름을 타고 오시리라 각 사람의 눈이 그를 보겠고 그를 찌른 자들도 볼 것이요 땅에 있는 모든 족속이 그로 말미암아 애곡하리니 그러하리라 아멘"(계 1:7)이라고 했습니다.

'구름 타고 오신다'에 대한 두 가지 견해가 있습니다. 첫째는, 영적 사건이라는 것입니다. 공중에 떠 있는 구름이 아니고 구름 같은 현상을 통해 재림하신다는 견해입니다. 둘째는, 말씀 그대로 수용하는 견해입니다. 성경에 드러난 모든 기적들은 초월적이고 신비한 사건들입니다. 그 어떤 건설 방법의 도입 없이 말씀으로 천지를 창조하신 것, 죽은 자를 살리신 것 등 과학적 접근으론 이해가 안 되는 것들이 대부분입니다.

"예수님은 구름 타고 오십니다." 이것이 바른 신앙이고 바른 해석입니다. '어떤 구름인가?' '어떻게 타고 오시는가?'는 하나님이 결정하십니다. 공중에 떠다니는 극세 방울로 된 구름이냐, 다른 구름이냐'라는 것도 불필요한 논쟁입니다. 그보다 더 중요한 것은 구름 타고 오시는 주님을 다 보게 된다는 것, 그리고 반드시 재림하신다는 것을 믿고 준비하고 기다리는 것입니다.

> 성경

'자기 십자가를 지라'는 말씀의 의미는 무엇인가요?

Q '자기 십자가를 지라'고 하셨는데 어떤 의미인지 알고 싶습니다.

A "누구든지 나를 따라오려거든 자기를 부인하고 날마다 제 십자가를 지고 나를 따를 것이니라"는 말씀은 마태복음 16장 24절, 마가복음 8장 34절, 누가복음 9장 23절에 기록되어 있습니다.

누구나 예수님을 따를 수 있습니다. 그러나 제자로서의 길을 걷는 것은 결코 쉽지 않습니다. 위의 구절들은 제자의 자세와 각오, 그리고 삶의 결단을 제시해 줍니다.

제자가 되려면 자기 부인이 선행되어야 합니다. 자기 부인이란 극기의 차원을 넘어 하나님의 절대 주권을 믿고 자신을 그 주권 아래 두는 것입니다. 다시 말하면 자신의 경험, 능력, 가능성을 부인하고 하나님의 전능하심에 순복하는 것입니다. 제자의 삶은 예수 그리스도가 앞서고 나는 뒤따르는 삶이며, 세상보다 예수님이 소중한 삶이어야 합니다. 그래서 쉽지 않습니다. 그리고 날마다 자기 십자가를 져야 합니다. 제자로서의 삶을 결단하는 것은 일회적 사건이 아닙니다. 날마다 지속되어야 하고 시종일관이라야 합니다.

당시 십자가는 로마의 극형의 형틀이었고, 고난과 죽음을 의미합니다. 예수님의 제자들은 양상은 다르지만 십자가의 길을 걸었습니다. 단 가룟 유다는 예외였습니다. 눈앞의 이해에 휘둘렸기 때문입니다. 제자들이 십자가의 길을 걸을 수 있었던 것은 십자가 너머에 있는 영원한 영광을 바라보았기 때문입니다.

예수님의 교훈은 역설적 화법일 때가 많습니다. 예를 들겠습니다.

"누구든지 제 목숨을 구원하고자 하면 잃을 것이요 누구든지 나를 위하여 제 목숨을 잃으면 찾으리라"(마 16:25).

"자기를 낮추는 사람이 천국에서 큰 자니라"(마 18:4).

"자기를 높이는 자는 낮아지고 자기를 낮추는 자는 높아지리라"(눅 14:11).

자기 십자가를 지라는 것은 망하라는 뜻이 아닙니다. 세상 영광과 비교할 수 없는 영원한 영광을 바라보는 사람만이 십자가를 지는 삶을 살 수 있습니다.

십자가 후에 부활의 아침이 있습니다.

> 성경

천국에서도 수많은 사람 중 가족을 알아볼까요?

Q 천국에서 만난다고 하는데, 수많은 사람들 식별이 가능한지요? 그리고 생명책에 기록이 가능한지요?

A 천국에 들어가는 사람들은 부활한 신령한 사람들이기 때문에 만남과 식별은 가능하지만 육체적 만남이 아니어서 정서나 감정 표현이 다릅니다. 육체적 정서가 그대로 지속된다면 천국은 이산가족 상봉장처럼 되고 말 것입니다. 다 만나게 되지만 남편과 아내, 부모와 자녀로서의 만남은 아닙니다. 엄밀하게 말하면 혈연간의 만남은 큰 의미가 없습니다. 주님과의 만남 그 기쁨이 천국생활을 가득 채우게 될 것입니다.

생명책에 기록된다는 것도 신령한 사건으로 이해해야 합니다. 현대 문명의 최대 사건인 컴퓨터를 예로 들어 보겠습니다. 종이나 필기구나 없지만 전세계를 다 담고 남는 저장 공간을 보유하고 있습니다. 입력과 삭제도 자유롭습니다.

생명책은 성경 여러 곳에서 언급하고 있습니다. 구원받은 사람들의 이름을 기록한 책을 의미합니다(출 32:32; 사 4:3; 계 13:8, 17:8, 21:27 등). 여기서 말하는 생명책은 노트나 인쇄된 책이 아닙니다. 신령한 책입니다. 컴퓨터보다 수천만 배 저장 공간과 능력이 무한대인 하나님이 마련하신 책입니다. 수천억 명의 이름과 그들의 행위를 저장할 수 있는 신비한 책입니다.

우리의 관심은 다 기록할 수 있느냐가 아니라 내 이름이 그 안에 기록되어 있느냐에 있습니다.

생명책에 녹명된 사람은 하나님 나라의 시민 된 사람, 즉 구원받은 사람으로 국한됩니다. 생명책에 기록되지 못한 사람들은 영원한 불 못에 들어간다는 것이 성경의 교훈입니다. 그리고 그 이름은 그 어떤 누구도 지울 수 없습니다. 주님도 결코 지우지 않는다고 하셨습니다. "내가 그 이름을 생명책에서 결코 지우지 아니하고 그 이름을 내 아버지 앞과 그의 천사들 앞에서 시인하리라"(계 3:5)고 했습니다.

내 이름이 생명책에 기록된 것과 그 이름을 지우지 않으신다는 사실에 감사해야 합니다.

성경

하나님이 아브라함을 찾아가 음식 드시는 일이 가능한가요?

Q 창세기 18장을 보면 하나님이 아브라함을 방문한 기사가 있습니다. 어떻게 그 일이 가능한지요?

A 성경 안에는 난해한 구절들이 있습니다. 하나님이 아브라함을 방문한 창세기 18장 기사도 그 중 하나입니다.

두 가지 문제가 제기됩니다. '어떻게 사람으로 오실 수 있는가'와 '아브라함이 준비한 음식을 먹을 수 있는가'입니다. "아브라함의 환상이었다, 천사들의 방문이었다, 먹는 척했다"라고 해석하는 사람도 있습니다만, 이 사건은 실제 상황이었다는 것이 대부분 주경학자들의 견해입니다. 케일은 아브라함을 찾아간 세 사람을 한 분은 하나님, 다른 두 사람은 천사였다고 해석했습니다. 성경 어느 곳에도 천사를 여호와로 표기한 곳은 없습니다.

아브라함을 찾아간 이유는 두 가지입니다.

첫째, 친구이기 때문입니다. "나의 벗 아브라함"(사 41:8), "주께서 사랑하시는 아브라함"(대하 20:7), "하나님의 벗"(약 2:23)이라고 했습니다.

둘째, 성육신 사건의 예표였습니다. 하나님이 사람의 모습으로 아브라함에게 나타나신 사건은 장차 사람을 구원하러 세상에 오실 예수 그리스도의 성육신 사건의 예표였다고 볼 수 있습니다. 아브라함은 "내 주여"라며 음식을 대접했고 "그들이 먹으니라"고 했습니다.

문제는 '어떻게 하나님이 음식을 드셨는가'입니다. 필로는 "먹는 척했다"고 했지만, 케일이나 랑게는 "실제로 먹었다"고 했습니다.

부활하신 주님이 어느 날 제자들을 만나셨습니다. 그때 제자들이 "구운 생선 한 토막을 드리니 받으사 그 앞에서 잡수시더라"(눅 24:42~43)고 했습니다. 부활하신 주님이 음식을 잡수신 것입니다.

아브라함을 만나러 오시고 음식을 드신 사건은 특수한 상황이고 일회적 사건입니다. "사람으로는 할 수 없으나 하나님으로서는 다 하실 수 있느니라"(마 19:26)는 말씀을 믿고 시인하는 자세가 필요합니다.

> 자기관리

개척교회 섬기는 남편…
담배를 못 끊어요

Q 저희 내외는 뒤늦게 신학을 마치고 자비량으로 개척교회를 섬기고 있습니다. 그런데 남편이 담배를 끊지 못하고 있습니다. 고견을 부탁드립니다.

A TV를 켜면 "매일 159명이 담배로 죽는다"라는 끔찍한 금연 홍보영상이 뜹니다. 금연 캠페인 영상이지만 애연가들에겐 기분 좋은 영상이 아닙니다.

전문가들의 연구결과에 따르면 흡연의 해로운 점이 60가지가 넘는다고 합니다. 담배의 역사는 AD 7세기 마야시대부터였다고 합니다. 오랜 세월 동안 담배를 피웠고, 근자에 이르러 담배의 유해성이 밝혀지면서 금연운동이 활발해지고 있습니다.

담배는 4천여 가지 화학적 요소로 구성되어 있고, 그것이 기체성분으로 인체 내에 유입되면 치명적 유해물질이 된다고 합니다. 담배 안에 들어 있는 니코틴, 타르, 일산화탄소 등은 헤로인이나 코카인 같은 강한 중독성이 있어 금연이 쉽지 않다고 합니다. 중독성이 강할 뿐 아니라 산소결핍, 우울증, 성기능장애, 발암성 등 다양한 독성을 내포하고 있고, 직접흡연 못지않게 간접흡연도 유사한 부작용을 유발한다고 합니다. 그리고 심근경색, 동맥경화, 뇌졸중, 고혈압, 폐암을 유발하는 유해물질이 담배 안에 들어있다고 합니다. 성경에 담배 피우지 말라는 구절이 어디 있느냐고 따지기 전에 왜 유해물질, 발암물질을 돈 주고 흡입해야 합니까?

그리고 '중독성'도 따져보아야 합니다. 카페인 중독, 알코올 중독, 마약 중독, 스마트폰 중독, TV중독, 성인물 중독이 신앙과 삶을 파괴하는 것처럼 니코틴도 중독성이 강해 끊기가 쉽지 않습니다. 중독이란 자신의 힘으로 행동이나 습관을 통제하지 못하는 것을 의미합니다.

담배의 경우 니코틴 중독 금단증상이 일어나면 불안, 초조, 불면, 분노, 우울이 겹쳐 정상적인 생활이 깨지게 됩니다. 사람의 영혼과 정신을 바르게 인도할 책임을 진 목회자가 담배를 끊지 못한다면 더 큰 결단과 책임을 어떻게 감당해 낼 수 있겠습니까? 본인의 당찬 결단이 필요합니다. 담배는 누가 끊으란다고 끊을 수 있는 기호품이 아닙니다.

목회자의 삶은 부단한 자기와의 싸움, 그리고 극기가 필요합니다. 그런데 목회자가 담배도 끊지 못하면서 잘못된 것을 끊으라고 설교할 수가 있겠습니까?

결심하십시오. 자신과의 영적 전쟁을 선포하십시오. 그리고 가족들이 협력하십시오. 주님께 말씀드리고 성령님의 도우심과 역사를 요청하십시오. 내 힘으로 못하는 것들이 있습니다. 그런 일은 주님의 도우심을 받아야 합니다. 그리고 주님의 이끄심을 따르고 순종하십시오.

자기관리

모태신앙인 남편, 몰래 야동을 봐요

Q 남편은 모태신앙인입니다. 그런데 야동이나 성인물 영상을 몰래 보고 있는 것을 알게 되었습니다. 어렵게 서로 대화 끝에 하지 않겠다고 약속했지만 계속 보고 있습니다. 어떻게 해야 할까요?

A 전문용어로는 포르노그래피이고 일반용어로는 음란물, 외설물이라고 합니다. 유튜브, 영화, 책, 사진, 만화, 비디오 등을 통해 유통되는 건강한 성도덕과 윤리를 파괴하는 것들을 음란물이라고 합니다.

문제는 통제나 규제되지 않는 음란물들이 우리네 삶을 에워싸고 있다는 것입니다. 건전해야 할 공영매체들까지 여과 없이 음란, 폭력, 탈윤리로 도배된 작품들을 내보내고 있습니다. 더 큰 문제는 중독성입니다. 게임, 휴대폰, 채팅, 쇼핑, 알코올, 담배 등 중독도 심각하지만 음란물 중독의 경우는 건강한 성윤리를 파괴하고 성적 충동과 성범죄로 이어지는 부정적 파급력이 큽니다. 특히 청소년의 경우 성충동으로 인한 자제능력 상실과 과잉행동, 거기다 학업능력의 저하, 우울증이 겹치게 됩니다. 그리고 거기 빠지면 헤어나기가 어려워지고, 음란물에 드러난 가상현실을 실제상황에 대입시키려는 잘못된 행동 때문에 성범죄를 저지르게 된다는 것이 전문가들의 견해입니다.

음란물을 다시 접하지 않기로 한 약속을 어기고 다시 거기에 빠져드는 것은 중독 현상입니다. 우선 중독이 얼마나 무서운 것인가를 인식해야 합니다. 그리고 가족을 해치고 가정을 무너뜨리는 사탄의 도구임을 두려워해야 합니다.

첫째, 자신과 가족에게 미칠 해악과 폐해의 심각성을 깨닫도록 하십시오. 적당히 넘길 문제가 아니라 중독의 늪에 깊이 빠지면 인격과 정신이 무너지고 정상적 삶의 기능이 마비된다는 것을 겁내십시오. 마약, 술, 담배의 중독보다 더 무서운 독성을 품고 있다는 것을 인식하십시오. 중독이 만성화되고 고질화되면 벗어나거나 고치는 것이 어렵다는 것을 잊지 마십시오.

둘째, 작심하고 결심하십시오. 본인이 노력하십시오. 가끔 술, 담배를 끊을 수 있는 방법을 묻는 이들이 있었습니다. 정답은 "본인이 술을 마시지 마십시오. 담배를 피지 마십시오"였습니다. 본인이 의지를 발동하고 결단해 금주금연을 선언하고 결단하는 것이 전제되어야 하기 때문입니다. 음란물의 경우도 모든 접속 창구를 닫고 차단해야 합니다. 음란물이 여기저기 즐비하게 널려 있더라도 창을 닫고 검색을 중단해야 합니다. 음란물의 노예가 되기 전에 커튼을 닫으십시오. 자신과 가족과의 약속을 떠올리고 지키십시오. 가장의 잘못된 행위가 사랑하는 자녀들에게 미칠 해악과 파장을 심각하게 고려하십시오.

셋째, 기도하십시오. 내가 나를 통제하고 조정하는 능력은 한계가 있습니다. 그래서 하나님의 간섭이 필요합니다. "주님, 음란물을 끊고 싶습니다. 끊을 수 있게 해주십시오. 저의 음란성과 악습을 다스려 주십시오. 성령님, 제 안에 내주하셔서 자아를 이기게 하여 주십시오"라고 기도하십시오. 부부가 함께 이 글을 읽고 함께 기도하십시오.

자기관리

말과 행동이 거친 친구, 타일러도 안 들어요

Q 함께 교회 다니는 고등학교 동창 친구가 있는데 말이나 행동이 거칠고 거침이 없습니다. 해선 안 될 일도 제멋대로 합니다. 그러지 말라고 타이르면 '나보다 더 나쁜 사람도 많다, 교회도 별것 아니다, 그리고 누가 아느냐'며 자기 자신을 정당화하고 대듭니다.

A 타고난 성품과 성장배경과 과정에 의해 행동이 결정됩니다. 언행이 거친 사람은 그럴만한 과정과 배경이 있을 것이기 때문입니다. 정신의학자들은 말과 행동이 돌발적으로 격하게 표현되는 감정을 분노라고 합니다. 그리고 그 분노나 충동을 조절하지 못하는 것을 분노조절장애라고 합니다. 그 숫자가 수십만을 넘어서고 있답니다.

정신적으로 신앙적으로 건강한 사람은 자기조절과 통제가 가능해야 합니다. 내멋대로 산다, 다른 사람은 상관이 없다, 나보다 더 나쁜 짓 하는 사람이 많다, 간섭하지 마라. 대충 이런 변명이 자아통제 기능을 포기한 사람들의 일상어입니다.

언행이 거친 사람들은 주변 사람들에게 상처를 주고 공동체의 분위기를 깨트립니다. 자신의 언행을 정당화하기 위해 다른 사람을 자기화하는 행위를 거듭합니다. 누가 아느냐 교회 안에도 더 나쁜 짓하는 사람이 많다며 자기 행위를 정당화하기에 급급합니다.

 그러나 하나님이 아시고 그가 알고 내가 압니다. 성문화된 법이 있고 양심의 법이 있습니다. 성문법은 속일 수 있겠지만 양심의 법은 속이지 못합니다. 하나님의 눈, 하나님의 법은 속이지도 감추지도 못합니다. 당장은 아니더라도 다 드러납니다. 그래서 크리스천의 삶은 어느 정황에 있든지 바로 믿고 바로 사는 정도를 지켜야 합니다. 신앙과 삶의 괴리, 그것이 문제이기 때문입니다.

 '어느 쪽을 보느냐?' 이것도 중요합니다. '누구를 보느냐, 무엇을 보느냐, 어떻게 보느냐'에 따라 삶의 가치와 질이 결정됩니다. 긍정적인 소리에 귀를 기울이고 바르게 살기 위해 최선을 다하는 사람을 바라보고 신앙과 양심을 따라 살기 위해 진력하는 사람들을 닮기 위해 노력해야 합니다. 그런 사람들이 남은 자 7천 명처럼(왕상 19:18) 도처에 자리 잡고 있으니까요.

 예수님의 제자 가운데는 베드로도 있었고, 가룟 유다도 있었습니다. 그리스도의 제자가 되려면 베드로를, 배교자가 되려면 가룟 유다를 보면 됩니다. 그런 친구에게 세뇌당하지 마십시오. 부정적이고 반신앙적 사조나 행위들 때문에 상처받지 말고 위축당하지 마십시오. 자신을 지키십시오. 그 친구를 위해 기도하고 선한 영향력을 전파하십시오. 정당한 가치, 윤리, 신앙의 자리를 굳게 지키십시오. 그리고 아는 사람과 친구를 구별하십시오. 아는 사람은 다수, 친구는 소수이니까요.

자기관리

안수집사 남편, 집에서 TV만 봐요

Q 남편은 안수집사이고, 저는 권사입니다. 남편은 퇴근 후에 계속 TV를 시청합니다. 특히 드라마는 거의 다 채널을 돌려가며 시청하고 영화도 가리지 않고 봅니다. 거의 중독에 가깝습니다. 기독교 TV를 시청하자고 하면 계속 설교만 나와 재미가 없다고 합니다. 중학교 다니는 남매에게 미칠 영향도 걱정입니다.

A 다채널 탓도 있겠지만 한국인은 평균 TV 시청 시간이 1일 3시간, 1년 45일, 80년을 사는 사람은 10년이랍니다.

영화, 드라마, SNS, 게임, 경마 등에 빠져 헤어나지 못하고 몰입하는 현상을 문화 중독이라고 합니다. 알코올, 담배, 마약 중독이 무서운 것처럼, 문화 중독도 심각한 후유증을 유발합니다.

기독교인이라고 해서 문화생활과 담을 쌓고 살아야 하는 것은 아닙니다. 그러나 선별과 절제가 필요합니다. 드라마나 영화의 경우를 예로 들어보겠습니다. 대부분의 영화나 드라마는 술 마시고 담배 피우는 장면이 빠지지 않습니다. 언제부터인가 TV 드라마에 담배 피우는 장면을 가림 처리하고 있지만 그건 눈가림에 불과합니다. 폭력, 불륜, 탈선이 보편적인 양 미화되는 상황을 경계해야 합니다.

대중매체의 변명은 간단합니다. 그래야 관객이 동원되고 시청률이 높아진다는 것입니다. 결국 돈 문제라는 것입니다. 돈 우상이 사회 전반을 잠식하고 있습니다. "돈이 제일이다, 돈을 벌어야 한다"라는 잘못된 가치관이 만연하면 결과는 아비 세대와 다음 세대가 고스란히 떠안아야 합니다.

타락한 문화에 세뇌되면 건강한 분별력이 약화되고 자아 조절이 어려워집니다. 인간과 문화는 톱니바퀴처럼 맞물려 있어서 벗어나는 것이 어렵습니다. 더 큰 문제는 잘못된 작품들을 앞지를 콘텐츠 개발이 어렵다는 점입니다. 기독교 TV 채널들이 있긴 하지만 하나같이 열악합니다. "십계"나 "벤허" 같은 대작들을 제작 보급할 수 있다면 상응 대처가 가능하겠지만, 자체 운영에 급급한 상황이어서 격 높은 콘텐츠 개발은 엄두를 내지 못하고 있습니다. 가장 쉬운 게 설교 방송이랍니다. 그래서 방송사마다 설교를 방영하고 있습니다.

그러나 긍정적으로 보면 하루 종일 찬양, 기도, 말씀으로 이어지는 TV방송이 있다는 게 싫증날 일은 아니지 않습니까?

미국에도 24시간 찬송과 말씀만 송출하는 라디오 방송이 있습니다. 선정적이고 폭력적인 프로그램보다 신선하다며 듣는 사람들이 많습니다. 세상 재미란 한도 끝도 없습니다. 그리고 중독성 때문에 끊는 게 쉽지 않습니다. 사춘기에 접어든 남매를 생각하십시오. 부모는 신앙환경과 학습환경을 만들어줄 책임이 있습니다. 하루 종일 TV 소리가 그치지 않는 환경에서 두 아이가 보고 듣고 배울 점이 있겠습니까? 하루빨리 남편과 함께 대화하고 다른 취미를 찾도록 하십시오. 오락이나 취미생활도 정도를 벗어나고 한계를 넘어서면 건강한 삶을 망치게 됩니다. 단 하루만이라도 TV 없는 날을 만들어 보십시오.

자기관리

술·담배 못 끊으면
집사 직분 내려놓아야 하나요?

Q 저는 안수집사로 피택되었는데 친구가 그만두라고 합니다. 이유는 제가 술과 담배를 끊지 못했기 때문입니다.

A 답은 간단합니다. 술과 담배를 당장 끊으십시오. 술, 담배 때문에 거룩한 직분을 포기할 수는 없지 않습니까? 술, 담배를 끊는다고 생명의 위협이나 건강에 문제가 되는 건 아니지 않습니까? 오히려 그 반대입니다.

선교 초기 선교사들이 금주, 금연을 강조한 것은 그 피해가 컸기 때문이었습니다. 성경 안에 담배에 관한 기록은 없습니다. 이유는 성경이 기록될 당시 흡연이 일반화되지 않았기 때문입니다. 그러나 술에 관한 교훈은 많습니다.

제사장이 회막에 들어갈 때 "포도주나 독주를 마시지 말라 그리하여 너희 죽음을 면하라"(레 10:9)고 했고, "포도주는…보지도 말지어다 그것이 마침내 뱀같이 물 것이요 독사같이 쏠 것이며"(잠 23:31-32)라고 했습니다.

신약의 경우 "방탕하거나 술 취하지 말며 음란하거나 호색하지 말며"(롬 13:13), "술 취하지 말라 이는 방탕한 것이니"(엡 5:18) 등 철저하게 금주를 명하고 있습니다. 술은 정상적 사고의 틀을 깨고 탈도덕적 삶으로 치닫는 통로가 됩니다.

담배의 경우 직접적 교훈은 없습니다. 그러나 흡연의 피해는 이미 밝혀졌습니다. 담배 연기 속엔 약 4천여 종의 발암물질과 독성 화학물질이 들어 있습니다. 그리고 마약처럼 습관성 중독증을 가지고 있습니다. 더욱이 19세 이전의 흡연은 건강에 치명적 피해를 줍니다. 문제는 청소년 흡연율이 높아지고 있다는 것입니다.

술, 담배 모두 백해무익하고 덕을 세우는 데 무익합니다. 저는 세례문답 할 때 반드시 흡연과 음주 여부를 물었습니다. 그리고 술, 담배를 끊겠다는 약속을 하는 사람만 수세를 허락했습니다. 그때가 아니면 술, 담배 여부를 확인할 기회가 없기 때문입니다.

"술, 담배는 죄가 아니다, 구원과 상관없다"라고 말하는 이들이 있지만 술, 담배도 자신의 의지로 끊지 못하는 사람이 어떻게 더 큰 유혹이나 시험을 이길 수 있겠습니까? 술, 담배 때문에 직분을 포기하지 말고, 결단하고 임직하십시오.

자기관리

맥주는 술이 아니고
보리 음료라며 마십니다

Q 맥주는 술이 아니고 보리로 만든 음료라며 중직들이 서슴지 않고 마십니다.

A 맥주의 알코올 함유량은 최저 1퍼센트에서 18퍼센트까지랍니다. 무알코올 맥주가 있긴 하지만 대부분 알코올을 함유하고 있다고 합니다. 술의 알코올 함유량이 각각 다른 것처럼 알코올에 대한 신체 반응 역시 다릅니다. 1퍼센트에도 취하는 사람이 있고 도수 높은 술에도 취하지 않는 사람이 있습니다. 보드카라는 술은 80도를 넘는다고 합니다.

문제는 도수 낮은 술을 계속 마시다 보면 내성이 형성되면서 10~20도의 술을 마시게 되고, 한 잔 술이 열 잔 술로, 열 잔 술이 알코올 중독으로 발전한다는 것입니다. 술이 가진 중독성 때문입니다.

술에 대한 성경의 입장은 분명합니다. 노아는 당대 의인이었고 완전한 사람이었습니다(창 6:9). 그러나 그는 홍수 후 포도주를 마시고 취하여 벌거벗은 수치를 드러냈습니다(창 9:21).

바벨론의 국왕 벨사살은 예루살렘 성전에서 노략해온 성전 그릇에 술을 담아 술잔치를 벌였습니다. 그러다가 바사 군대의 침략으로 나라는 망하고 왕은 살해당했습니다(단 5:30).

맥주는 보리음료, 막걸리는 누룩과 쌀로 만든 민간음료, 포도주는 포도로 만든 음료니까 마셔도 무관하다며 개의치 않고 마신다면 그 이후의 사태는 누가 어떻게 책임져야 합니까?

구약시대 나실인은 독주를 입에 대지 않았고(민 6:3), 독주를 마시고 포도주에 취하는 자들에겐 화가 미친다고 했습니다(사 5:11). 바울은 "술 취하지 말라 이는 방탕한 것이니"(엡 5:18)라고 했습니다. 술이 방탕의 원인을 밝힌 것입니다. 베드로는 음란, 정욕, 술 취함, 방탕, 향락, 우상숭배를 동시에 금했습니다(벧전 4:3).

전 세계적으로 알코올 중독이 국가 문제가 되고 있고 우리나라의 경우도 예외가 아닙니다. 대부분의 알코올 중독은 후천적 원인 때문이라는 데 문제가 있습니다. 중독자가 되고 싶은 사람은 없습니다. 그러나 작은 행동의 반복이 습관이 되고 중독으로 발전하게 됩니다. 건강한 사회 구성원이 되고 바른 신앙을 위해 술은 금하는 게 옳습니다. 중직자들의 음주는 신앙과 삶의 행위에 전혀 도움이 되지 않습니다.

자기관리

포도주는 마셔도 되나요?

Q 물로 포도주를 만들 수 있는지요? 그리고 포도주는 마셔도 되는지요?

A 애주가들이 인용하는 성경구절이 있습니다. 그것은 '예수님도 포도주를 만드셨다'(요 2:7)와 '포도주를 조금씩 쓰라'(딤전 5:23)입니다. 바울이 디모데에게 지병 치료를 위해 포도주를 조금씩 쓰라고 한 것은 음료로 과음하라는 게 아닙니다.

물로 포도주를 만드신 것은 가나 혼인잔치에서 있었던 일입니다. 예수 그리스도의 공생애 첫 번째 기적이었습니다. 그러나 이 사건은 결코 큰 사건이 아닙니다. 말씀으로 천지를 창조하셨고, 물 위로 걸으셨고, 죽은 자를 살리셨습니다. 성경은 하나님의 능력으로 이루신 수많은 기적들로 채워져 있습니다.

그 당시는 포도주를 만드는 대형 공장이 없었고, 포도주 틀을 이용하거나 발로 밟아서 포도주를 만들었습니다. 그리고 가죽부대나 항아리에 보관했습니다.

보관하는 기간 동안 발효도수가 높아져 산화하면 독주가 됩니다. 그 당시는 물이 귀한 탓으로 보관중인 포도주를 음료수로 마셨고, 알코올 도수 높은 포도주를 과음하다 보면 취하게 됩니다.

노아는 포도주 과음 때문에 실수했고(창 9:21), 삼손은 여자 때문에 실패했습니다(삿 16:19).

성경 어느 곳에도 '술을 즐겨라', '독주를 마셔라'는 구절이 없습니다.

성경은 제사장이나 그 자손들이 회막에 들어갈 때 "포도주나 독주를 마시지 말라 그리하여 너희 죽음을 면하라"(레 10:9)고 했고, 왕들이 포도주를 마시는 것과 주권자들이 독주를 마시는 것은 마땅치 않다고 했습니다(잠 31:4).

성직자와 집권자들의 음주를 금하고 있습니다. 바울은 '술 취하지 말라 이는 방탕한 것'이라며 음주를 금했습니다(엡 5:18).

시작은 사람이 술을 마시지만 결과는 술이 사람을 무너뜨립니다. 술은 마약처럼 중독성이 있어서 건강과 건전한 삶을 망칩니다. 경건한 신앙을 지키려면 금주가 옳습니다.

> 자기관리

건강 관리에 너무 집착하는 게
아닌지 고민 돼요

Q 저는 건강과 몸매 관리를 위해 꾸준히 운동을 하고 있습니다. 적잖이 경비도 들어갑니다. 그런데 요즘 너무 집착하는 게 아닌가 싶기도 하고, 신앙인으로서 옳은 일인지 그만둬야 하는지 고민입니다.

A 아담과 하와는 건강 관리, 몸매 관리, 식단 관리가 필요 없는 사람들이었습니다. 타락 이후부터 관리의 필요성이 드러났습니다.

현대인의 최대 관심은 건강입니다. 온갖 건강정보, 프로그램, 식단 등이 홍수를 이루고 있습니다. 건강과 아름다움은 선천적으로 타고나는 경우도 있고, 후천적 노력으로 만들 수도 있습니다. 오염된 공기와 물, 부작용을 일으키는 식재료, 가공식품 등 하나같이 현대인의 건강을 위협하고 있습니다.

인간의 타락과 자연파괴는 궤를 같이 합니다. 이런 현상은 해를 거듭할수록 심화되고 심각해질 것입니다. 서둘러 자연을 살리고 회복하지 않는다면 온갖 질병의 공격을 받을 것이고, 후손들에게 오염된 자연과 부패한 환경을 물려주게 될 것입니다.

건강관리나 몸매 관리 열심히 하십시오. 가꾸는 것도 노력과 끈기가 필요합니다. 단, 집착은 피하십시오. 건강의 비결은 단순히 운동하고 생수 마시고 건강식품 먹고 보약 먹고 영양제 복용하는 것만으로 유지되는 것이 아닙니다. 집착이 쌓이면 스트레스가 되고, 스트레스는 질병 유발의 원인을 제공하게 됩니다.

전문가들은 건강관리를 위해 규칙적인 생활을 하라고 권합니다. 절도 있는 삶, 절제하는 생활자세가 중요하다는 것입니다. 다양한 운동이 필요하지만 운동이 도를 넘는다든지 스트레스가 되면 안 된다는 것입니다. 적절한 운동, 즐거운 운동은 보약이 되지만 지나친 운동은 강제노동이 됩니다.

그리스도인이 우선해야 할 운동은 신앙 관리, 신령한 운동입니다. 여가나 건강관리 때문에 신앙생활에 금이 가면 안 됩니다. 신앙은 영혼을 지키고 정신건강을 유지하는 양약이기 때문입니다. 신앙생활을 제쳐두고 자신의 미모나 몸매 관리를 위해 지나친 투자를 하는 것은 바른 삶의 자세가 아닙니다.

몸매 관리, 건강관리 열심히 하십시오. 그러나 그보다 더 중요한 일을 소홀히 하지 마십시오. 멋진 몸매도 만드십시오. 그러나 멋진 삶과 신앙을 만드는 데 더 투자하십시오. 순간보다 영원이, 육체보다 영혼이 더 소중하다는 원론적 진실을 외면하지 마십시오.

자기관리

건강 관리 불편하지만
운동하지 않으면 더 허전해요

Q 저는 30대 주부입니다. 건강에 좋다고 해서 플라잉 요가와 기구 필라테스를 다니고 있습니다. 시간도 들어가고 돈도 들어갑니다. 마음이 편치 않습니다. 그리고 하지 않으면 허전합니다.

A 열심히 건강 관리를 위해 운동하십시오. 최고의 보약은 운동이니까요. 그러나 반드시 장소를 정하고 값을 지불하는 것이라야 운동이 되는 것은 아닙니다. 전문가들은 걷는 것이 최상의 운동이라고 말합니다.

필라테스는 독일사람 필라테스가 고안한 운동으로 일정한 장소와 기구가 필요합니다. 플라잉 역시 해먹을 세우고 공중에서 운동하는 요가의 일종입니다. 역시 장소와 기구가 필요합니다. 운동복, 기구, 강습비 등 경비가 드는 운동들입니다. 몸매나 건강 관리를 위한 운동이어서 해롭거나 나쁜 것은 아닙니다. 그러나 지나침은 해롭습니다.

그리고 운동도 중독성에 빠지는 것은 피하는 게 좋습니다. 골프, 등산, 낚시, 커피, 담배, 술, 게임, TV, 드라마, 영화, 컴퓨터, 인터넷 등 지나치면 문화 중독이 됩니다. 그리스도인은 그런 것들 때문에 신앙생활이나 교회생활을 소홀히 하면 안 됩니다. 영적 건강이 우선이라야 하니까요.

　중독을 과몰입라고 합니다. 신앙생활도 정도를 지켜야지 과몰입에 빠지면 맹신이 됩니다. 그리고 주일예배를 제치고 운동에 몰입한다든지, 영성 관리를 외면하고 건강 관리에만 과몰입하는 것은 옳지 않습니다. 제아무리 육체가 건강해도 영이 병들면 무의미합니다.

　물론 건강이란 관리 여부에 따라 좌우될 수 있습니다. 그러나 자신의 관리에 의해 건강이 전적으로 결정되는 것은 아닙니다. 건강도 삶도 생명도 결정권자는 하나님이십니다.

　영혼의 건강이 절대조건임을 잊으면 안 됩니다. "네 영혼이 잘됨같이 네가 범사가 잘되고 강건하기를 내가 간구하노라"(요삼 1:2)는 말씀이 이를 증빙합니다. 우선순위는 영혼입니다.

　열심히 운동하십시오. 그러나 불편한 마음으로 하는 운동은 양약 되기가 어렵습니다. 영혼의 운동을 소홀히 하지 마십시오. 기도, 말씀, 섬김, 나눔, 얼마든지 할 일이 널려 있습니다. 몸의 건강만 생각하지 말고 영혼의 건강에도 관심을 쏟으십시오. 그래야 삶이 활기차게 될 테니까요.

> 진로

신학교 준비, 진보·보수 교단 기로에 있어요

Q 저는 다니던 회사를 그만두고 주의 종이 되기 위해 신학교 입학 준비를 하고 있습니다. 제가 다니는 교회는 진보적 교단입니다. 친한 친구는 보수교단에 속한 목회자인데 자기네 교단 신학을 하라고 강권합니다. 선택의 기로에 서 있습니다.

A 신학교는 전세계에 편재해 있습니다. 타종교도 자기네 교리를 가르치고 지도자 양성을 위해 대학을 세우고 운영합니다. 기독교도 신학교를 세우고 지도자를 양성했고, 지금도 진행하고 있습니다. 한국 기독교의 경우 교파별로 신학교가 있습니다. 교단이 직접 운영하는 신학교도 있고, 교단과 상관없이 개인이나 단체가 운영하는 신학교도 있습니다. 그리고 교육자원부가 학위를 인정하는 정규 신학대학이 있는가 하면, 인가가 없는 비정규 신학교도 있습니다.

인가받은 정규 신학대학은 무조건 좋고 무인가 신학교는 무조건 나쁘다는 공식은 없습니다. 그러나 대부분 사설 신학교의 경우는 열악한 부분이 많습니다. 시설, 커리큘럼, 교수, 운영 등 어려움이 많기 때문입니다. 교육환경의 변화 때문에 교단 직영 신학교들도 운영 위기를 맞고 있습니다. 그럼에도 한국교회와 세계교회를 위해 신학교는 존재해야 하고 주의 종으로 나서려는 지원자들의 헌신이 요청됩니다.

회사생활을 그만두고 신학도가 되겠다는 결단에 찬사와 격려를 보냅니다. 주의 종의 길을 걷는 것은 아무나 할 수도 없고 해서도 안 됩니다. 왜 주의 종이 되어야 하는가? 무엇을 위해, 누구를 위해 주의 종이 되려는가? 소명은 있는가? 아니면 단순한 신학지식의 체득을 위해서인가? 냉철한 판단으로 자신의 결단을 점검하시기 바랍니다.

그리고 일단 소명에 대한 응답으로 출발한 길이라면 일사각오, 임전무퇴의 각오로 정진하십시오. 신학교는 건전한 교단의 건강한 신학을 선택하십시오. 그리고 자신의 비전을 이룰 수 있는 신학이 어떤 곳에 있는가를 점검하십시오. 신학은 교회의 향방과 목사의 일생을 좌우합니다. 신학이 허약하거나 부실하면 교단도 소속된 교회도 허약해집니다.

추호라도 '신학이나 해볼까?'라는 무의미한 선택이나 결단을 하지 마십시오. 그리고 믿음 없는 사람은 신학을 하지 않는 편이 옳습니다. 신학노선 선택에 따라 믿음 있노라는 사람도 믿음을 잃게 될 수 있기 때문입니다.

극단의 진보신학도 보수신학도 전체를 포괄하지 못하는 약점을 안고 있습니다. 선택은 자신의 몫입니다. 사설신학이나 허약한 신학교보다는 교단이 운영하는 건강한 신학교를 찾도록 하십시오.

> 진로

부모님이 목사 되라는데…
저는 확신이 없어요

Q 저는 군 제대 후 복학 준비 중입니다. 부모님은 시골교회 장로님, 권사님이십니다. 부모님은 제가 목사가 되는 게 소원이라며 기도를 계속하고 계십니다. 그런데 저는 확신도 없고, 어느 신학교를 선택해야 하는지도 잘 모릅니다. 신학교 선택이 중요하다는 것은 들어 알고 있습니다.

A 답을 두 가지로 나누겠습니다. '왜 목사가 되어야 하는가'와 '어떤 신학을 선택하는가'입니다.

'목사'의 사전적 의미는 교의를 해설하고 예배를 인도하며 교회의 관리와 신자의 신앙지도를 맡아보는 교직자로 되어 있습니다.

1919년 평양 장로교신학교에서 실천신학을 강의한 클라크(곽안련) 교수가 《목사지법》이라는 책을 펴냈습니다. 이 책은 목회학 강의를 엮은 것으로 목사의 직분, 성품, 소명, 개인생활, 기도생활, 심방, 혼례, 상례, 교회음악, 부흥회, 주일학교 등 목사가 지도하고 관리해야 하는 다양한 분야를 다루고 있습니다. 1900년대 목사론과 21세기의 목사론이 같을 수는 없습니다. 그러나 목사란 그 출발이 성경에 있기 때문에 기본 정의나 자세는 다를 바 없습니다.

목사는 하나님이 부르신 사람입니다. 목사는 '보호한다'(포이멘)는 어근에서 유래했습니다. 양을 지키고 보호하는 목자로 부름 받은 사람입니다. 먹이고 치는 목자의 사역을 부여받은 것입니다(요 21:15~17). 중요한 것은 하나님의 부르심이 우선이라는 것입니다. 모세, 사무엘, 이사야, 예레미야, 베드로, 바울 모두 하나님이 부르셨고 그 소명에 응답한 사람들이 이스라엘 영적 공동체와 초대교회를 이끌었습니다.

1936년 3월 2일에 개최된 조선예수교장로회 수양회에서 주기철 목사는 "목사는 영적 지도자다. 그리고 하나님의 하인이고 종이고 하나님의 뜻을 전하는 대사이다. 목사는 자신을 위해 살지 않고 하나님의 영광을 구해야 한다. 그리고 하나님의 양 떼를 옳게 길러야 한다"라는 요지의 설교를 했습니다. 실천신학 교수의 목사학보다 옷깃을 여미고 들어야 할 목사학입니다. 목사 되기보다는 목사다움이 더 중요합니다. 목사란 황제도 군왕도 아닙니다. 신앙과 삶, 인격과 지도력을 인정받은 사람이어야 합니다.

목사가 되는 과정은 정규신학을 거쳐야 합니다. 어떤 신학을 하느냐에 따라 목사의 자질과 자세가 결정됩니다. 신학은 교회를 위해 시작된 학문입니다. 그런 의미에서 신학은 철저하게 성경적이어야 하고 복음적이어야 하고 교회적이어야 합니다.

그동안 한국 신학은 독일, 미국, 캐나다, 네덜란드, 일본 등 외국신학의 영향을 받았습니다. 문제는 외래 신학의 현주소입니다. 성경을 떠난 신학, 교회를 외면한 신학은 학문적 가치는 있겠지만 신학 자체로서의 가치는 없습니다. 그런 신학들이 교회를 파괴하거나 고사시키고 있습니다. 신학 선택을 바로 하십시오. 정규신학대학을 선택하시고 어느 교단 신학교인가, 그 정체성을 살핀 후 정하도록 하십시오. 그리고 부르심에 대한 확신과 응답을 확인하고 점검하십시오.

진로

선교사 꿈꾸는데,
준비는 어떻게 해야 할까요?

Q 저는 신학대학 재학생입니다. 선교사가 되기 위해 기도하고 있습니다. 어떻게 준비해야 하는지 가르쳐주십시오.

A 선교는 선택사항이 아닙니다. 교회에 주신 지상명령입니다.
그럼에도 한국교회 선교 상황은 구호에 미치지 못하고 있습니다. 한국 세계선교협의회(KWMA) 자료에 의하면 현재 171개국에 27,993명의 선교사를 파송하고 있습니다. 전체 200여 교단 가운데 38개 교단만 선교사를 파송하고 있고, 184개 선교단체가 선교사 파송에 참여하고 있습니다.
언더우드와 아펜젤러가 조선 선교를 시작한 지 135년 만에 선교사 파송교회로 성장했습니다만, 교단 분포로 보면 5분의 1에도 미치지 못합니다. 거기다 재정 악화를 핑계로 선교지원 교회가 줄고 선교사 지망자 수도 감소하고 있습니다. 선교 현장의 상황도 녹록지 않습니다. 공산권과 회교권의 문이 좁아지고 있습니다. 이럴 때 선교의 비전을 품고 기도하는 신학도가 있다는 사실에 격려를 보냅니다.
선교학, 선교사 열전, 선배 선교사들의 비전과 사역을 깊이 연구하십시오. 선교대상 지역을 정하고 그 지역상황을 깊이 연구하십시오.

그 지역의 종교, 문화, 언어를 미리 연구하고 준비하십시오. 선교대상 지역을 방문하고 그 땅을 밟고 기도하십시오. 그리고 어떤 선교를 할 것인지 사역의 방향과 내용을 구체적으로 정하십시오. 선교에 대한 막연한 환상은 버리십시오.

한국교회 선교초기 사역자는 대부분 신학을 전공했거나 목사안수를 받은 사람이어야 했습니다. 그러나 지금은 선교가 다변화하고 다양화하고 있습니다. 전문인 선교사들이 세계 도처에서 자신의 전문성을 살려 선교에 전력하는가 하면, 은퇴한 시니어들이 자신의 전문성과 노하우를 선교에 투자하고 있습니다.

선교는 생명을 건 치열한 영적 전쟁입니다. 철저한 전략과 무장이 필요합니다. 윌리엄 캐리, 리빙스턴, 언더우드, 아펜젤러를 연구하십시오. 지금도 선교현장에서 미전도 종족을 섬기는 선교사들이 있습니다. 그들의 비전과 신앙과 헌신을 닮기 위해 노력하십시오.

포기하지 말고 자신의 비전을 꼭 이뤄나가시길 바랍니다.

진로

중학생 아들이
트로트 가수가 되고 싶다고 해요

Q 중학교 2년인 아들이 트로트 가수가 되겠다고 합니다. 허락해도 될는지요?

A 누구나 노래를 할 수 있습니다. 그러나 다 가수가 되는 건 아닙니다. 누구나 가수가 될 수 있습니다. 그러나 다 성공하는 건 아닙니다. 요즘 트로트 열풍이 거셉니다. 그러나 시쳇말로 뜨는 가수는 열손가락으로 꼽을 정도입니다. TV화면에 얼굴이 드러나고 열광적 박수를 받는 모습들이 청소년들의 호기심을 자극하고 있지만 그 길은 멀고 험합니다.

첫째, 타고난 음악성 여부가 점검되어야 합니다. 물론 후천적 노력으로 명가수가 될 수도 있지만 타고난 음악적 재능이 없다면 입문도, 성공도 어렵기 때문입니다. 음악성 점검은 객관적 평가가 필요합니다. 특히 트로트의 경우는 한국적 가락으로 어우러지는 독특한 장르여서 쉽게 부를 수 있는 노래가 아닙니다. 타고난 끼가 있어야 합니다.

둘째, 본인의 의지가 확인되어야 합니다. 공부가 힘드니까 가수가 되겠다든지, 인기 스타가 되기 위해서라든지, 돈을 많이 벌 수 있다든지 등의 이유라면 접는 게 좋습니다. 눈에 보이지 않는 피나는 노력과 인내의 과정을 거쳐야 하는 힘든 길이기 때문입니다.

셋째, 드넓은 비전을 품어야 합니다. 트로트는 한국적 음악이어서 세계무대에 진출하기엔 긴 시간이 필요합니다. 다시 말하면 트로트만으로 세계무대에 나서는 것은 그 길이 평탄치 않습니다. 예컨대 방탄소년단이 트로트 음악을 선택했다면 세계무대에 오를 수 없었을 것입니다. 그리고 트로트 가수가 되기 위해 정상적 학업을 포기하거나 과정을 외면하는 것은 긴 장래를 위해 바람직하지 않습니다.

지금은 착실하게 학업에 최선을 다하고 정해진 궤도를 걷는 게 좋습니다. 그러나 아들의 꿈을 꺾지는 마십시오. 더 큰 꿈을 품도록 격려하고 대화하십시오. 그리스도인이라면 하나님의 영광을 위해 어떻게 살 것인가, 무엇을 할 것인가, 어떻게 할 것인가를 먼저 생각해야 합니다. 하나님의 쓰임 받는 일꾼이 되도록 기도하십시오.

진로

신학대학 졸업 후 꼭 목회해야 하나요?

Q 신학 대학 재학 중입니다. 졸업하면 꼭 목사가 되어야 하는지, 그리고 목회를 해야 하는지요?

A 신학대학마다 신학부와 일반학부가 있습니다. 목사가 되려면 일반대학을 졸업 후 신학대학원(M.Div)을 졸업해야 합니다. 그리고 총회나 노회의 시험을 거쳐 교회 청빙으로 안수를 받아야 합니다. 쉬운 길이 아닙니다. 일반학부의 경우는 학사, 석사, 박사 과정이 있어서 전공 선택이 가능합니다. 쉽게 목사안수를 받는 곳도 있지만 정도는 아닙니다.

목사가 되는 신학대학원을 선택했다면 이유가 있을 것입니다. 목사가 되기 위해서인가, 신학 탐구 때문인가에 따라 진로가 달라질 수 있습니다. 그리고 목사가 된다는 것은 하나님의 부르심에 대한 응답이 있을 때 성립되어야 하고, 무엇을 할 것인가에 대한 깊은 성찰이 전제되어야 합니다.

목사의 사역은 교회목회만으로 제한되지 않습니다. 전세계가 교구이고 목회 현장입니다. 자신의 은사를 확인하고 어떤 사역에 헌신할 것인가를 결정해야 합니다.

한국교회의 경우 성장 정체현상이 깊어지면서 목회자 배출과 교회의 불균형이 심각해지고 있습니다. 교회 개척도 어려워졌습니다. 그러나 우리나라 인구 5천만 가운데 기독교인 수는 1천만을 밑돌고 있습니다. 다양한 사역자들이 더 요구되고, 통일을 대비한 지도자 양성과 수급 대안도 마련되어야 합니다.

반드시 목사가 되어야 할 필요는 없습니다. 그러나 신학도라면 교회와 일상생활에서 신학공부를 한 사람으로서 자리매김은 바로 해야 합니다. 신학이 신앙의 장애가 되지 않도록 자기관리에 최선을 다해야 합니다. 신학적 소양과 과정이 교회와 세상을 섬기는 에너지가 되게 하십시오. 그리고 부르심이 확실하다면 목사가 되는 일에 주저하지 마십시오.

Third 키워드

교회생활

∙∙∙

건축·재정

헌금을 교회 계좌로 보내는 게 합당한가요?

Q 저희 교회는 주일헌금이나 십일조 등을 주중에 교회계좌로 전송하는 시스템을 도입했습니다. 교회는 온라인으로 받아 전산 처리를 합니다. 이런 방법도 헌금이 되는지요?

A 구약의 경우 다섯 가지 대표적 제사가 있었습니다. 그것은 속죄제, 번제, 소제, 화목제, 속건제입니다. 중요한 것은 제사 방법이나 제물 선택을 사람이 할 수 없었다는 것입니다. 하나님이 정한 방법과 절차를 따라야 했습니다. 그리고 대표적 제사는 개인이 정한 장소에서 드리지 않고 성전에서 드렸습니다.

교회가 수행하는 기능 가운데 최우선은 예배입니다. '예배'의 뜻은 '섬기다', '드리다', '경외하다'입니다. 그리고 대상은 하나님이십니다. 예배를 위해 진행되는 모든 순서들은 하나님을 경배하기 위해서이고, 순서를 맡은 사람들은 하나님을 섬기고 경배하는 자세를 지켜야 합니다. 예배를 인도하는 사람(사회자), 설교자, 찬양하는 사람, 기도 맡은 사람 모두 예배자라야 합니다.

이름난 성악가라며 예배시간에 독창을 하기로 한 사람이 있었습니다. 그의 독창은 설교 전이었습니다. 소문대로 탁월한 독창이었습니다. 그런데 독창이 끝난 후 슬그머니 자리를 떴습니다. 그날 그 사람은 노래를 부른 거고, 예배를 드린 건 아니었습니다. 살아 계신 하나님께 드리는 경배와 찬양, 경외와 섬김의 예배를 드려야 합니다.

요즘 교회마다 열린 예배라며 찬양팀을 구성하고 찬양을 인도합니다. 문제는 대부분의 경우 사람을 동원하고 사람들의 기호와 취향에 맞추려는 시도들이 강합니다. 도대체 누구를 위한 찬양이며 순서인지 분간이 모호한 경우가 많습니다. 바른 예배의 회복이 시급합니다.

헌금의 경우도 기부금이나 납부금과 구분되어야 합니다. 헌금은 하나님께 드리는 감사와 경외의 표시입니다. 신령한 마음과 감사한 마음을 담아 기도와 함께 드려야 합니다.

헌금을 안 하는 것보다는 온라인으로라도 하는 편이 좋습니다. 그러나 내가 예배자로 예배처소에 참석하고 헌금을 드리는 것이 옳습니다. 전송헌금 방법이 정당화된다면 교회 안 나가고 집에서 TV로 예배드려도 된다는 이론이 성립될 수 있게 될 것입니다. 하나님이 원하시는 것은 헌금이 아니라 헌금 드리는 '나'입니다. 헌금을 드릴 때는 정성과 사랑과 감사의 보자기에 싸서 드려야 합니다.

제아무리 온라인 세상이라지만 예배와 헌금을 온라인으로 하는 것은 심사숙고해야 할 것입니다.

건축·재정

교회 신축 때문에 교인들이
불평하고 떠나요

Q 저는 안수집사입니다. 저희 교회는 1천여 명이 모이는데 신축을 하고 있습니다. 그런데 교인수에 비해 건축 규모가 큽니다. 본래 예산보다 추가되고 교인들은 헌금에 지쳐 있습니다. 말없이 떠나는 교인도 있고 불평하는 교인도 있습니다. 모자라는 건축비는 은행 대출로 충당한다고 합니다.

A "건물이 교회는 아니다." 이것은 성경의 가르침입니다. 솔로몬의 성전도, 헤롯성전도, 귀환 후 지은 성전도 지금은 자취도 남지 않았습니다.

교회란 그리스도의 몸이고 지체들입니다(엡 1:23). 그리고 예수 그리스도는 교회의 머리입니다(엡 1:22). 성전은 하나님을 예배하는 처소였고, 교회 건물은 하나님을 예배하는 집입니다. 예배의 본질은 제쳐둔 채 비본질적인 건물 신축 때문에 의견이 양분되고 교회 구성원의 생각이 나뉘는 것은 결코 바람직한 일이 아닙니다.

첫째, 사람을 위한 집을 짓는 것은 삼가야 합니다. 세를 과시하기 위해 무리수를 두다 보면 불필요한 잡음이 일어날 수 있습니다. 그리고 교회의 재정능력을 고려하지 않는 건축은 큰 부담을 떠안게 될 것입니다.

둘째, 하나가 되어야 합니다. 교회건축의 규모를 떠나 교인들이 하나가 되는 게 중요합니다. 건물 때문에 교회에 균열이 일어나는 것은 피해야 합니다.

셋째, 교회건축은 아무렇게나 해도 된다는 생각을 버려야 합니다. 위에서 말씀드린 대로 성전은 하나님을 예배하는 집입니다. 주님도 내 아버지의 집이라고 하셨습니다(요 2:16). 빌딩이나 개인집에 비해 하나님의 집은 판잣집이어도 되고 비가 새고 바람이 몰아쳐도 되는가? 그러면 안 됩니다.

넷째, 하나님은 반드시 초호화판 예배당만을 선호하시지 않는다는 점을 유의해야 합니다. 초막도 궁궐도 머리 되시는 예수님이 그곳에 계셔야 교회이고 성전입니다. 지상엔 교회당이 많습니다. 각각 규모가 다르고 건축양식이 다르고 건축비가 다릅니다. 규격화된 하나만의 교회당을 고집할 필요는 없습니다. 가장 중요한 것은 주님이 거하시느냐입니다.

다섯째, 불평하는 쪽에 서지 마십시오. 대소사를 떠나 교회는 다양한 사역을 수행하는 사역공동체입니다. 필요에 의해 교회를 신축하는 것은 나쁜 일이 아니지 않습니까? 내가 할 수 있는 일로 최선을 다하는 것이 긍정적 신앙인의 바른 자세입니다. 세상사나 교회사역을 매사 부정적으로 이해하고 처신한다면, 그리고 교회건축이 부담스러워 교회를 떠난다면 어느 곳을 가든 교회 떠날 일이 다반사로 벌어질 것입니다.

건축·재정

교회 팔려는데 매입자 신분을
구분하기 힘들어요

Q 1천여 명 모이는 교회 목회자입니다. 개척 당시부터 사용하던 교회를 팔고 아파트 단지 내 종교 부지를 분양받아 이전 계획을 세우고 있습니다. 문제는 현재 사용 중인 교회 건물을 매입하겠다는 사람들의 성분을 구분하기 힘들다는 것입니다.

A 먼저 교회가 성장해 이전 신축을 추진한다니 기쁩니다. 수고하셨습니다. 현재 사용 중인 교회를 매각해야 새 부지에 교회를 신축할 수 있다는 상황과 교회 건물을 아무렇게나 팔아선 안 된다는 의견이 상충하고 있군요. 시장윤리나 상도의를 무시한 매매가 비윤리적인 것처럼, 교회 건물을 팔고 사는 데도 지켜야 할 정도가 있습니다.

예를 들어, 교회 건물을 이단이나 불건전한 직업군의 사람들이 매입했을 경우 그 파장을 생각해야 합니다. 호주연합장로교회의 예를 들어보겠습니다. 성장이 멈추고 운영이 어려워지자 교회 건물을 팔았습니다. 그런데 교회 건물을 술을 파는 나이트클럽이 매입했습니다. 문제는 그 이후입니다. 새 건물 주인은 종탑십자가 바로 옆에 나이트클럽을 알리는 조명광고판을 세웠습니다. 밤이 되면 나이트클럽 네온사인 불빛과 함께 십자가가 명멸합니다. 더욱 가관은 실내입니다. 강대상 자리는 최상 귀빈석, 거긴 술값이 제일 비쌉니다. 성가대석은 그 다음 귀빈석, 두 번째로 술값이 비쌉니다. 회중석은 일반석으로 술값이 쌉니다. 하나님을 예배하던 예배당을 의도적으로 짓밟는 행위여서 가슴이 아픕니다.

오래전 순환도로를 타고 홍은동 부근을 지나고 있었습니다. 오른쪽에 작은 건물의 교회가 보였습니다. 놀라운 것은 종탑십자가 바로 옆에 불교를 표시하는 卍(만자)가 세워져 있었습니다. 짐작건대 교회 건물을 불교 사찰이 샀을 것입니다. 새 건물주는 기독교의 상징인 십자가를 종탑에 그대로 둔 채 불교 상징을 세웠을 것입니다. 아무런 생각 없이 그렇게 했을까요? 십자가보다 만자가 더 크게, 높이 솟아 있었습니다. 교회 건물은 아무렇게나 아무에게나 팔아선 안 된다는 교훈을 줍니다.

물론 구매자들의 신분을 낱낱이 가리는 것은 쉽지 않습니다. 부동산 업자를 내세우거나 다른 사람 이름으로 위장하기 때문입니다. 그리고 그런 사람들일수록 다른 원매자들보다 훨씬 더 좋은 조건을 제시하고 매매가를 높여줍니다. 팔면 그만이다, 책임질 일이 없다, 당장 급한데 이 조건 저 사람 따질 필요가 없다고 주장한다면 교회의 위상은 어떻게 될까요? 어제까지 예배드리던 처소가 술집이 되고, 사찰이 되고, 이단종파의 집회소가 돼도 상관없다는 사고에 동의할 수 없습니다.

그러면 어떻게 하란 말이냐 반문할 것입니다. 교회 신축이 중요한지, 하나님의 영광이 더 중요한지 묻고 싶습니다. 그리고 교회 이전이나 신축은 하나님께 묻고 답을 기다리는 수순을 밟아야 합니다. 하나님을 예배하는 하나님의 집을 짓는 일이니까요.

건축·재정

교회 예산편성 놓고
이견으로 대립 중이에요

Q 중형교회 시무장로입니다. 연말이 되어 교회 결산과 예산위원으로 참여하고 있습니다. 그런데 예산편성에 대한 의견이 엇갈리고 있습니다. 결산대비 20퍼센트로 축소하자는 의견과 금년도 결산액을 내년도 예산안으로 편성하자는 의견, 특수사업비(건축헌금, 선교비, 다음 세대 지원비 등)는 별도 항목으로 책정하자는 의견이 대립하고 있습니다.

A 연말이면 교회마다 겪어야 할 일들을 겪고 계시군요. 장로님의 중재 역할이 필요합니다. 세 의견 다 교회를 위한 의견들입니다. 줄이자, 결산액으로 하자, 특별예산을 세우자 모두 다 일리가 있고 타당성이 있습니다. 좋은 일 때문에 다투고 대립할 필요는 없습니다. 주의 일을 하노라면서 각을 세우고 대립한다면 어떻게 그 행위와 결말이 주의 일이 되겠습니까?

만일 교회건축, 예산편성, 목회자 선임, 정책결정 등 현안 문제 때문에 목회자와 당회원, 당회원과 제직원이 대립하고 대결한다면 주의 일 때문이겠습니까? 편견과 아집 때문이겠습니까? 예산편성보다 더 중요한 것은 교회의 거룩성과 공공성입니다. 돈 없으면 사업을 할 수 없겠지만 그러나 돈 때문에 싸우는 것은 교회의 자세는 아닙니다.

예산은 탄력성이 필요합니다. 꼭 필요한 건 무리가 되더라도 세워야 합니다. 그러나 비효율적인 것, 낭비 요소가 있는 것, 별 의미가 없는 것은 과감하게 줄이는 용단이 필요합니다. 덮어놓고 예산을 늘리겠다는 것도, 무조건 줄여야 한다는 것도 지혜로운 판단은 아닙니다. 줄일 건 줄이고, 늘릴 건 늘리는 지혜와 탄력성이 필요합니다.

예컨대 먹는 것, 마시는 것, 놀러가는 것 등은 줄여도 됩니다. 그러나 선교를 위한 예산, 다음 세대를 위한 예산은 늘리는 쪽이 바람직한 교회 자세입니다. 그리고 섬기고 나누는 일도 늘려나가야 합니다.

교회예산은 교인들의 헌금으로 성립됩니다. 교인들의 헌금은 사회적 경제여건과 맞물립니다. 그러나 신앙과도 비례합니다. 영적 성장지수가 높아지면 헌금액도 높아집니다. 그런 면에서 교회가 은혜롭고 평안하고 행복해야 합니다.

예산을 편성할 수 있다는 것은 좋은 일입니다. 그리고 편성이 은혜로워야 집행도 은혜롭게 진행됩니다. 예산편성 과정에서 대립이나 대결이 해소되지 않는다면 신앙적으로나 목회에 해가 될 것입니다. 믿음으로 세우고 교회의 주인이신 주님의 마음을 헤아려 편성하십시오. 장로님이 화해 중재자가 되십시오.

건축·재정

설교시간에 헌금 얘기
자주 하는데 거부감이 들어요

Q 7백여 명 모이는 교회 안수집사입니다. 설교시간과 광고시간에 헌금에 관한 이야기가 잦습니다. 싫어하는 교인들도 있고 거부반응이 일어납니다.

A 헌금 이야기가 잦은 것은 교회가 재정 충당의 필요성이 있거나, 교인을 훈련하려는 목회 의도일 것입니다.

아무리 좋은 말도 자주 하다 보면 잔소리가 됩니다. 먼저 왜 헌금을 해야 하는가를 살펴보겠습니다. 성경이 말하는 헌금은 기부금도 잡부금도 아닙니다. 이스라엘의 경우는 하나님께 드리는 신성한 의무였습니다. 헌금의 용도는 다양했습니다. 제사장, 레위인, 이웃 섬김 등 하나님의 사역을 위해 사용했습니다. 하나님 은혜로 민족이 구원받았고, 광야 40년 긴 여정을 통과했고, 신앙공동체를 유지할 수 있었습니다. 그 은혜에 대한 감사로 헌금을 했습니다. 헌금의 대상은 하나님이셨습니다.

헌금의 사용 방법도 하나님의 선하신 뜻을 따라 집행되어야 했습니다. 바울이 밝힌 헌금의 원리가 있습니다. 헌금은 섬기는 일에 사용했고(고후 9:1), 미리 준비했고(고후 9:2, 5), 억지로 하지 않고(고후 9:7),

너그럽고 넉넉하게(고후 9:11) 하라고 했습니다.

헌금을 국민의 의무인 납세에 비깁니다만 단순 납세로 보면 안 됩니다. 어느 누구도 부과된 세금을 즐기는 사람은 없습니다. 당연한 의무이지만 쌍수로 환영하지 않습니다. 그러나 헌금은 자원하는 마음으로 미리 준비하고 인색함이나 억지로 하지 않고 즐겨 드려야 합니다.

헌금 관리를 맡은 교회는 헌금의 원리를 바르게 가르치고 헌금을 헌금답고 투명하게 관리하고 사용해야 합니다. 교회 재정의 여유분이 있다 해서 부동산 투자나 주식 투자로 돌리는 것은 옳지 않습니다. 모자라는 것도 문제가 되지만 남아도는 것은 더 큰 문제가 됩니다. 왜 교회 헌금이 남아돌아야 합니까? 교회의 재정 축적을 위해 헌금하는 사람은 없습니다. 나누고 섬기고 베풀어야 할 일들이 널려 있는데 돈이 남아돈다면 교회의 사명 관리에 구멍이 뚫렸다고 보아야 합니다.

헌금을 강요당한다는 생각이라면 헌금을 하지 마십시오. 억지로 강요당한 헌금은 헌금이 아니기 때문입니다. 받은 은혜에 대한 감동과 결단이라면 넉넉하게 하십시오. 아브라함은 십일조를 드렸고(창 14:17~20), 외아들 이삭을 번제로 바쳤습니다(창 22:1~19). 강요나 압박에 의해서가 아니었습니다. 그리고 받은 것이 더 컸습니다(창 22:15~18).

헌금 외에도 교회 사역을 긍정적으로 이해하는 훈련을 힘쓰십시오.

건축·재정

범죄자가 낸 헌금을
피해자들이 돌려달라고 해요

Q 다단계 하는 사람이 교회에 거금을 헌금했습니다. 그런데 그가 잘못돼 수감되자 피해자들이 그가 교회에 낸 헌금을 돌려달라고 합니다. 이런 경우 어떻게 해야 하는지요?

A 다단계란 일종의 상품판매 방식이기 때문에 그 자체를 시비할 수는 없습니다. 1995년도에 방문판매법을 개정하면서 양성화되기도 했습니다.

그러나 문제는 다단계 행위가 교회 안에서 번져나가면 안 된다는 것입니다. 다단계는 '점포가 없다, 도소매 단계를 거치지 않는다, 피라미드 방법으로 판매연결망을 구축한다'는 특성을 갖습니다.

연결망의 구축은 한 사람의 판매원이 다른 사람을 가입시키고 그 사람이 또 다른 사람을 가입시켜야 하기 때문에 다른 사람을 끌어들여야 합니다. 교회는 서로를 잘 안다는 이유 때문에 다단계 조직이 쉽습니다.

그러나 교회는 상행위가 통용되는 사업장이 되면 안 됩니다. 헌금은 헌금다워야 하고 관리도 거룩성을 벗어나면 안 됩니다. 바르게 드리고 바르게 관리하고 사용해야 합니다.

예를 들면, 부동산이나 주식투자 등으로 교회 헌금을 증식하는 행위는 철저히 금해야 합니다. 헌금의 원리는 하나님께 드리는 것입니다.

교회로서는 헌금자가 어떻게 번 돈인가에 대한 실체 파악이 어렵습니다. 헌금자 자신이 헌금의 거룩성을 이해하고 헌금의 동기를 결정해야 합니다. 자기 과시용으로 헌금을 한다든지, 숨기고 있는 다른 동기로 헌금을 한다면 헌금이랄 수가 없습니다.

교회가 할 수 있는 일은 헌금자가 교인인가, 가명인가, 무기명인가, 기부금인가, 목적헌금인가 등 그런 부분은 확인이 가능합니다. 헌금자가 이건 다단계로 번 돈이다, 만일 문제가 발생하면 이 돈은 누구누구에게 돌려줘 달라는 단서를 달았다면 법률적으로 배분할 책임을 져야 할 수도 있을 것입니다. 그러나 그런 헌금이라면 교회가 맡을 필요도 이유도 없습니다. 교회는 금융기관이 아니니까요.

우린 여기서 "바로 벌고 바로 쓰고"의 경제윤리를 정립해야 합니다. 기독교 윤리는 목적도 방법도 선해야 합니다. 비윤리적인 방법으로 얻은 치부를 정당화하기 위해 헌금을 명목으로 내세운다든지 자선을 베푸는 것은 정당한 가치도 윤리도 아닙니다.

교회 안에서 다단계 행위가 일어나지 않도록 조심해야 하고 목회적 차원에서 지도해야 합니다.

건축·재정

예배 모임 중단하지 않는 이유가 헌금?

Q 모 언론이 코로나 대담 중 주일예배 모임을 중단 안 하는 교회는 헌금 때문이라고 했습니다.

A 코로나는 전 세계 문제로 확산되고 있습니다. 고통과 아픔을 함께 나눠야 합니다. 그리고 기도로 하나님의 선하신 섭리를 구해야 합니다.

교회는 사회적 책임과 신앙적 책임을 동시에 져야 합니다. 교회는 사회공동체의 일원이기 때문에 반사회적 행동을 할 수 없습니다. 사교집단은 예외입니다. 교회 공동체는 사회질서와 통합에 함께해야 합니다. 국민 전체가 겪는 고통에 동참해야 하고 확산 방지에도 솔선해야 합니다. 동시에 신앙적 책임도 져야 합니다.

예배는 신앙생활에서 가장 기본적 행위입니다. 한국기독교 역사상 예배를 중단하고 교회 문을 닫았던 것은 일제 강점기와 공산치하였습니다. 그때는 박해 권력에 의해서였고 이번 사태는 스스로 내린 결정입니다.

서슬 퍼런 일제의 강압에도 굴하지 않고 모여 예배드리다 순교한 교인들이 있었고, 공산당의 총구 앞에서도 기도하고 찬송 부르다 순교한 성도들이 있었습니다. 코로나의 경우는 사회적 책임 때문에 스스로 교회 문을 닫고 있습니다. 그 이유는 감염될까 봐, 감염시킬까 봐서입니다. 그러나 인터넷 예배 참석 숫자가 얼마인지 확인할 길은 없습니다.

말씀드린 대로, 고통받는 국민과 함께하고 예방과 퇴치에 적극 협력하는 것이 바른 자세입니다. 그러나 헌금 때문에 예배를 진행한다는 것은 정론이 아닙니다. 헌금도 예배입니다. 헌금 때문에 예배하는 것이 아니고 예배드리면서 헌금도 드리는 것입니다. 그리고 헌금은 자발적 행위입니다. 강요에 의해 이뤄지는 것이 아닙니다.

인터넷 헌금도 구설수에 오르고 있습니다. 제 생각은 예배 따로 헌금 따로여선 안 된다는 것입니다. 예배자가 함께 헌금도 드려야 합니다. 이미 인터넷 헌금을 실시하는 교회들이 늘어나고 있습니다. 그것은 삶의 패턴이 바뀌고 있기 때문입니다. 세금과 납부금 모두 인터넷으로 처리하고 있습니다. 인터넷으로 헌금하라는 것은 명령도 강요도 아닙니다. 헌금의 방법을 알리는 것뿐입니다. 교회공동체의 특성과 신앙적 입장을 바르게 이해하지 못한 말은 삼가는 게 옳습니다.

문 닫힌 교회, 텅 빈 예배당, 가슴이 아픕니다. 코로나 악성바이러스가 지구촌을 떠나도록 기도합시다.

건축·재정

매달 받는 생활비도 십일조 해야 하나요?

Q 남편 사업장에서 십일조를 드립니다. 매달 제가 받는 생활비도 십일조를 해야 되는지요?

A 십일조 역사는 창세기로 거슬러 올라갑니다. 아브라함이 소돔 고모라를 침공한 연합군을 물리치고 전리품과 함께 개선길에 올랐을 때 대제사장 멜기세덱이 환영연을 베풀고 맞아주었습니다. 그때 아브라함이 전리품 중 십분의 일을 멜기세덱에게 드렸습니다(창 14:17~24). 창세기 기사는 멜기세덱을 살렘 왕, 하나님의 제사장이었다고 설명합니다. 그런데 히브리서는 멜기세덱을 "살렘 왕, 하나님의 제사장, 의의 왕, 평강의 왕, 아버지도 없고 어머니도 없고 족보도 없고 시작한 날도 없고 생명의 끝도 없어 하나님의 아들과 닮아서 항상 제사장으로 있느니라"(히 7:1~4)고 했습니다. 그리고 "멜기세덱과 같은 별다른 한 제사장이 일어난 것을 보니"(히 7:15)라고 했습니다.

주경가들은 멜기세덱을 예수 그리스도의 예표로 보고 있습니다. 그러니까 아브라함이 십분의 일을 드린 것은 영원한 왕이시고 대제사장이신 예수 그리스도에게 드린 행위였다는 것입니다.

시리아, 바벨론, 이집트에서는 수확의 십분의 일이나 그 이상을 군주에게 바쳤습니다. 그러나 모세를 통해 주신 십일조 규정은 출애 굽 이후였습니다. 레위기 27장 30~33절, 민수기 18장 21~32절, 신명기 12장 5~18절 등에 규례가 명시되어 있습니다.

 소득의 십분의 일을 하나님께 드리는 것이 십일조입니다. 십일조의 기본정신은 하나님의 은혜와 소득을 얻게 하심에 대한 감사입니다. 중요한 요점은 아홉은 내 것이고 하나만 하나님 것이 아니라는 것입니다. 열, 천, 만 가지가 다 하나님의 소유입니다. 십일조는 의무이고 약속입니다. 십일조 무용론을 제기하는 이들도 있지만 "이것도 행하고 저것도 버리지 말아야 할지니라"(눅 11:42)는 예수님의 말씀을 따르는 게 옳습니다.

 십일조는 믿음의 분량을 따라 십분의 아홉을 드릴 수도 있고 드리지 못할 수도 있습니다. 드리지 못하는 것보다는 더 드리는 게 복된 삶입니다.

건축·재정

코로나19 여파로 십일조를 못해 괴로워요

Q 소규모 편의점을 운영합니다. 코로나19 여파로 운영이 어려워 십일조를 못하고 있습니다. 죄스런 마음으로 괴롭습니다.

A 괴로워하지 마십시오. 하나님은 눈에 보이는 물량적 십일조보다 마음을 보십니다. 이미 아파하는 마음을 열납하셨다고 믿습니다. 십일조는 구약의 계명이어서 이미 폐기됐기 때문에 무의미하다는 주장을 펴는 이들이 있습니다. 그러나 십일조의 의미는 하나님의 은혜에 감사하고 지극히 작은 부분을 드리는 데 있습니다. 그래서 예수님도 외식하는 서기관들과 바리새인들이 마지못해 드린 박하와 회향과 근채의 십일조를 책망하면서 "그러나 이것도 행하고 저것도 버리지 말라"(마 23:23)고 하셨습니다.

하나님께 드리는 기본 원리는 버리지 말라는 뜻입니다. 고대인들은 노동의 대가, 수확물, 전리품의 일부를 군주에게 헌납했습니다. 조공과 세금을 백성의 의무로 규정한 것입니다. 그러나 성경이 말하는 십일조는 하나님께 드리는 것입니다. 아브라함이 소돔 침략군을 물리치고 개선할 때 전리품의 십일조를 멜기세덱에게 바쳤습니다(창 14:20). 그런데 히브리서는 멜기세덱을 "하나님의 아들과 닮아서 항상 제사장으로 있는 사람"(히 7:3)이라고 했습니다. 그러니까 아브라함의 십일조를 받은 멜기세덱은 예수 그리스도의 그림자였습니다. 야곱도 벧엘 광야에서 "하나님께서 내게 주신 모든 것에서 십분의 일을 내가 반드시 하나님께 드리겠나이다"(창 28:22)라고 서원했습니다.

십일조가 법제화된 것은 모세 시대지만 이미 족장들은 십일조를 드리거나 약속했습니다. 그것은 십일조는 창조주의 명령이며 질서라는 의미를 담고 있습니다. 십일조는 의무 이전에 하나님의 은혜에 대한 감사입니다.

왜 감사할 조건이 없습니까? 바울은 십일조를 넘어 "너희 몸을 하나님이 기뻐하시는 거룩한 산 제물로 드리라"(롬 12:1)고 했습니다. 여기서 말하는 몸은 피와 살, 즉 생명을 뜻합니다. 십일조도 못하는 사람이 어떻게 생명을 바칠 수 있습니까? 편의점 회복을 위해 하나님의 도우심을 요청하십시오. 물질인 십일조를 넘어 삶을 드리는 복이 임하길 기도합니다. 그리고 모든 교회는 십일조를 바르게 관리해야 합니다.

건축·재정

교회에서 지휘자, 반주자들에게 사례비를 지급하는데…

Q 교회에서 지휘자, 반주자, 독창자, 찬양인도자, 악기연주자들에게 사례비를 지급합니다.

A 구약시대의 성전 봉사는 레위 지파가, 제사 직무는 아론과 그의 아들들이 담당했습니다. 레위 지파는 열두 지파 중 특수 지파로 성전 봉사만을 전담했습니다. 성전 지키는 일, 찬양하는 일, 성전 기구 관리하는 일 등을 전담했고 기업은 없었습니다. 열한 지파의 십일조로 생활했습니다. 아론과 그의 후손들은 오로지 하나님께 드리는 제사만을 전담했고 의식주를 위한 경제활동은 하지 않았습니다. 오로지 제사 임무만 담당했습니다.

요즘 목회자의 이중직이 교단 따라 거론되고 있습니다만, 구약시대는 이중직이 허용되지 않았습니다. 초대교회의 경우도 교회관리는 집사들에게 위임하고 사도들은 말씀 선포와 기도에만 전념했습니다 (행 6:4).

한국교회의 경우 선교 초기 상황은 모든 면이 열악했습니다. 목회자도 가난했고 교인들도 가난했습니다. 목회도 교회 섬김도 대부분 자비량이었고 봉사였습니다.

그런데 현대교회 상황은 그때와 전혀 다릅니다. 교회 봉사가 물량화하고 있습니다. 그러나 거룩한 섬김과 물량 가치가 뒤섞이면 바른 봉사가 성립되지 않습니다. 교회 봉사를 직업으로 여기고 접근하는 것은 옳지 않습니다. 직업에도 윤리가 있습니다. 하물며 주님의 교회를 섬기는 사람들이 사례의 다소를 따라 교회를 옮긴다든지 따지는 것은 바람직하지 않습니다.

시대가 변했기 때문에 수고하는 사람들에게 일정액의 사례를 할 수 있습니다. 단, 교회 재정 형편을 따라 가부가 결정되어야 합니다.

가장 바람직한 것은, 건강과 재능을 주신 하나님의 은혜에 감사하고 그 재능으로 교회를 섬기는 것입니다. 그리고 사례가 어려운 교회, 재능을 가진 사람들을 찾기 어려운 교회들을 찾아가 섬긴다면 얼마나 아름답겠습니까?

사례의 유무나 경중으로 섬김을 결정하는 것이나 교회다움을 평가하는 것은 결코 바람직하지 않습니다.

건축·재정

과시보다 의미 새기는 정성으로 하길

Q 성탄 장식을 하려고 하는데 검소해야 한다, 장식은 의미가 없다는 의견과 해야 한다는 의견이 나뉘고 있습니다.

A 성탄절은 전 세계인이 기억하는 날이고, 그리스도인의 축제입니다.
지난날 교회의 성탄 장식은 청년들이 나서서 만국기를 만들어 걸고 트리를 직접 만들었습니다. 색종이를 접어 강단을 꾸미고 교인 집을 돌며 새벽송을 불렀습니다. 성탄전야와 성탄절은 성극, 노래, 춤, 음악예배로 이어지는 축제였습니다.

그런데 '연말연시는 조용하게, 검소하게'라는 외부 캠페인에 밀려 성탄절 축제가 사라져가고 있습니다. 더욱이 코로나19 사태가 우리네 일상과 교회의 공적 예배와 행사들을 가로막고 있습니다. 그래서 모두가 다 힘들고 아픕니다.

이럴 때 교회가 성탄절이라며 필요 이상의 행사를 벌이거나 큰소리를 낼 필요는 없습니다. 전시성 장식이나 위화감을 불러일으킬 행사들은 자제하는 게 좋습니다. 그러나 '성탄절 장식은 사치다, 과소비다, 할 필요 없다'는 것은 긍정적 접근은 아닙니다.

성탄 장식은 해야 합니다. 단, 성탄의 의미를 살리고 정성들여 꾸미는 장식이라야 합니다. 누가 어떻게 만드는지도 모르는 장식, 과시를 위한 장식은 무의미합니다. 상업적이고, 전문적인 장식은 백화점이나 상가가 선점하고 있습니다. 교회의 전통적 성탄 행사와 문화가 바뀌고 있습니다. 그럴수록 교회는 성탄을 맞는 순수성과 진정성을 회복해야 합니다.

성탄절 장식보다 더 중요한 것들이 있습니다. 어려운 이웃을 돌보고 섬기기, 코로나19로 고통받는 사람들에게 성육신하신 그리스도의 사랑으로 다가가기, 무의탁 독거노인들 찾아가기, 카드 보내기 등 장식보다 더 소중한 일들이 많습니다.

미국에서 유소년들에게 물었답니다. 크리스마스가 무엇인가? 그 답은 산타크로스 생일, 선물 받는 날, 가족과 함께 놀러가는 날이 대부분이었고 예수님 생일이라는 답은 극소수였답니다.

성탄절을 잊고 사는 다음 세대들에게 바른 성탄절의 뜻과 추억을 안겨줄 책임이 있습니다.

건축·재정

작은 교회라 온라인 예배, 양육이 어려워요

Q 작은 교회 목회자입니다. 교회 여건이 온라인 예배나 목회 프로그램 제작에 한계가 있습니다. 그런데 교인들이 큰 교회들의 온라인 예배와 프로그램에 쏠려 목회가 힘듭니다.

A 큰 나무 그늘 아래 작은 나무들의 생존이 어려운 것처럼 대형교회 그늘에 개척교회나 작은 교회들의 존립이 어려운 것은 비슷합니다. 그러나 큰 나무와 작은 나무는 공존하는 것이 자연법칙입니다. 큰 교회와 작은 교회, 힘 있는 교회와 힘없는 교회, 넉넉한 교회와 가난한 교회는 공감, 공존, 공유의 윤리를 지켜야 합니다.

코로나19로 일상과 예배가 비대면화하면서 일어난 현상이 사이버, 유튜브, 온라인 등 교회엔 익숙하지 않은 것들입니다. 온라인 공간은 무한대라는 점, 그리고 온갖 편의를 제공해 준다는 장점을 가지고 있습니다.

톰 레이너는 《코로나 이후 목회》라는 책에서 "정상으로 돌아갈 날만 기다리는 태도의 가장 큰 문제점은 세상이 크게 변했다는 것이다. 코로나 이전과 이후 세상은 전혀 같지 않다. 더 이상 존재하지 않는 세상을 위한 방법들로는 효과적인 목회가 불가능하다"라고 했습니다.

그런가 하면 서울신대 이길용 교수는 "종교는 인간의 전인적 반응이다. 지속해서 몸이 영적 자극을 유지하지 못하면 사이버 공간 내의 종교 공동체는 일시적이고 잠정적일 수밖에 없게 된다"며 "너무 사이버 공간만 고집할 필요는 없다. 사이버 공간은 보완재로 활용하는 것이 효과적이다"라고 했습니다.

두 이론의 균형과 조합이 필요합니다.

밀려오는 사이버 공간의 추세를 거스를 순 없습니다. 사이버 공간을 이해하고 익히는 노력을 기울이십시오. 우리 주변엔 다양한 기회와 방법들이 널려 있습니다. 내 교회에 맞는 목회 프로그램을 계획하고 실천하십시오. 어렵다, 힘들다고 포기하지 마십시오. 목회자의 변신이 필요합니다.

그리고 넉넉한 교회들에게 부탁합니다. 내 교회, 내 목회, 내 나무만 보지 말고 한국교회라는 큰 숲을 보십시오. 공유와 나눔을 실천하십시오. 작은 교회, 힘없는 교회도 주 예수 그리스도의 몸된 교회니까요.

| 건축·재정 |

목회자, 교회가 비트코인에 투자해도 되나요?

Q 목회자나 교회가 비트코인에 투자하는 것은 어떤가요?

A 비트코인은 디지털 정보량의 기본단위인 비트와 동전을 뜻하는 코인의 합성어이고, 만든 사람은 현재까지 확인되지 않고 있다고 합니다. 가상화폐여서 조정 관리를 맡은 기관도 없고 등락폭이 커서 일확천금의 꿈을 이룰 수도, 재산을 탕진할 수도 있는 양면성을 가지고 있다고 합니다.

저는 그 분야에 문외한이기 때문에 비트코인에 대해 상세한 설명을 드릴 순 없습니다. 그러나 이미 비트코인에 투자했던 사람들의 최근 댓글 몇 개를 살펴보면 "타이밍 잘못 맞춰 투자하면 몇 분 만에 재산 다 잃을 수 있다" "전 재산 투자하는 것은 미친 짓이다" "제발 하지 마라, 돈보다 더 소중한 것을 잃을 수 있다" "다시는 코인 투자판에 절대 안 들어갈 것이다"라는 글들이 올라와 있습니다.

목회자의 관심은 예수 그리스도라야 하고 교회라야 합니다. 그런데 목회적 관심은 소홀히 하고, 사행심이나 요행에 몰입한다면 바른 목회가 되겠습니까?

정치, 경제, 교육, 문화, 사회 등 각 분야가 관심사여야 하지만, 물량 증식에 시간과 정열을 쏟는다면 그건 직무유기가 됩니다. 그리고 교회가 코인이나 주식에 투자하는 것은 결코 옳지 않습니다.

교회 재정은 교인들의 헌금으로 이뤄집니다. 헌금은 다소를 떠나 하나님께 드리는 것이고, 교회는 청지기일 뿐입니다. 돈이 남아돈다는 것도 비정상이고, 증식을 위해 다른 데 투자하는 것도 바람직한 일이 아닙니다. 교회는 선교, 장학, 건축 등을 위해 목적헌금을 비축할 수는 있습니다. 그러나 그 헌금을 투자재원으로 사용하는 것은 바르지 않습니다.

교회 재정관리는 정당성과 투명성이 전제되어야 합니다. 사설 금고가 되어도 안 되고, 특정인이 운영을 좌우해도 안 됩니다. 헌금은 바르게 드리고 관리하고 써야 합니다. 바르고 선한 청지기가 됩시다.

건축·재정

온라인 예배 드리고
타교회 헌금도 보내는데 괜찮나요?

Q 안수집사 부부입니다. 거리 관계로 주일 예배를 온라인으로 집에서 드리고 헌금도 온라인으로 하고 있습니다. 유튜브로 다른 교회 설교도 보고 헌금도 보냅니다.

A 온라인 예배는 코로나19로 인한 임시적 대처라야 합니다. 집사님네 경우 코로나19 사태 이전엔 거리 상관없이 교회에 나가 예배드렸을 것입니다. 지금은 모든 교회가 대면과 비대면 예배를 함께 드리고 있습니다. 거리가 문제될 수 있겠지만 그것보다 더 중요한 것은 예배 신앙의 회복입니다.

에디오피아의 국고를 맡은 관리가 예배하러 예루살렘을 방문했습니다(행 8:27). 그가 어떻게 예배자가 되었는가에 대한 설명은 없지만, 그는 장거리를 넘어선 예배자였습니다. 에디오피아 수도 아디스 아바바에서 예루살렘까지는 3,800km입니다. 도보로 한 달, 수레로 열흘 이상 걸려야 합니다. 오로지 예배만을 위해 예루살렘을 방문한 그의 예배는 거리 탓하는 사람들에게 좋은 본보기가 됩니다.

먼 거리 개의치 않고 섬기는 교회에 예배하러 오는 이들이 더 많습니다. 문제는 마음의 거리입니다. 마음의 거리가 멀어지면 동거인도 타인이 되고 교회 옆에 살아도 먼 거리가 됩니다.

거리감의 원인을 살펴보십시오. 근원을 치료하고 회복하십시오. 온라인 예배는 임시 처방일 뿐 예배의 본질이 아니라는 사실을 확인하십시오.

헌금도 예배입니다. 예배자가 직접 성전에 나와 드리는 것이 헌금의 정도입니다. 헌금은 온라인으로 보내는 세금 납부가 아니기 때문입니다. 나이 많은 부모님 생일에 바쁘다는 핑계로 온라인으로 돈만 보내는 아들의 행위를 바른 효도로 볼 수 있습니까? 교회는 안 가도 헌금은 보낸다와 다를 바 없습니다.

다른 교회 설교 시청하고 헌금을 보내는 일이 나쁜 일은 아닙니다. 그러나 안수집사님은 교회를 섬기는 중직입니다. 내가 섬기는 교회에 드릴 헌금을 다른 교회에 보내는 것은 바른 자세가 아닙니다.

예배 신앙을 회복하고 섬김의 바른 자세를 정립하십시오.

건축·재정

헌금봉투에 고인 이름 쓰고 기도해도 괜찮나요?

Q 명절이 되면 추모연합예배를 드린다며 헌금봉투에 고인의 이름을 쓰고 그 영혼의 구원을 위해 기도하는 교회가 있습니다.

A 중세기 천주교의 면죄부 판매가 떠오릅니다. 죄 사함을 다 받지 못한 영혼들이 연옥에 들어가 있는데, 그 영혼들을 위해 면죄부를 사면 영혼이 천국으로 들어간다는 교리를 만들었습니다. 면죄부 판매로 거둬들인 돈은 베드로 성당 건축비로 사용했습니다. 면죄부 판매는 중세교회 타락의 대표적인 사건이었습니다.

연옥은 영혼들이 머무는 중간 지대라는 천주교 교리인데 15세기 공의회 결정을 거쳐 채택했습니다. 그러나 기독교는 그 교리를 수용하거나 인정하지 않습니다. 돈의 분량에 따라 사면이 이뤄지고 천국으로 들어간다는 것은 성경에 없는 교리이기 때문입니다.

또한 구원의 진리를 왜곡하고 호도하는 교리여서 용납할 수 없습니다. 구원의 전권은 하나님께 있습니다. 인간의 어떤 노력도 구원의 조건이 될 수 없습니다. 개혁자들의 고백은 "믿음으로 구원받는다, 의로워진다"였습니다. 바울은 '구원은 하나님의 은혜이며 믿음으로 구원받는다'는 것을 강조하고 있습니다(엡 2:8).

교황은 베드로의 후계자이며 그리스도의 대리자여서 죄를 사할 수 있다고 주장하지만, 사람에겐 사죄의 능력이 전무합니다. 헌금봉투에 죽은 자의 이름을 적고 구원을 위해 기도하는 것은 현대판 면죄부의 재현입니다. 헌금봉투 놓고 기도한다고 그 영혼이 구원받거나 천국 가는 일은 전혀 불가능합니다. 그런 교회나 집단은 멀리해야 합니다.

구원은 예수 그리스도를 구주로 믿고 고백함으로 받는 하나님의 은혜입니다. 추도식 후에 하나님께 감사의 헌금을 드리는 것은 옳지만 죽은 사람을 위해 기도하는 것은 당장 멈춰야 합니다.

관계

교회 신축, 이름 변경 놓고
찬반이 나뉩니다

Q 저는 A교단 소속 목사입니다. 교회개척 15년 만에 교회가 성장해 1천여 명이 모입니다. 상가건물이 비좁아 아파트 밀집지역 상가로 이전했습니다. 그런데 교회 명칭을 바꾸자는 의견과 그대로 두자는 의견, 은행융자를 받아 대지구입과 교회를 신축하자는 의견과 빚지지 말자는 의견이 맞서 타협점을 찾지 못하고 있습니다. 저는 교회 이름도 바꾸고 신축도 추진하고 싶습니다.

A 축하드립니다. 교회개척도 힘들어지고 성장은 더 어려워졌다고 하는데 교회가 성장한 것은 하나님의 은혜입니다. 지속된 성장으로 교회 본연의 사명을 잘 감당하시기 바랍니다.

교회성장, 교회건축, 말씀선포, 교육행정 모든 것이 담임목사 책임 아래 이뤄지고 진행됩니다. 그러나 담임목사 단독의 의사 결정이나 추진으로 되는 것은 아닙니다. 교회공동체는 민주적 절차와 합의가 선행될 때 탈 없이 크고 작은 일을 진행할 수 있습니다. 물론 담임목사의 리더십 크기에 따라 상황이 바뀔 수 있지만 그러나 중요한 사안은 교인들의 공감대와 합의가 이뤄져야 합니다.

교회 이름을 바꾸고 예배처소를 넓히는 것 자체는 백번 따져도 좋은 일입니다. 문제는 반대하는 사람들이 있다는 것입니다. 반대 이유는 대부분 그럴싸하고 타당성이 갖춰져 있습니다. 반대를 위한 반대도 있을 터고요. 해법을 찾기 위해 그들이 왜 반대하는가, 그 이유가 어떤 것들인가를 감정적으로 따지지 말고 냉철한 이성으로 살펴보십시오. 무리수를 두다가 교회가 양분될 수도 있고 내홍을 겪을 수도 있다는 점을 생각하십시오.

이런 해법은 어떨까요?

첫째, 서두르지 마십시오. 서둘러야 할 이유가 없습니다. 천천히 확실하게 전진하십시오. 둘째, 대립하지 마십시오. 찬반을 떠나 그들 모두는 교인들이고 하나님의 백성입니다. 반대의견을 내민다고 그들이 적은 아니지 않습니까? 셋째, 관철하려들지 말고 설득하십시오. 목사의 비전을 반대하는 것은 곧 목사를 반대하는 것이라고 생각하면 그들을 용납하기 어렵게 됩니다. 관철보다는 설득이 옳습니다. 시간은 걸리겠지만 그게 해법입니다. 넷째, 더 중요한 것에 올인하십시오. 교회 이름 바꾸고 집짓는 것보다 더 중요한 일들 기도, 말씀, 전도, 섬김, 나눔, 선교로 내실을 다지고 교회가 2~3천으로 성장하도록 하는 데 전력하십시오. 그렇게 되면 전교인이 이구동성으로 교회 새로 짓자는 얘기를 꺼내게 될 것이고 이름 바꾸는 것은 문제가 되지 않을 것입니다. 이름을 바꾸고 신축하는 일 때문에 교회에 균열이 생기는 것을 방지하십시오.

관계

교회 내분 당사자들, 기도할 땐 '화해'… 두 모습에 씁쓸해요

Q 서리집사입니다. 저희 교회는 내분으로 홍역을 겪고 있습니다. 담임목사님과 장로님들, 장로님들과 장로님들이 각을 세우고 대립하는가 하면 교인들도 휘말리고 있습니다. 그런데 대표기도 시간에는 예외 없이 사랑과 화해를 기도하고 남북통일 되게 해달라고 기도합니다. 앞뒤가 달라서 씁쓸합니다.

A 교회 분규 원인은 다양합니다. 공통점이 있다면 모든 분규나 갈등은 성경적이지 않다는 것입니다. 그리고 제아무리 신앙적 이유를 내세우고 포장해도 교회의 주인이신 예수 그리스도의 뜻이 아닙니다. 편견, 아집, 오해, 이해득실 때문이고 자존심 때문입니다.

그동안 있었던 교단분열의 경우도 겉으로는 신학과 신앙을 내세우고 진리보수를 표방하지만 속내를 들여다보면 이해득실 때문이고 교권 때문이었습니다. 교회를 찢고 나누는 행태는 어떤 이유로도 정당화할 수 없습니다. 교단을 찢고 교회를 분열시킨 당사자들이 화해와 소통, 연합과 통일을 말하는 것은 어불성설입니다. "평안의 매는 줄로 성령이 하나 되게 하신 것을 힘써 지키라"(엡 4:3)는 것이 성경의 지침입니다. 그네들은 하나님의 영광을 가리는 사람들이고 천국 문을 가로막고 있는 사람들입니다. 그리고 그리스도의 몸을 찢는 사람들입니다. 사람은 누구나 교회 주인이 될 수 없고 되어서도 안 됩니다.

교회 내분 원인의 제공자들이 화해를 기도하는 것은 상대가 항복하고 투항하게 해달라는 저의를 감추고 있는 것이고 잘못을 시인하고 사죄를 구하라는 포장된 표현입니다.

교회, 교단, 연합기구를 분열시키고 내홍을 조장한 사람들은 자아성찰과 함께 뒤로 물러서야 합니다. 순박한 교인들을 더 이상 도구화하는 잘못을 멈춰야 합니다. 통일방해꾼들이 통일논의를 주도한다든지 중심에 서면 안 됩니다.

통일은 반드시 이뤄져야 하고 이뤄질 것입니다. 그러나 교회연합과 일치도 이루지 못하는 사람들이 통일을 기도하고 웅변한다면 그들 때문에 통일전선에 먹구름이 끼게 될 것입니다. 그런 면에서 통일의 선행조건은 국론통일, 교회연합, 내분종식입니다. 제가 늘 강조하는 바이지만 통일을 위한 한국교회의 목소리와 전략이 집합되어야 합니다. 그리고 하루빨리 교회의 거룩한 힘을 하나로 묶어야 합니다.

한국교회 연합을 농단하는 사람들, 교단분열의 중심에 선 사람들, 교회 내분을 주도하는 사람들에게 권합니다. 나무를 보지 말고 숲을 봅시다. 국론분열을 조장하고 당리당략에 침몰된 사람들에게 말합니다. 국가와 민족을 생각하십시오. 권력은 잠깐이고 국가는 길고 긴 행렬이니까요.

관계

담임목사 교회 개혁에
장로들이 부정적입니다

Q 1천여 명 모이는 교회 장로입니다. 담임목사님은 미국에서 학위를 받고 귀국 후 10년 넘게 목회를 하고 있습니다. 그런데 교회가 성장을 못하고 현상유지를 하고 있습니다. 목사님은 교회 성장의 동력을 일으켜야 된다며 셀, 알파 등 프로그램을 도입하고 교회 틀을 바꿔야 된다며 구조를 개혁하자고 제안하고, 대부분의 장로들은 부정적입니다. 갈등 봉합이 잘 안 되고 있습니다.

A 주님이 세우신 교회의 성장을 가장 원하고 바라시는 분은 주님 자신이십니다. 그리고 모든 그리스도인들의 소원이기도 합니다. 그러나 건강한 성장이라야 합니다.

기형성장과 정상성장이 있습니다. 기형성장이란 인체를 구성하는 각 지체가 불균형으로 인해 기형체를 이루는 것처럼 교회도 균형을 잃고 한 부분만 성장하는 것을 말합니다. 정상 성장이란 각 지체가 유기적 관계를 이탈하지 않고 건강하게 성장하는 것처럼 교회성장도 정도에 맞는 균형성장을 이루는 것을 말합니다.

교인 숫자가 늘고 건물 규모가 커지고 예산이 불어나는 것은 가견적 성장입니다. 그러나 교인들의 삶이 그리스도를 닮고 교회가 성경의 가르침대로 살아가는 것은 내적(영적) 성장입니다.

우리의 과오는 성장에 대한 오해와 편견을 정당화하고 있다는 것입니다. 다시 말하면 내적 성장, 영적 성장, 신앙 성장엔 별 관심이 없고 물량적 성장에 올인하고 있습니다.

교회의 성장에 대한 일차적 책임은 목회자에게 있습니다. 구조를 탓하고 프로그램을 탓하기 전에 먼저 목회자가 져야 할 책임이 어떤 것들인가를 심사숙고해야 합니다. 그리고 원인을 찾고 처방을 내려야 합니다. 그런가 하면 이차적 책임은 중직들에게 있습니다. 건강한 목회계획이나 미래지향적 비전마다 발목을 잡고 안 된다, 못한다, 시기상조라며 가로막는다면 성장지향의 목회는 성립될 수 없습니다. 그런 면에서 서로 탓하기에 앞서 성장 정체의 원인을 함께 고민하고 진단해야 합니다. 그리고 합의된 성장 전략을 세우고 추진해야 합니다.

구조개혁? 그러나 그것은 본질이 아닙니다. 프로그램 도입? 방법들 가운데 하나일 순 있지만 근본 해법은 아닙니다. 더 중요한 것은 당회원끼리 교회성장 문제로 의견이 갈린다는 것 자체가 성장 장애요인일 수 있다는 점을 유의해야 합니다. 성장 문제뿐이겠습니까? 매사에 당회원끼리 각을 세우고 방향 설정이 갈린다면 바로 거기에 성장 장애 요인이 도사리고 있다고 보아야 합니다.

나는 교회성장의 추진력인가 방해세력인가를 성찰하십시오. 자아를 내려놓고 그리스도를 받들고 높이는 신앙인의 자세로 돌아가십시오.

관계

목회 운영, 교인들 태도 모든 것이 마음에 안 들어요

Q 저는 서울시내 모 교회 7년차 안수집사입니다. 목회 방법, 당회 운영, 교인들의 신앙 태도, 언행 모두 다 마음에 들지 않습니다. 그러다 보니 미운오리처럼 왕따 신세가 되고 있습니다. 친구는 제 성격 탓이라며 고치라고 하지만 견디기 힘듭니다. 다른 친구는 교회를 옮기라고 하지만 조상대대로 다니던 교회를 옮기는 것도 여의치 않습니다.

A 집사님의 경우 영적 방황이 누구 탓일까를 먼저 살펴야 될 것 같습니다. 교인 99퍼센트가 집사님과 동일한 견해라면 방황의 책임은 전적으로 목회자와 교회 구성원에게 있습니다. 그러나 집사님만 불평스럽다면 방황의 원인은 집사님에게 있습니다. 왜 나 홀로 외롭고 버거운 방황을 지속해야 하나 그 원인을 살펴보시기 바랍니다.

그러나 지금 한국교회가 당면한 현실은 집사님 개인의 책임만으로 떠넘기기엔 상황이 자유롭지 못합니다. 교회가 싫다며 떠나간 교인들을 '가나안' 교인이라고 합니다. 무려 그 숫자가 200만을 넘어서고 있답니다. 그리고 언제 떠날까를 고심하는 사람도 적지 않다고 합니다.

이유는 다양합니다. 교회가 싫다, 목사가 마음에 들지 않는다, 당회가 싫다, 교인들의 이중성이 싫다 등. 거기에 반교회세력과 공격집단의 힘이 가세해 한국교회는 풍랑을 겪고 있습니다.

이즈음에서 집사님과 우리가 함께 져야 할 책임은 어떤 것일까를 생각해보겠습니다.

첫째, 목사의 책임입니다. 교회 목회는 전적으로 목회자의 몫입니다. 목회자의 신앙, 신학, 인격, 삶, 가치관, 처신에 따라 교회는 방향을 정하게 됩니다. 목회는 종합예술이며 균형사역입니다. 그리고 하나님의 교회를 이끄는 신령한 사역입니다. 내 목회, 내 교회라는 생각이 고착되면 욕을 먹고 지탄을 받게 됩니다. 나 때문에 하나님 영광이 가려지는 것은 피해야 합니다.

둘째, 당회와 구성원의 책임입니다. 목회는 목회자의 몫이지만 목회다운 목회가 성립되려면 당회원과 구성원의 긍정적 동역이 이뤄져야 합니다. 양자간의 괴리와 균열이 끊어지면 교회공동체는 무너집니다.

셋째, 안경을 바꾸십시오. 바로 보고 바로 이해하려면 지금 끼고 있는 부정적인 흑색안경을 벗어야 합니다. 그리고 나부터 바로 믿고 바로 사는 삶을 배우고 실천해야 합니다.

교회의 문제는 대부분 잘 믿는다는 사람들의 작품입니다. 교회를 떠나지 마십시오. 집사님 마음에 드는 교회 찾기가 쉽지 않을 테니까요. 아름답고 행복하고 마음에 드는 교회를 만드는 작은 불꽃이 되십시오.

관계

갈등이 있는 교회에서
목회를 시작합니다

Q 2021년부터 교회를 옮겨 목회를 시작합니다. 상처와 갈등이 있는 교회입니다. 어떤 목회를 해야 할까요?

A 교회는 사람들이 모이는 곳이어서 언제 어디나 문제가 있습니다. 그 문제를 어떻게 대처하느냐에 따라 평안을 이룰 수도 있고, 불화가 계속될 수도 있습니다.

제가 충신교회에 처음 부임했을 때 상처와 갈등의 골이 깊어 힘든 상황이었습니다. 이럴 경우 내과적 목회 접근이라야 된다는 판단으로 위로, 격려, 돌봄, 그리고 비전을 제시했습니다. 기도와 성경공부에 주력했고, 설교도 치유에 맞췄습니다. 그리고 치유와 회복이 되기까지 10여 년 오로지 교회만을 지켰습니다. 하나님 은혜로 치유가 이뤄지고 회복이 일어났습니다.

제 경험으로 미루어 몇 가지를 조언하겠습니다.

첫째, 중심을 지키십시오. 갈등과 상처가 있는 교회는 편이 있기 마련입니다. 이 편, 저 편 편들지 말고 치우치지 마십시오. 중심 잡는 일에 최선을 다하십시오.

둘째, 치유와 회복에 힘쓰십시오. 외과적 접근은 시시비비를 따지고 장단점을 논하고 수술을 해야 합니다. 그러나 상처는 건드릴수록 아픕니다. 그래서 싸매고 투약하는 내과적 접근이 필요합니다.

셋째, 진정성을 인정받으십시오. 목회자의 말과 행동, 말씀과 삶이 진실하다, 신뢰할 수 있다는 인정을 받는 게 중요합니다. 시도 때도 없이 야단치면 교인이 주눅 들고, 칭찬만 늘어놓다 보면 진정성을 의심받게 됩니다.

넷째, 설교 준비에 최선을 다하십시오. 교인수가 많을수록 목회자와 교인의 만남이나 개인상담이 어렵습니다. 교인과의 만남과 소통이 가능한 시간은 설교 시간입니다. 제한된 시간이긴 하지만 그 시간을 통해 교인을 만나고 말씀을 나누고 비전을 공유하게 됩니다. 단, 설교는 긍정적이라야 하고, 복음적이라야 합니다.

다섯째, 천천히 확실하게 하십시오. 조급증에 빠져 서두르지 말고 천천히 확실하게 하십시오.

여섯째, 무릎목회로 승부하십시오. 기도의 시간과 부피를 높이십시오. 기도와 영성은 비례하니까요.

관계

서로 하나님의 뜻이라며
기도하고 다툽니다

  서로 하나님의 뜻이라며 기도하고 다툽니다. 그로 인해 교회 내의 분위기가 은혜롭지 못합니다.

예배 시 대표기도자의 기도 얘기시군요.
우선 개인기도와 대표기도의 구분이 필요합니다. 개인기도는 혼자 드리는 기도이기 때문에 시간이나 상황, 내용이나 구성을 고려할 필요가 없습니다. 그러나 대표기도는 시간과 내용, 상황과 구성이 검증되어야 합니다.

예배 대표기도는 그날 드리는 예배자들을 대표해 드리는 것입니다. 대표 기도자 개인의 하소연이나 감정 표현은 피해야 합니다. 하나님의 이름을 높이고 감사와 고백, 간구로 구성되어야 합니다. 기도의 폭을 넓힌다며 세계를 넘나들고, 국가 문제를 논하고, 사회 전반사를 다루다 보면 예배를 위한 기도는 한두 마디로 끝맺게 됩니다.

중요한 것은 예배 대표기도는 국가를 위한 대표기도가 아니라는 점입니다. 물론 국가를 위해 기도하고 사회 현안을 위해 기도해야 하지만 그것 때문에 예배를 드리는 기도가 밀려나면 안 됩니다. 더욱이 대표기도를 통해 다른 사람을 견제하려 든다든지 제압하려는 기회로 삼으려는 것은 바른 기도가 아닙니다. 기도를 들으시고 응답하시는 분은 하나님이십니다. 정돈된 기도를 드려야 하지만 사람을 의식한 지나친 과장이나 수식은 삼가는 게 옳습니다. 대표기도는 작품 낭독이 아니니까요.

사람들이 공감하는 기도보다는 하나님이 응답하시는 기도, 미사여구로 꾸미는 기도보다는 진정성 있는 기도, 입술의 기도보다는 마음으로 드리는 기도라야 합니다.

그리고 하나님의 뜻을 분별하는 척도는 성경입니다. 자신의 주관과 판단을 하나님의 뜻이라고 말하는 것, 그리고 하나님의 뜻이라며 다른 사람을 판단하고 정죄하는 것이야말로 하나님의 뜻이 아닙니다. 하나님은 말씀을 바로 깨닫고 실천하는 삶의 기도를 열납하십니다.

기도가 자기 과시나 다른 사람을 판단하는 도구가 되면 바리새인의 기도가 되고 맙니다. "사람이 귀를 돌려 율법을 듣지 아니하면 그의 기도도 가증하니라"(잠 28:9)는 말씀을 기도하는 사람들은 깊이 새겨야 합니다.

> 관계

동료 찬양대원이 고수익 낸다며 돈 빌려달라고 해요

Q 이사 후 근처 교회에서 성가대로 봉사하고 있습니다. 대원 한 사람이 돈을 빌려 달라, 고수익을 올릴 수 있는 사업이 있다며 접근합니다. 다단계인 듯싶기도 합니다.

A 교회생활 중 경계해야 될 사람들이 있습니다.

첫째, 이단 사이비 집단입니다. 정체를 숨기고 침투합니다. 악성 바이러스와 흡사합니다. 초대교회에도 그런 류의 사람들이 있었습니다. "가만히 들어온 사람 몇이 있음이라…우리 하나님의 은혜를 도리어 방탕한 것으로 바꾸고…우리 주 예수 그리스도를 부인하는 자"(유 1:4)라고 했습니다. 신천지 집단을 예로 들 수 있습니다.

둘째, 고수익 미끼를 던지는 사람입니다. 교인간의 금전거래는 하지 않는 게 좋습니다. 도움이 필요한 사람일 경우 조건 없이 도와주고 상환을 기대하지 않아야 합니다. 꼭 갚겠다, 이자를 주겠다는 약속을 믿지 마십시오. 피치 못할 상황이 거짓말을 만들게 되기 때문입니다.

돈을 빌린 사람은 약속을 지키고 갚아야 합니다. 이 사람, 저 사람에게 돈을 빌리는 것이 습관과 수단이 되면 안 됩니다.

고수익이라는 감언이설에 속지 마십시오.

그 사람이 다단계인 듯싶다면 더욱 경계하십시오. 다단계란 피라미드식 판매방식입니다. 한 사람이 다른 사람을, 그 사람이 다른 사람을 판매원으로 엮어 조직을 만들고 상품을 판매하는 행위입니다. 교회의 경우 다단계 조직의 접근이 쉽습니다. 그 이유는 수시로 모이고 만나기 때문입니다. 다단계 때문에 심각한 내홍을 겪은 교회들이 있습니다. 교회 안에서는 그 어떤 상행위도 용납해선 안 됩니다. 특히 교회 안의 중직자들이 다단계 조직에 관련되면 그 파장을 수습하기 어렵게 됩니다.

돕고 도움 받는 것은 미덕입니다. 그러나 남의 돈을 내 것인 양 빌리고 갚지 않는 행위는 옳지 않습니다. 약속을 지키는 신실성과 올곧은 삶을 이어나가는 진정성이 필요합니다.

관계

작은 교회에서 여친과의 교제에 시선이 곱지 않아요

Q 작은 교회에서 성가대원인 여자친구와 교제하고 있습니다. 주위의 시선이 곱지 않습니다.

A 교회는 친교(코이노니아) 공동체입니다. 그래서 교인간의 교제를 곱지 않은 시선으로 볼 이유가 없습니다. 사도신경도 "성도가 서로 교통하는 것과"라고 고백하고 있습니다. 그러나 작은 교회여서 개인사가 쉽게 노출된다는 것과 건전한 교제인가라는 점이 문제가 될 수 있습니다.

교회 공동체 안에서 이뤄지는 교제는 정상적이라야 하고, 정당해야 하고, 신앙의 틀을 벗어나지 않아야 합니다. 교회 안에서 이뤄지는 교제는 정도와 윤리를 벗어나면 안 됩니다. 이성간의 교제는 결혼을 전제한 교제일 때 정당성이 인정되고 편합니다. 남녀간의 교제가 반드시 공개적이어야 하는 건 아니지만 남모르게 숨겨야 하는 교제라면 문제가 있습니다.

교회 공동체는 모든 교인이 공유하는 신령한 공간입니다. 나만을 위한 공간도, 두 사람만을 위한 공간도 아닙니다. 그래서 덕을 세워야 하고 건전해야 합니다. 정상적 교제라면 숨기거나 감출 필요가 없습니다. 두 사람의 교제가 무르익어 결혼 단계까지 이르면 좋겠습니다. 그렇다고 다른 사람의 눈길을 고려하지 않은 지나친 몸짓은 삼가는 게 좋습니다. 교제는 감정으로 시작할 수 있습니다. 그러나 결혼은 이성적 배려와 판단으로 성사되어야 합니다. 감정에 몰입하다 보면 판단이 흔들릴 수 있기 때문입니다. 결혼은 일회적일 때 가장 바람직하고, 그러기 위해선 세심한 통찰이 필요한 것입니다.

또한 결혼은 두 사람의 결합이면서 사회적 공인 절차이기도 합니다. 결혼식을 하는 것은 두 사람이 사회적 존재이기 때문입니다. 멋지게 교제하십시오. 그러나 교회 안에 파장을 일으키지는 마십시오. 그리스도인으로서의 품위를 지키고 결혼에 이르기를 바랍니다.

관계

계시 받았다며
사돈 맺자는 교우가 있습니다

Q 결혼을 앞둔 딸이 있습니다. 같은 교회 권사님이 계시를 받았다며 자기 아들과 결혼시키자고 합니다. 딸은 반대입니다.

A 최초의 결혼식은 창세기에 기록되어 있습니다. 신랑은 아담, 신부는 하와, 결혼식장은 에덴동산, 주례는 하나님, 주례사는 "남자가 부모를 떠나 그의 아내와 합하여 둘이 한 몸을 이룰지로다"(창 2:24)였습니다. 사람을 남자와 여자로 지으시고 부부가 되게 하신 것입니다.

모든 것은 하나님의 경륜과 섭리 안에서 이뤄집니다. 결혼도 그렇습니다.

하나님은 인간에게 자유의지를 선물로 주셨습니다. 다시 말하면 선택과 결단의 자유를 주신 것입니다. 그 자유의지 안에서 자신의 행동을 결정할 수 있습니다.

결혼의 경우 하나님의 섭리로 이뤄지지만 당사자의 판단과 결정에 의해 성립됩니다. 결혼은 일방적 통보나 가짜 계시로 성립되는 것이 아닙니다. 계시란 특정한 시기에 특정한 사건을 특별한 방법으로 보여주시고 알려주시는 것입니다.

결혼은 계시를 통해 상대를 알려주시는 일방적 통보가 아닙니다.

하나님의 계시라면 당사자들에게도 임해야 하고 양가 부모들에게도 동일한 계시가 전달되어야 합니다. 그런데 당사자도 아닌 한 사람에게만 계시가 임했다는 것은 계시의 신빙성이 없습니다. 망상이거나 거짓 계시일 것입니다. 하나님의 계시라며 강요한다든지 뜻을 거역하면 저주를 받는다며 강박하는 것은 정상적 발상이 아닙니다.

결혼의 우선조건은 신앙과 신뢰입니다. 그리고 건강, 생활력, 비전, 가치관도 고려해야 합니다. 결혼은 사람과 사람, 남자와 여자로 성립되는 것이지, 조건과 조건의 결합이 아닙니다. 조건은 가변차선과 같아서 변할 수 있기 때문입니다.

관계

하나님께 직통계시를 받는다는 지인이 있습니다

Q 제가 아는 교회 권사님은 모 단체에서 훈련받고 성경을 공부했다면서 하나님으로부터 직통계시를 받는다고 합니다. 직통계시를 받기 위해 함께 모임도 갖는다고 합니다. 성경은 옛날 기록이어서 현실성이 없고 그날그날 받는 직통계시로 할 일과 앞으로 될 일, 그리고 다른 사람의 일도 계시받는다고 합니다. 바른 신앙인지요?

A 본 상담란을 통해 비슷한 질문에 답한 일이 있었습니다만, 이 경우는 잘못된 증상이 심한 편이어서 다뤄보겠습니다.

결론부터 말씀드리면 잘못된 신앙입니다. 내가 직접 받는 계시는 유의미하고 성경은 무의미하다는 것은 이단적 발상입니다. 물론 성경 안에는 하나님을 대면한 사람도 있었고 대화를 나눈 사람들이 있었습니다. 그러나 계시의 큰 줄기는 개개인에게 직통으로 임한 것이 아니라 예언자들을 통해 그때 그 사건에 맞는 계시를 주셨습니다.

아브라함이나 모세, 엘리야나 이사야처럼 오늘도 하나님을 직접 대면하고 계시를 받는다고 주장하는 것은 잘못입니다. 성경의 권위는 무시하고 개인적 체험을 강조하는 것은 반성경적 행위여서 용납할 수 없습니다. 그런 운동이 미국이나 한국에서 조직적으로 일어나고 있는 것도 문제입니다. 그들의 운동은 신비주의적이어서 미혹당하기 쉽습니다.

예를 들면 예언, 환청, 영서, 넘어짐, 금니, 금가루, 입신, 방언, 신유체험, 직통계시를 강조하는가 하면 전통적 교회를 비판하고 있습니다. 성경의 계시는 사사로운 개인의 일상사를 다루고 있지 않습니다. 하나님의 계시는 이스라엘 공동체와 교회가 주 대상이었습니다. 성경보다 더 위대한 계시는 없습니다. 그리고 성경을 떠난 소위 계시라는 것은 오류와 위험을 내포하게 됩니다.

그동안 재림, 통일, 전쟁 등 숱한 예언들이 있었지만 모두 허구로 끝났습니다. "주님이 나에게 말씀하셨다"라며 예언을 하는 사람들은 그 예언의 시행자가 악한 영일 수도 있다는 개연성을 살펴야 합니다. 하나님의 예언은 한 치의 오차나 오류 없이 그대로 이뤄졌고 이루어질 것입니다. 성경의 예언을 사사로이 풀면 안 됩니다(벧후 1:20). 교리 증명용이나 신상보호막으로 악용하면 안 됩니다. 함부로 하나님의 이름을 빙자해 예측, 예단, 예상, 예언하는 행위를 중단해야 합니다.

그리고 성경을 도구화하는 것도 삼가야 합니다. "주님이 어젯밤 말씀하셨습니다. 오늘 아무개를 만나라고…" "주님이 그 일을 하라고 직접 지시하셨습니다." 이런 부류의 직통계시자들이 교회공동체 안에 자리하면 영적 혼란과 갈등이 일어납니다. 개인적 체험을 다른 사람이나 교회공동체에 결부시키는 것은 결코 바람직한 일이 아닙니다. 그런 일은 하지도 말고 따라가지도 말아야 합니다.

관계

친구가 약속 시간도, 약속한 일도 지키지 않아요

Q 제 친구는 약속을 지키지 않습니다. 약속시간도 지키지 않고, 약속한 일도 지키지 않습니다. 그런데 이런저런 약속을 많이 합니다.

A 약속이란, 다른 사람과 앞으로 있게 될 일을 미리 정하는 것입니다. 자신과의 약속은 결심 혹은 다짐이라고 합니다. 약속은 상대가 있습니다. 그리고 약속은 지킬 때 유의미합니다. 국가 간, 집단 간, 개인 간의 약속이 있고 크고 작은 약속이 있습니다. 약속을 지키는 것은 그 사람의 인격과 신인도를 드러냅니다. 약속 자체보다 그 약속을 지키는 것이 더 중요합니다. 그 약속이 개인 간의 것이든 자녀와의 것이든 하나님과의 약속이든 지켜야 합니다. 약속을 지키지 않으면 그 사람에 대한 신뢰가 무너집니다.

약속을 지키지 않는 사람의 경우 몇 가지 이유에서입니다. 첫째는, 건망증 때문입니다. 약속을 기억하지 못하고 잃어버리는 경우입니다. 둘째는, 습관 때문입니다. 약속 어기는 게 습관이 되면 면역이 생깁니다. 그래서 약속은 어겨도 되는 줄로 여깁니다. 셋째는, 질병적 원인 때문입니다. 예컨대 치매증상이 깊어지면 기억력이 상실되고 약속을 지키지 못하게 됩니다.

약속을 어기는 사람들에게는 다양한 핑계가 있습니다. 그러나 핑계로 어긴 약속이 되살아나는 것은 아닙니다. 하루의 스케줄이나 약속은 기록해두는 게 좋습니다. 저는 수첩과 휴대폰 두 곳에 스케줄을 적고 입력합니다. 한쪽 기록에 문제가 생기더라도 한쪽 기록은 남아 있어야 하기 때문입니다. 그리고 하루 전과 당일 아침에 스케줄을 확인합니다. 약속을 어기고 미안하다는 한마디 말도 없는 사람, 깜빡 잊어버렸다고 옹색한 변명을 늘어놓는 사람, 이 사람 저 사람에게 약속을 남발하고 없었던 일처럼 태연한 사람들이 있습니다. 약속의 중요성을 깨달아야 할 사람들입니다.

약속에 대한 성경의 교훈도 있습니다.

"사람이 여호와께 서원하였거나 결심하고 서약하였으면 깨뜨리지 말고 그가 입으로 말한 대로 다 이행할 것이니라"(민 30:2).

"서원한 것은 해로울지라도 변하지 아니하며"(시 15:4).

성경은 서원이든 서약이든 지키라고 말씀합니다. 지키지 못할 약속이나 서원은 하지 않는 게 좋습니다. 함부로 약속하지 말고 함부로 어기지 맙시다. 신실하신 하나님과의 관계는 더 신중하고 정직해야 합니다.

목회운영

목회를 선교에 집중하다 보니
부실한 부분이 많다는데

Q 시무장로입니다. 저희 교회는 목회 우선순위가 선교입니다. 예산도 정책도 방향도 선교에 집중되고 있습니다. 그러다 보니 다른 부분들이 부실하고 다른 의견도 있습니다.

A 목회는 마라톤이고 종합예술과 같습니다. 숨가쁘게 단거리를 달리는 것이 아니라 호흡과 속도를 조절하는 마라톤처럼 길게 멀리 달려야 합니다.

자메이카 육상선수 우사인 볼트는 100미터 9.81초의 신기록을 세웠습니다. 하지만 마라톤은 그렇게 달릴 수 없습니다. 심장마비로 쓰러질 테니까요.

오케스트라의 경우 관악, 현악, 타악이 어우러져 최상의 음악을 연주합니다. 다양성과 화음성의 절묘한 조화가 명연주를 만들어냅니다.

목회의 경우도 100미터 달리듯 서두르면 숨차고 지쳐 쓰러집니다. 다양한 예술이 한마당에 어울려 오페라를 만드는 것처럼 목회도 다양성과 균형이 필요합니다. 목회자를 따라 목회 방향과 중심이 바뀔 수 있습니다. 그러나 선교만 한다는 것은 균형목회가 아닙니다. 예배,

선교, 교육, 섬김과 나눔, 성도의 교제 다 필요하고 중요합니다. 선교지향의 목회라 하더라도 균형을 잃지 않아야 합니다. 그 어느 것 하나도 소홀히 해서는 안 되기 때문입니다.

제가 일생동안 주장하고 강조한 목회원칙은 '바른신학 균형목회'입니다. 신학도 조직신학, 주경신학, 실천신학, 선교신학, 목회신학 등 분야가 다양합니다. 한 가지 신학만을 강조하거나 주장하는 것은 바른 신학이 아닙니다. 성령과 말씀, 신학과 교회, 이성과 감성, 신앙과 삶 등이 조화와 균형을 이뤄야 하고 목회현장에 적용되어야 합니다.

선교는 교회에 주신 지상명령이고 반드시 해야 할 사명입니다. 공산권, 회교권, 불교권 등 선교의 문이 닫히거나 좁아지고 있습니다. 10만 명 선교사 파송의 비전을 이룩하려면 교회들이 잠에서 깨어나야 합니다. 교회의 재정축소 때문에 선교참여 교회수가 줄고 있습니다. 한국교회는 선교의 빚을 진 교회입니다. 그 빚을 갚아야 합니다(롬 1:14).

그러나 다른 것은 제외하거나 소홀히 다루고 선교만을 목회의 목표로 삼는 것은 재고되어야 합니다. 서로 다른 의견은 조율하십시오. 선교 때문에 교회가 시끄러워지지 않게 하십시오.

목회운영

교회 행사에 지자체장들 참석이 이어집니다

Q 지방도시에서는 큰 교회입니다. 교회 큰 행사에 도지사, 시장, 국회의원, 구청장 등 지자체장들이 참석했고, 지루한 축사가 이어졌습니다. 대리참석자도 있었고, 기독교인 아닌 단체장들도 있었습니다.

A 교회 행사에 꼭 기독교인만 참석해야 되는 것은 아닙니다. 지역을 위해 일하는 단체장들이 행사에 참석하는 것을 탓할 이유는 없습니다. 오겠다는 사람 막을 필요도 없고, 손님으로 온 사람 푸대접할 필요도 없습니다.

지방자치제 이후 단체장들의 풍속도가 달라졌습니다. 그들은 선거를 위해 교회를 표로 계산합니다. 얼굴을 내밀고 말할 기회를 얻고 자신을 드러내야 합니다.

문제는 교회입니다. 순수한 교회행사에 대통령의 영상을 띄우고, 단체장들이 줄지어 참석하는 것으로 교회의 힘을 과시하고 위상을 높이려는 얄팍한 심사, 거기에 문제가 있습니다. 그네들이 안 오면 교회행사에 그늘이 드리웁니까? 성립이 안 됩니까?

선거철이 다가옵니다. 대부분의 출마자들은 다종교인으로 옷을 갈아입습니다. 교회에 오면 기독교인, 절에 가면 불자, 성균관에 가면 유생, 향우회에 가면 지역토박이, 동창회에 가면 동문, 팔색조로 변합니다. 그 이유는 간단합니다. 표 때문입니다.

교회는 그네들의 장단에 놀아나고 춤추면 안 됩니다. 난세일수록 교회는 순수성을 회복하고 지켜야 합니다. 교회는 정권 주변을 맴돌면 안 됩니다. 아무개가 오기로 했다느니, 아무개가 왔다느니, 아무개가 왔다가 바빠서 갔다느니…. 그게 교회행사와 무슨 상관이 있습니까?

약점이 있으면 풍향계처럼 권력 동향을 살피고 바라봐야 합니다. 그러나 그것은 교회의 타락입니다. 중세교회는 교회의 막강한 힘을 과시하고 행사했습니다. 그럴수록 중세는 암흑화되었습니다. 교회사가들은 그때를 암흑시대라고 일컫습니다.

주일아침 고위 인사가 교회에 오더라도 그는 예배자로 와야 합니다. 예배를 드려야 합니다. 방문객으로 인사차 왔다가 박수나 받고 유유히 자리를 뜨는 것은 안됩니다.

교회행사에 누구나 올 수 있습니다. 그러나 특정인에게 특정 의미를 부여하는 것은 삼가야 합니다.

목회운영

먼저 교인들의 신앙적 요구 살펴보길

Q 큰 교회 부근에서 교회를 개척한 지 5년이 지났습니다. 그런데 나오던 교인들이 큰 교회로 가버립니다.

A 크다, 작다는 것은 인간의 셈법입니다. 성경은 큰 교회, 작은 교회를 구분하지 않습니다. 교회는 그리스도가 세우신 거룩한 공교회이기 때문에 규모나 교인 숫자로 교회다움이 결정되는 것이 아닙니다. 그리고 큰 것은 선하고, 작은 것은 나쁘다는 공식도 없습니다.

교인들이 떠나는 이유를 생각해보셨는지요? 큰 교회를 선택한 사람이나 작은 교회를 선택한 사람들에겐 각각 이유가 있습니다. 그 조건이 충족되지 않을 때 주저하지 않고 교회를 바꾸는 것이 요즘 교인들입니다.

큰 교회의 장점이 있습니다. 각종 편의시설이 갖춰져 있고, 교회학교가 탄탄하고, 개인적 부담도 크지 않습니다. 그러나 개척교회의 경우 대부분 시설과 환경, 교회학교도 열악합니다. 거기다 개인적 부담도 클 수밖에 없습니다.

그럼에도 불구하고 개척교회를 선택한 데는 그럴만한 이유가 있을 것입니다. 큰 교회에서 찾지 못한 것들을 찾고 싶어서일 것입니다.

그런데 그 조건이 충족되지 못할 때 교인은 교회를 쉽게 떠납니다.

먼저 교인들의 신앙적 요구와 바람을 확인해보시기 바랍니다. 어떤 교회, 어떤 행정, 어떤 설교, 어떤 비전을 원하는가, 그 요구에 대한 구체적 응답을 하고 있는가를 점검하십시오.

큰 교회 그늘에 치여 교회가 안 된다, 떠난다는 부정적 암시에서 탈출하십시오.

차별화된 목회를 펴십시오. 교회성장 목회를 포기하지 마시고 나를 위한 교회가 아니라 그리스도가 주인 되시는 목회의 축을 고정하십시오. 큰 교회가 제공하지 못하는 맛깔스런 신령한 꼴을 만들어 제공하십시오.

이전과 달리 교회개척이 어려워졌습니다. 내가 섬길 교회라는 생각도, 헌신도도 낮아져 작은 개척교회를 기피하고 있습니다.

큰 집보다 더 아담하고 행복한 교회를 만드십시오. 작은 교회가 더 좋다는 구호를 외치도록 그런 교회를 세우십시오.

목회자

후임 목사, 신문에 광고할까요, 청빙할까요?

Q 교회 시무장로입니다. 2년 뒤에는 23년 목회하신 목사님이 은퇴하고 후임을 모셔야 합니다. 미리 위원회를 구성하자는 의견이 모아져 위원회를 구성하고 후임 문제를 논의하고 있습니다. 신문에 광고를 하자는 의견과 적임자를 찾아 초빙하자는 의견이 갈리고 있습니다.

A 목회자는 교회를 바른길로 이끌 책임과 교인들의 영적 삶을 올곧게 가르치고 인도할 책임을 져야 하는 지도자입니다. 어느 공동체든 지도자의 인격과 삶, 지도력과 비전을 따라 성장과 발전이 좌우됩니다. 특히 교회는 신령한 공동체여서 목회자의 역량과 지도력을 따라 성장이 좌우되고 전후진이 결정됩니다. 그만큼 담임목사의 자리가 중요합니다.

문제는 후임 모시는 일이 쉽지 않다는 것입니다. 교회의 특성과 정체성에 맞는 분이어야 하고, 23년 목회한 전임자와의 소통도 단절되지 않아야 하고, 교인들의 영적 요구에도 부응하는 후임이라야 합니다. 슈퍼마켓에서 물건 고르듯 할 수는 없지 않습니까?

두 가지 경우를 살펴보겠습니다.

첫째, 신문에 구인광고를 내는 경우

자격기준을 정하고 광고를 하면 접수된 이력서가 쌓일 것입니다. 회사의 CEO를 선임하듯 정해진 절차를 거쳐 심의하고 선발하는 방법인데요. 지원자가 적든 많든 반드시 줄타기, 줄서기가 벌어질 것입니다. 지인이나 친인척을 동원할 것이고 청탁이 개입될 것입니다. 그러다 보면 잡음이 일고 있어선 안 될 균열이 일어나게 됩니다. 내편 네편이 생기고, 내 사람 네 사람으로 편이 갈리면 목회자 선임이 난항을 겪게 됩니다. 2~3년 동안도 결정 못해 어려움을 겪는 교회들이 지금도 있습니다.

둘째, 청빙하는 경우

적임자를 찾아 모시는 것을 청빙이라고 합니다. 이력서는 담임목사가 되기 전까지는 유의미합니다. 그러나 담임목사가 된 그날부터 이력서는 무의미합니다. 화려한 이력이 목회를 책임지는 것이 아니라는 말입니다.

인격과 삶은 주변의 평가를, 지도력과 영적 능력은 목회현장의 실적을, 그리고 선배나 동역자들의 객관적 평가를 종합하고 그 교회에 적합한 영적 지도자로 인정되는 분을 청빙해야 합니다.

순번을 정하고 돌아가며 설교를 하게 하는 것도 아름다운 절차는 아닙니다. 현대목회에서 설교가 차지하는 비중은 큽니다만, 목회란 설교 하나만으로 완성되거나 평가받는 것이 아니라는 점을 유의해야 합니다. 어느 교회는 후임 청빙을 위해 6개월간 연속 기도모임을 갖는가 하면 위임목사는 청빙대상에서 제외하고 부목사나 선교사로 청빙기준을 정한 교회도 있습니다. 그리고 추천을 받은 사람을 청빙위원회가 절차를 거쳐 선임한 교회도 있습니다.

교회 상황에 따라 후임목회자를 모실 수 있습니다만, 저의 의견은 '청빙'이라야 된다고 말씀드립니다.

목회자

목사님이 성탄 장식이
허례허식이라는데 맞나요?

Q 저는 지방에서 교회를 다니다가 사업상 서울로 옮긴 후 친구가 다니는 교회를 출석합니다. 그런데 매주일 목사님 설교가 신학, 인문학, 사회, 정치 이야기로 이어집니다. 성탄 장식도 허례허식이라며 아무 장식도 하지 않고 있습니다.

A 교단마다 신학교가 있고 그 교단의 신학과 정체성을 가르칩니다. 목회자의 목회 입장과 자세는 신학의 영향 때문입니다.

설교는 하나님 말씀의 대언이며 선포입니다. 인문학, 교양, 정치 등 세상 돌아가는 이야기는 들을 곳이 많습니다. 그러나 설교는 누구나 할 수 있는 것이 아니고 아무데서나 들을 수 있는 것이 아닙니다. 교회 강단에서 성경과 복음을 전하지 않고 세상 관심사만을 논하는 것은 강단의 의미와 사명을 외면하는 것입니다.

물론 예언자적 통찰이 필요합니다. 그러나 교회의 메시지는 입장이 명확해야 합니다. 성경을 통해 역사를 보고 세상을 보아야 합니다. 통찰의 안경 역시 복음이라야 합니다.

구약의 경우 예언자들의 추상 같은 질책과 경고는 하나님께로부터 받은 말씀의 대언이었지 예언자 개인의 소리가 아니었습니다. 강단은 하나님의 말씀이 선포되는 곳이라야지 설교자 개인의 강의실이 어선 안 됩니다.

성탄 장식의 경우 허례허식은 대형백화점이나 상가가 앞서고 있습니다. 한때 정부 주도로 연말연시 조용하게 보내기 캠페인을 벌인 일이 있었습니다. 성탄절도 거기 휘말려 캐럴도 장식도 자취를 감추고 교회도 덩달아 고요한 밤을 보낸 적이 있었습니다.

시끄럽게 떠들고 먹고 마시고 놀러가고 밤을 새우고 쇼핑을 즐기는 건 허례허식에 속합니다. 그러나 교회가 예수님 나신 날을 허례허식이라며 밀쳐낸다면 누가 좋아하고 기뻐하겠습니까?

물론 예수님은 단 한번도 생일잔치를 하신 일이 없었고 제자들도 그랬습니다. 크리스마스는 주후 4세기경 동방교회는 12월 25일을, 아르메니아교회는 1월 6일을 성탄절로 기념하기 시작했습니다.

날짜보다 중요한 것은 예수 그리스도의 탄생이 역사적 사건이라는 것과 구주로 오셨다는 것입니다. 기독교 최대의 명절인 성탄절을 허례허식의 울타리 안에 가두지 마십시다. 이 기쁜 소식을 카드에도 담고, 말과 글로 캐럴로 알립시다. 경건하고 뜻깊은 날로 맞이합시다. 빛과 구원으로 오신 아기 예수의 탄생을 기뻐하고, 그 소식을 지구촌 곳곳에 선포합시다. 허례허식으로 몰아세우려는 의도적 시도에 동의하지 맙시다.

목회자

목회자, 교회 자주 옮기는 게 바람직한가요?

Q 저는 장기목회를 주장하고, 다른 친구는 자기발전을 위해 자주 교회를 옮기는 게 좋다고 합니다. 장단점이 무엇일까요?

A 목회지 선택이나 임기는 목회자 마음대로 되는 게 아닙니다. 그리고 자기발전이라는 것은 잦은 이동으로 되는 것이 아닙니다.

목회자의 교회 이동은 있을 수 있습니다. 보다 나은 목회환경이나 불가피한 상황 때문에 교회를 옮길 수 있습니다. 이 경우 목회자의 선택이나 결정이 중요하지만 교회의 결정도 외면하면 안 됩니다.

목회상황의 악화로 떠나라는 사람들과의 싸움은 피하는 게 좋습니다. 교회싸움이란 승부가 없기 때문입니다. 맞서 싸우다 보면 상처가 커지고 교회는 분열되고 교인은 흩어집니다. 그래서 목사는 앉을 때와 일어설 때, 머물 때와 떠날 때를 아는 분별력이 필요합니다.

예전에 비해 목회환경이 거칠어졌습니다. 한 곳에 생명을 쏟겠다는 희생목회 정신이 사라졌습니다. 조건이 좋으면 언제라도 떠나는 목회 풍조도 문제이고, 내 맘에 맞지 않으면 주저 없이 목회자를 바꾸려는 작태들이 벌어지고 있습니다. 목회환경 변화로 목회 리더십이 흔들리고 있습니다. 신뢰 회복이 시급합니다. '언젠가는 떠난다', '언젠가는 내보내야 한다'는 막장윤리가 개선되지 않으면 목회현장은 더 삭막해질 것입니다.

　장기목회가 바람직합니다. 대형교회라야 성공목회라는 편견도 버려야 합니다. 물론 대형교회가 세워지기까지는 하나님의 은혜와 목회자의 생명을 건 희생과 헌신이 있었기 때문입니다. 그러나 모든 교회가 다 대형화될 수는 없습니다. 그렇다면 큰 것 넘겨다보지 말고 오늘 여기에 최선을 다하는 목회 자세를 정립해야 합니다.

　피치 못할 사정으로 교회를 옮길 수도 있습니다. 그런 경우는 발전을 위한 이동이라기보다는 상황변동을 수용하는 것으로 봐야 합니다. 잦은 이동은 오히려 자기발전을 가로막는 장애가 됩니다.

　양도 목자가 자주 바뀌면 성장통을 겪는답니다. 나무도 이식이 잦으면 거목이 못됩니다. 목회란 일관성, 지속성, 진정성이 필요한 사역입니다. 사람을 돌보고 이끄는 사역이기에 가볍게 다뤄서는 안 되고, 목회자가 자주 바뀌는 것도 옳지 않습니다. 목회자와 교인 모두 조급증의 그물에서 벗어나야 합니다. 그리고 상품을 고르고 바꾸듯 교회를 옮기는 것도 목회자를 대하는 자세도 바꿔야 합니다.

목회자

목사님이 설교 후
환우 병명 열거하며 기도해요

Q 제가 다니는 교회 목사님은 예배 때마다 설교 후에 각종 병자들을 위해 기도를 하십니다. 그리고 구체적으로 병명을 열거하며 기도하십니다.

A 기도는 하나님께 드리는 인간의 간구입니다. 기도의 기본은 믿음입니다. 성경말씀을 살펴보겠습니다.

"믿는 자에게는 능히 하지 못할 일이 없느니라"(막 9:23).

"무엇이든지 기도하고 구하는 것은 받은 줄로 믿으라 그리하면 너희에게 그대로 되리라"(막 11:24).

"믿음의 기도는 병든 자를 구원하리니 주께서 그를 일으키시리라"(약 5:15).

세 구절의 강조점은 '믿으라, 기도하라, 주께서 일으키신다'는 것입니다. 절대로 믿어야 절대적 사건이 일어나고 응답이 이뤄집니다. 믿지 못하고 기도하는 것은 무의미합니다. 믿지 못하면서 치유와 회복을 기대하는 것은 잘못입니다. 의심과 믿음은 공존하고 병행합니다. 의심하면 안 되고 믿으면 됩니다. 단 그 믿음은 절대적이라야 하고 전인적이라야 합니다. '될까? 이뤄질까?'라고 의심하면 이뤄지지 않습니다.

 더 중요한 것은 '주께서 일으키신다'는 것입니다. 성경은 철저하게 구원과 치유의 주권이 하나님께 있음을 강조합니다. 신유은사를 받았더라도, 능력을 받았더라도 그 사람이 치료자가 되는 것이 아닙니다. '내가 고친다, 내가 해결한다'는 것은 오만이고 불신앙입니다. 그 누구도 인간의 문제를 해결하지 못합니다. 그 어떤 병원도 의사도 인간의 질병을 다 고치지 못합니다. 현대의학이 가공할 속도로 발전하고 있지만 그럼에도 그것이 전능자가 되거나 해결사가 되는 것은 아닙니다.

 목사님이 시시때때로 고통받고 아파하는 교인들을 위해 기도하는 것은 잘못이 아닙니다. 당연히 목자의 심정으로 기도해야 합니다. 그러나 목사님이 기도한다고 만사가 다 해결되고 만병이 치료되는 것은 아닙니다. 말씀드린 대로 기도의 응답은 하나님께 있기 때문입니다.

 믿음의 정도와 하나님의 긍휼을 따라 문제가 해결되고 질병이 치료될 수도 있고 되지 않을 수도 있습니다. 내가 기도하면 다 된다는 오만은 버려야 합니다. 고치시는 하나님의 은혜가 기도하실 때마다 일어나기를 바랍니다.

> 목회자

담임목사 선교지 방문과 해외 일정이 잦아요

Q 독립교단에 속한 교회 부교역자입니다. 담임목사님은 선교지 방문과 해외 방문이 잦아 교회를 비울 때가 많고 외부강사의 설교가 많습니다.

A 장로교회는 위임목사 제도가 있습니다. 담임목사에게 강단, 행정, 교육 등 목회 전반에 관한 사항을 위임하는 제도입니다. 위임받은 목사는 위임의 본뜻을 지키고 교회를 이끌어야 합니다.

담임목사가 365일 교회만을 지키고 설교한다고 해서 교회가 부흥하고 든든히 서가는 것은 아닙니다. 목회는 종합예술과 같아서 지도력과 통전적 보살핌이 필요합니다. 목회자가 자주 교회를 비우는 것은 바람직하지 않습니다. 교회 일로 자리를 비울 수도 있고, 다른 일로 교회를 비울 수도 있습니다. 목회자가 일주일 내내 여기저기, 이일 저일로 교회를 소홀히 한다면 교회는 허점이 드러나기 시작합니다.

자아 충전과 준비의 시간을 갖기 위해 강단을 비우는 것과 다른 일로 강단을 비우는 것은 전혀 다릅니다. 교회 밖의 일로 분주해지면 설교 준비가 소홀해지고 교회 안에 잡음이 일기 시작합니다. 선교지 방문이나 해외 방문은 필요합니다. 그러나 횟수가 많아지고 기간이 길어지면 불협화음이 나기 시작합니다.

외부 강사를 강단에 세우는 횟수가 많은 것도 바람직하지 않습니다. 때로 필요할 수는 있겠지만 담임목사가 체질에 맞는 음식을 만들어 주는 것이 가장 바람직합니다. 목회에서 설교가 차지하는 비중은 절대적입니다. 설교를 통해 교인을 만나고 훈련하고 소통할 수 있기 때문에 외부강사 초빙이 지나치는 건 피해야 합니다. 대신 담임목사는 설교 준비에 최선을 다해야 합니다.

교인들은 대부분 일주일에 한 차례 설교를 통해 담임목사와 만나고 소통하게 됩니다. 그런데 그날 설교가 교인의 삶과 무관하다면 식당에서 음식 먹지 못하고 떠나는 것과 같을 것입니다.

교회와 강단을 자주 비우는 것, 외부강사가 강단에 서는 것은 극히 제한적이어야 합니다. 내 강단을 남에게 맡길 수는 없지 않습니까? 목회자에게는 교회가 처소이고, 강단이 서야 할 자리입니다.

목회자

대형교회 목회자의 무시 발언에 상처받았어요

Q 교회 개척 10년 차 목회자입니다. 지난해 목회자 세미나에 참석했는데 강사로 나선 대형교회 목회자가 대형교회 목회 사례를 예시하고, 교회 성장 못한 사람들을 질책하는 듯한 강의로 상처받고 돌아왔습니다.

A 저의 목회 경험담을 얘기하겠습니다. 충신교회 목회 시작 당시 교인은 백여 명이었습니다. 교회 성장이 목마르고 큰 교회들이 부러웠습니다. 세미나, 포럼, 강습회, 연수회 등등 교회 성장에 도움 될 만한 곳은 다 쫓아다녔습니다. 강사로 나선 사람들과 성장사례 등 때문에 상처가 컸고, 백여 명 교회에 적용하기엔 공중누각 같았습니다.

그렇다고 외면하고 주저앉으면 되는 게 없습니다. 자료를 검토하고 강의노트를 정리했습니다. 내 것으로 만드는 노력을 거듭했습니다. 다른 교회 주보, 목회계획, 헌금봉투, 전도지 등을 수집하고 내 것으로 재디자인했습니다. 상처라고 하면 상처가 되지만 내성만 키우면 상처는 양약이 되더라고요.

큰 것 앞에 기죽는 사대주의 근성도 작은 것을 얕잡는 열등감도 문제입니다. 목회평가는 큰 교회, 작은 교회로 하는 게 아닙니다. 하나님이 바라시는 목회에 얼마나 근접했느냐로 평가해야 합니다.

다시 말하면 하나님 목회라야지 사람 목회, 내 목회가 되면 의미도 가치도 없습니다.

쉽게 포기하고 상처받지 마십시오. 본래 대형교회는 없습니다. 맨땅에서 일구고 쓴 나물 먹고 일어섰습니다. 물론 큰 교회, 큰 목회라는 이유로 성을 쌓고 담장을 높이는 것은 옳지 않습니다. 모든 목회자들은 하나님께로부터 위임받은 사역에 최선을 다해야 합니다. 소명에 응답하고 사명에 충실해야 합니다.

예전과 달리 교회개척 상황이 어려워졌습니다. 개척목회자의 짐이 더 무거워졌습니다. 그러나 포기하지 마십시오. 물러서지 마십시오. 교회 성장 위해 기도하고 더 많은 곳을 찾아다니십시오. 상처 언어는 귀로 흘리고 도움 되는 이야기들을 가슴에 담으십시오. 그리고 후일 대형교회 목회자가 되더라도 "나는 조심해야겠다"라는 좌우명을 각인해 두십시오.

목회자

교회 개척한 지 30년, 은퇴를 앞두고 있습니다

Q 은퇴를 1년 앞두고 있습니다. 교회를 개척한 지 30년이 지났고 교인은 1천 5백 명 정도 모입니다. 후임도 정했는데 마무리를 어떻게 해야 될까요?

A 목회만으로도 30년은 긴 세월인데 개척 30년이라니 수고 많으셨습니다. 건강하게 은퇴하는 것, 교회가 성장한 것, 탈 없이 후임 청빙한 것, 목회 마무리하게 된 것 모두 다 감사한 일들입니다.

은퇴하시는 목사님, 후임 목사님, 그리고 교회, 셋으로 나눠 답을 드리겠습니다.

첫째, 은퇴하시게 될 목사님께 당부드립니다.

은퇴란 성경에는 없습니다. 교단이 정한 법입니다. 그러나 법은 지켜야 서로가 편안합니다. 내가 개척하고 30년간 혼신의 힘을 쏟아 교회가 성장했습니다. 그런 목회를 내려놓고 후임에게 모든 걸 넘겨야 합니다. 그러나 은퇴자의 평안은 내려놓는 데서 시작됩니다. "내 것이 아니다, 내가 한 게 아니다"라는 쪽으로 생각을 전환해야 합니다.

그리고 버스라고 생각하면 운전기사가 바뀌게 됩니다. 조수석에 앉아 이 소리 저 소리 잔소리를 늘어놓기 시작하면 운전에 문제가 생기고 사고 날 위험도가 높아집니다. 아쉽고 허전하더라도 내려놓아야 하고 원격조종간도 잡지 않는 게 좋습니다.

둘째, 후임 목사님에게 당부드립니다.

30년 성공 목회의 대를 이어 담임목사가 된 것을 감사하십시오. 그리고 원로 목사님의 흔적을 지우려 하지 마십시오. 30년 긴 세월 새기고, 쓰고, 그린 흔적들을 지우려 들지 마십시오. 이유는, 쉽게 지워지지도 않고 없어지지 않기 때문입니다. 얄팍한 지우개로 지우려 들다간 손에 피멍이 들게 됩니다. 노고를 인정하십시오. 지혜로운 전승을 위해 노력하십시오. 스승으로 어른으로 선배로 높이고 인정하십시오. 부담스럽다며 단기에 지우려다가 시험 든 사람들의 이야기를 반면교사로 삼으십시오. 목회는 마라톤이어서 패기, 용기, 추진력만으로 순항하는 것은 아닙니다.

셋째, 교인들에게 당부합니다.

함께 개척에 참여했던 사람들, 동고동락했던 사람들, 기도의 동역자들, 그들 때문에 오늘의 그 교회가 세워졌습니다. 오랜 세월 주고받은 정과 만남을 하루아침에 자르지 마십시오. 그리고 전임자와 후임자를 비교하는 우를 범치 마십시오. 떠나는 분에 대한 예의를 갖추십시오. 한국 사람의 정은 깊습니다. 그 정을 버리지 마십시오. 교회 평화와 안정의 바른길이 무엇인가를 헤아리십시오.

목회자

부목사님, 전도사님도 영적 아버지로 여겨도 되는지요?

Q 담임목사님을 영적 아버지라 생각했습니다. 그런데 부목사님이나 전도사님도 영적 아버지라고 해야 되는지요?

A 나보다 어린 사람을 아버지라고 부르는 것은 옳지 않습니다. 담임목사님이라도 그렇습니다. 영적 지도자, 인도자로 인정하고 존경하는 것은 바람직하지만 영적 아버지라는 용어를 남용하는 것은 피하는 게 좋습니다.

성경의 용례를 보면 하나님을 아버지로 호칭하고 있습니다. 이사야 64장 8절은 "주는 우리 아버지"라고 했고, 예언자도 이 호칭을 애용했습니다. 인간을 지으신 창조주이시기 때문에 아버지라고 부른 것입니다. 예수님도 하나님을 아버지로 호칭했습니다. "하늘에 계신 너희 아버지"(마 5:16)라고 했고, "하늘에 계신 우리 아버지"(마 6:9)라고 했습니다. 바울도 "하나님 우리 아버지"(고전 1:3)라고 했습니다.

하나님이 아버지이신 이유가 있습니다.

"여호와 하나님이 땅의 흙으로 사람을 지으시고"(창 2:7).

"주께서 내 내장을 지으시며 나의 모태에서 나를 만드셨나이다"(시 139:13).

사람을 창조하신 이가 하나님이시기 때문입니다. 스승을 아버지로 호칭하기도 합니다. 엘리사가 스승 엘리야를 "내 아버지여, 내 아버지여"(왕하 2:12)라고 불렀습니다. 바울은 디모데를 아들이라 불렀습니다. "믿음 안에서 참 아들 된 디모데에게 편지하노니"(딤전 1:2), "아들 디모데야"(딤전 1:18), "사랑하는 아들 디모데에게"(딤후 1:2), "내 아들아"라고 했습니다(딤후 2:1).

바울과 디모데는 혈연관계는 아니지만 예수 그리스도 안에서 아버지와 아들이 된 것입니다. 디모데도 바울을 신앙의 아버지로 사랑하고 존경했을 것입니다.

그러나 누구에게나 영적 아버지 호칭을 사용하는 것은 삼가는 게 옳습니다. 영적 스승인 목회자를 얕잡고 함부로 대하는 것도 바람직하지 않습니다. 목회자를 존경하지 못하면 신앙이 자라기 어렵습니다. 목회자와 교인은 신뢰, 존경, 사랑의 관계가 이뤄져야 합니다.

목회자

목회자 예배, 기도회 때 남방 차림 안 되나요?

Q 저는 목회자인데 땀을 많이 흘립니다. 매일 정장으로 예배와 기도회를 인도하는데 땀 때문에 현기증이 일어납니다. 남방 차림은 안 될까요?

A 옷의 시작은 아담과 하와의 타락 이후부터입니다. 그들의 벌거벗은 치부를 가리기 위해 무화과 잎으로 만든 치마를 만들었고, 하나님은 가죽옷을 만들어 입혀 주셨습니다(창 3:7, 21).

대부분의 주경가들은 가죽옷은 세상 죄를 지고 가신 어린양 예수의 그림자로 보고 있습니다. 구약시대 제사장들은 하나님이 제정하신 예복을 입어야 했습니다. 출애굽기 28장에 의하면 제사장의 옷은 "거룩한 옷을 지어 영화롭고 아름답게 할지니"라고 했고, "지혜로운 영으로 채운 자들이 그 옷을 지으라"고 했습니다. 그리고 "속바지를 만들어 하체를 가리게 하라"고 했습니다. 거룩한 옷이어서 아무렇게나 지을 수 없었습니다.

제사장은 제사 집례를 맡은 사람입니다. 그래서 일상생활도 성별이 되어야 하고 의복도 성별된 옷이라야 했습니다. 가톨릭의 경우는 사제 복장이 정해져 있습니다. 사제의 차별성을 강조하기 위해서입니다.

그러나 개혁자들의 경우 말씀과 성례전을 중요시하고 예전이나 복장은 자유로운 입장을 취했습니다.

한국교회의 경우 가운 착용이 일반화되기 시작한 것은 70년대 들어서부터입니다. 그리고 기도자나 성가대가 가운을 착의하기 시작한 것은 훨씬 후입니다.

설교자의 경우 가운 착용은 설교자 자신을 가리고 말씀만 선포되어야 한다는 의미를 담고 있습니다. 설교자의 복장이나 차림, 그리고 불필요한 기교가 설교를 가리게 될 때가 있습니다. 제사장이 거룩성을 지키기 위해 제사장 옷을 입었던 것처럼 말씀 선포자는 거룩성과 정중함을 지켜야 합니다. 물론 가운이 거룩을 결정하는 것은 아닙니다.

단정한 남방을 선별해 입도록 하십시오. 정장은 거룩하고, 남방 차림은 속된 것은 아닙니다. 그러나 회중과의 소통을 위한다며 티셔츠에 청바지, 반바지로 멋 부리는 것은 바람직하지 않습니다. 가운 착의나 정장 차림이 아니더라도 경건성과 적합성은 고려해야 합니다. 무덥고 땀 흘리는 상황이 부담스러워지면 안 됩니다. 예배는 태도도 중요하니까요.

목회자

목회자 수염 놓고 성도들 의견이 분분합니다

Q 저는 50대 목회자인데, 수염을 기르고 있습니다. 그런데 교인들 사이에 찬반이 갈리고 있습니다.

A 수염은 남성 호르몬 때문에 성인 남성의 입가, 턱, 뺨에 나는 털을 말합니다. 고대사회에서는 부와 권력의 상징이어서 귀족들만 수염을 길렀습니다. 성경은 나실인일 경우 머리에 삭도를 대지 말라고 했습니다(삿 13:5).

수염 때문에 벌어진 전쟁기사도 있습니다. 암몬 왕 나하스가 죽자 다윗이 조문사절을 보냈습니다. 그러나 암몬 방백들은 침략의 기회를 엿보러 온 정탐꾼으로 몰아세웠고, 암몬 왕 하눈은 사절의 수염을 깎고 의복을 볼기 중간까지 자른 뒤 돌려보냈습니다. 분노한 다윗은 군사를 동원해 공격하고 대승을 거둡니다(대상 19장). 폭력으로 타인의 수염을 자른 것은 모독과 도발이었고, 전쟁의 원인이 된 것입니다.

목회자는 수염을 기르면 안 된다는 규정은 없습니다. 그러나 왜 기르는가에 대한 설명과 설득은 필요합니다. 교인들의 찬반의견이 나뉘고 있기 때문입니다.

목회 현장은 수많은 문제가 수시로 돌출하고 그에 대한 해답을 줘야 합니다. 자칫 잘못하면 단순한 문제가 얽히고 꼬여 어려워질 수도 있습니다. 목사님 수염 멋지다는 의견과 안 어울린다는 의견이 충돌하게 된다면 목회에 득보다 실이 커집니다.

목회자는 공인입니다. 언행도 옷차림도 몸가짐도 책무가 뒤따릅니다. 내가 좋아하고 내가 원하고 내 멋대로가 통제되고 유보되어야 할 때가 많습니다. 유행에 뒤처져도 그렇다고 앞장서도 안 되는 게 목회자의 자리입니다. 거슬러 올라가면 목사가 성의(가운)를 착용하기 시작한 것도 차별성 때문이었습니다.

수염 기르는 이유를 교인들에게 설명하십시오. 그리고 설득하십시오. 수염이 목회에 도움이 되는가를 숙고하십시오. 목회자는 언제나 나보다는 교회가 우선이라야 하고, 교회보다는 예수 그리스도가 우선이라야 합니다. 수염으로부터 자유하십시오.

> 목회자

사모가 전면에 나서야 하나요?

Q 중도시에 있는 교회 담임목사님의 아내입니다. 전면에 나서길 원하는 의견과 나서지 않기를 원하는 의견이 나뉘고 있습니다. 그리고 사모라는 호칭이 맞는 건지요?

A 사모란 스승이나 존경하는 윗사람의 아내에 대한 존칭입니다. 일반적으로 목회자의 아내의 경우도 나이를 떠나 사모님이라고 호칭합니다. 그러나 자신을 사모님이라고 자칭하거나 목회자가 자기 아내를 사모님이라고 호칭하는 것은 옳지 않습니다.

한국교회의 경우 사모의 자리는 애매합니다. 사역이 정해진 것도 아니고 특정 직임의 위임도 아니기 때문입니다. 내조자인가 하면 교인들의 기대나 요구도 많고 기대치가 높습니다. 교인들의 입에 오르내리는가 하면 평가도 분분합니다.

적극적으로 나서야 할 경우가 있습니다. 미자립교회이거나 개척교회여서 일할 사람이 없을 경우 나설 수밖에 없습니다. 하나에서 열까지 사모의 전문성과는 상관없이 살피고 관여해야 합니다. 그러다 보면 피로증후군에 시달려야 하고 정신적 스트레스로 고통을 겪어야 합니다. 그럼에도 사모는 때마다 그 자리에 있어야 합니다.

나서지 않아야 할 경우도 있습니다. 일할 교인이 넉넉한 경우라면 굳이 앞에 나서지 않아도 됩니다. 목회 내조자, 동행자, 동반자의 자리를 지키면 됩니다. 그렇게 하면 사모가 너무 설친다는 평을 듣지 않아도 됩니다.

사역 전면에 나서지 않더라도 할 일은 많습니다. 그 일에 최선을 다하면 됩니다.

목회를 위임 받은 것은 목회자입니다. 그러나 목회란 홀로 서기가 아닙니다. 가족이 함께 걸어가야 합니다. 성패에 대한 책임은 목회자가 져야 하지만, 내조와 동역 여하를 따라 성패가 결정되기 때문에 사모의 역할이 소중합니다.

사모를 대하는 교인들의 자세도 달라져야 합니다. "사모님이니까", "사모님이 그러면 안 되지", "숨죽이고 살아야지"라는 등의 강박은 옳지 않습니다.

'사모' 부담스런 호칭입니다. 그러나 보람되고 가치 있고 의미 있는 삶의 자리입니다. 감사하며 사역하십시오.

> 목회자

설교 시간에 메타버스·인공지능 언급하십니다

Q 목사님이 설교 시간에 인공지능과 메타버스를 자주 언급하고 성경원어를 자주 인용하십니다.

A 인공지능이나 메타버스는 현대인의 삶과 미래에 직결되어 있기 때문에 외면할 수 없습니다.

성경의 경우 히브리어와 헬라어로 기록했기 때문에 원문 이해를 위해 원어를 인용하게 됩니다. 하지만 설교의 경우는 전제가 필요합니다. 그것은 대상 이해, 전달, 소통, 공감, 결단의 과정입니다. 대상이 유치부일 때는 그들의 언어로, 청년부일 때는 그들의 눈높이에 맞는 설교가 되어야 합니다.

대상이 누군가를 이해해야 소통의 장이 마련되고 소통이 성립되면 공감과 결단이 이뤄지게 됩니다. 알아듣지 못하는 설교, 전달되지 않는 설교는 난해한 설교이거나 대상 이해에 실패한 설교일 것입니다.

메타버스는 신조어입니다. 초월을 뜻하는 메타와 우주를 의미하는 유니버스의 합성어입니다. 가상 혹은 초월 공간으로 번역하고 있습니다. 전문가들도 메타버스에 대한 정확한 정의나 미래를 논하는 단계에 있습니다. '메타버스란 무엇인가, 어디까지 와 있는가, 신학적 해석은 어떻게 내려야 하는가, 목회적 대응과 적용은 어떻게 해야 하는가'에 대한 구체적 논의와 연구가 필요합니다.

그러나 서투르게 가상공간을 설교에서 언급한다든지 지레 겁먹을 필요는 없습니다. 그 이유는 간단합니다. 예수 그리스도의 복음은 시대, 인종, 계층, 공간을 초월하기 때문입니다. 2천 년 전에도 그 복음이었고, 지금도 그 복음, 그리고 2천 년 후에도 그 복음 그대로입니다.

과학의 질주는 메타버스로 끝나지 않을 것입니다. 머잖아 인간은 과학의 노예가 될 것이고 비참한 파국을 맞게 될 것입니다.

설교 시간에 다른 얘기 하지 말고 예수 이야기 합시다. 복음을 전합시다.

목회자

설교 시간에 유행가 부르는 목사님, 괜찮나요?

Q 대중가요를 악보 없이 30곡 이상 부를 수 있다는 목사님을 만났습니다. 그리고 가끔 설교 시간에 유행가를 부르면 교인들이 좋아한답니다.

A 그 목사님 기억력과 암보력이 대단하십니다. 그런데 찬송가는 몇 곡 정도 보지 않고 부를 수 있는지 궁금합니다.

목사님이 성경 50장을 암송한다든지 찬송가 50곡을 악보 없이 부를 수 있다면 박수를 보낼 일이지만, 세상 노래를 많이 부를 수 있고 설교 시간에도 부른다는 것은 자랑거리일 순 없습니다.

대중가요는 사람의 감성을 자극하는 노래들이고 사람을 위한 노래들입니다. 그러나 찬송은 하나님을 찬양하고 하나님의 뜻을 사람에게 알리고 전하는 내용을 담고 있습니다. 구성과 내용이 전혀 다릅니다.

대중가요도 때와 장소에 맞게 불러야 하지만, 찬송의 경우는 함부로 구분 없이 아무렇게나 부르는 것은 옳지 않습니다.

교회는 노래방도 가요무대도 아닙니다. 더구나 설교시간에 대중가요를 부르는 것은 예배원론에 맞지 않습니다. 예배시간에 부르는 찬송 횟수는 4~5회 정도이고 설교 시간은 30분 내외입니다. 예배 시간도 제한적이어서 짧고 아쉽습니다. 예배 시간에 부를 수 있는 찬송은 6백 곡이 넘습니다. 거기다 복음성가도 수백 곡입니다. 이런 상황에서 왜 유행가를 불러야 합니까?

설교의 도입이나 진행을 위해 유행가 한 소절 정도 가사를 인용할 수는 있을 것입니다. 하지만 목사님이 대중가요 30곡 가창을 자랑하고 설교 시간에도 부르는 것은 그만두는 게 옳습니다.

교인들이 목사님의 설교를 통해 은혜를 받아야지 유행가 열창을 좋아한다는 것은 정상적 신앙 태도가 아닙니다. 목사님의 노래보다는 말씀 선포를 통해 은혜받고 결단으로 이어져야 합니다. 하나님을 찬양합시다.

선교

일본은 교회 교파 적은데
왜 한국교회는 많은지요?

Q 일본에서 공부한 후 국내 지방대학에서 일어를 가르치고 있습니다. 일본 기독교는 교파가 많지 않은데 왜 우리나라는 교파가 많은지요? 그리고 한국 기독교는 왜 하나가 되지 못하는지요?

A 일본 기독교는 1549년 예수회 선교사 프랜시스 사비에르가 일본에 상륙한 이후 오늘에 이르기까지 470여 년이 지났지만 교인 수는 0.5퍼센트를 넘지 못하고 있습니다. 몇 가지 이유가 있습니다.

첫째, 전통종교인 신사의 영향 때문입니다. 신사란 자연숭배에서 시작된 것으로 일본 전역에 10만 개 정도의 신사 사원이 있습니다. 둘째, 다신 신앙 때문입니다. 일본 사람들은 8백만 개의 귀신을 섬긴다고 합니다. 그들은 유일신이신 하나님도 8백만 신 중의 하나로 취급합니다. 셋째, 일본 기독교의 미온적 접근 때문입니다. 영혼 구원, 교회 성장에 별 관심이 없습니다. 넷째, 선교대상 설정의 잘못 때문입니다. 일본 초기 기독교는 선교대상을 상류 지식계층으로 삼았습니다. 다수 대중, 민초들을 외면했습니다. 0.5퍼센트 안팎의 교세인 일본 기독교로서는 교파나 교단 분열의 여력도 의미도 없습니다.

거기에 비해 우리네 사정은 전혀 다릅니다. 선교 124주년이 지난 현재, 한국 기독교인 수는 1천만 명을 넘어섰습니다. 급성장에 비례해 문제도 급증하고 있습니다. 그 가운데 하나가 교파가 많고 교단이 분열하는 것입니다.

교파 분열에는 몇 가지 이유가 있습니다.

첫째, 신학 때문입니다. 대부분 한국교회 신학자들은 외래신학의 영향을 받고 있습니다. 미국, 독일, 영국, 네덜란드 등 외래신학이 한국 신학을 견인했습니다. 그런데 그네들의 신학적 입장에 금이 가고 양분되는 상황이 벌어지면 곧바로 그 영향이 한국으로 전이됐고, 신학적 입장차를 내세워 교파가 분열되곤 했습니다. 지금 한국교회는 유아기를 벗어나 세계교회에 영향력을 미치고 있습니다. 한국적 바른 신학을 정립해 세계 신학을 이끌어가야 합니다.

둘째, 교권 때문입니다. 교권이란 욕심이 낳은 기형아입니다. 중세 기독교는 교권이 국가권력을 지배했습니다. 그것이 기독교 타락의 단초가 된 것입니다. 권력욕에 앞장섰던 사람들은 하나같이 무너졌고 추종자들도 공멸했습니다. 자리를 지키고 그 자리를 빌미로 득을 취하려는 사람들 때문에 교파가 갈라지고 공동체가 아파하고 있습니다. 그리고 사유화의 탐욕이 교단을 분열시키고 교파를 양산하고 있습니다.

교단은 건강한 교회 지도자와 관리를 위해 필요합니다. 그러나 교단이 교회보다 상위에 있는 것은 아닙니다. 교단정치는 필요하지만 세속적 정치논리와 방법으로 접근하면 안 됩니다. 교회는 거룩하고 신령한 공동체입니다. 그래서 교회정치는 정도를 벗어나면 안 됩니다. 교단은 울타리이지 상왕이 되면 안 됩니다. 교단도 교회도 성경으로 돌아가야 합니다. 교회정치를 업으로 삼고 올인하는 사람도 성경으로 돌아가야 합니다.

선교

단기선교에 대한 부정적 여론이 있습니다

Q 단기선교에 대한 당회원의 의견이 엇갈려 기다리다가 8월 말 청년들 20여 명이 동남아로 떠납니다. 단기선교는 선교가 아니다, 돈만 들어간다는 의견과 필요하다, 의미 있다는 의견이 엇갈리고 있습니다.

A 선교란 미전도 종족, 다른 민족에게 복음을 전하는 것입니다.
그렇게 본다면 기간이 문제될 수는 없습니다. 10년이라야 선교가 성립되고, 10일은 선교가 아니라고 말하는 것은 옳지 않습니다. 기간의 문제가 아니고 선교의 접근과 자세가 문제입니다.

단기선교는 순기능과 역기능을 안고 있습니다. 순기능은 선교 현장을 직접 방문할 수 있다는 것과 장기선교의 동기를 찾을 수 있다는 것, 그리고 선교사들의 사역을 도울 수 있다는 것입니다.

그러나 역기능도 만만치 않습니다. 이곳저곳 선교지를 탐방하는 여행성 단기선교라면 득보다 실이 많습니다. 단기선교라는 용어를 비전트립으로 바꾸자는 것도 그런 이유들 때문입니다.

단기선교의 경우 철저한 준비가 선행되어야 합니다. '어디로 갈 것인가?' '뭘 하러 가는가?' '어떻게 할 것인가?'에 대한 철저한 사전조사와 준비가 필요합니다. 단기선교라면 목표와 준비가 선교 때문이라야 합니다. 교회와 선교팀들의 기도 준비가 필요합니다. 현지 상황에 대한 이해와 현지 선교사들과의 소통과 공감, 동역이 필요합니다.

현지 선교사들과는 전혀 교감도 소통도 없이 단기선교팀이 다녀간 뒤 현지 선교사들이 겪는 부작용을 고려해야 합니다. 어떤 선교사는 대형교회 선교팀이 다녀간 뒤 "자기네끼리 휘젓고 돈 뿌리고 가버렸습니다 그들이 떠난 뒤 현지 선교사들은 허탈감에 빠져야 했습니다" 라고 밝혔습니다.

단기선교를 부정적으로 이해하거나 막을 필요는 없습니다. 젊은이들에게 선교의 비전을 심을 수 있는 기회이기 때문입니다. 언더우드, 아펜젤러, 알렌, 스크랜턴 선교사들 모두 20대 청년들이었습니다.

한국교회 선교열이 식어가고 있습니다. 교회들과 선교단체는 선교열정의 불을 지피고 선교한국의 비전을 키워나가야 합니다. 어떤 이유로든 선교를 막거나 방해하지 않아야 합니다.

선교

한·일 갈등으로 일본 선교 어려워요

Q 저는 일본에서 21년차 선교사로 사역 중입니다. 한국인과 일본인을 합해 90여 명 모이는 교회를 섬기고 있는데, 최근 일본인들이 교회를 떠납니다. 이유는 한일관계 때문이랍니다. 어떻게 해야 할까요?

A 일본은 국력에 비해 선교 여건이 열악한 나라입니다. 기독교 인구가 1퍼센트 미만인 나라인데다 그들의 전통종교가 강세를 떨치고 있습니다.

선교현장 도처에서 한국선교가 도전받고 있습니다. 아랍권은 호전적인 회교가, 중국은 폐쇄적 종교정책 때문에 선교사들이 선교현장을 떠나고 있습니다. 북한의 경우 공개적 선교는 전혀 불가능합니다. 북한의 특수상황을 이해하고 지혜로운 접근이 필요합니다. 북한의 지하교인을 만났는데 그 숫자가 얼마라는 등의 언급이나 보도는 북한선교에 전혀 도움이 되지 않습니다. 도움은커녕 위해의 원인을 제공하게 됩니다.

선교가 어려운 곳일수록 선교현장을 노출시키는 것은 삼가야 합니다. 어디를 다녀왔다, 누구를 만났다, 어떤 일을 했다는 식의 영웅심도 바람직하지 않습니다. 선교현장 상황을 살피고 보호하는 예지가 필요합니다.

한일관계는 결코 쉽지 않습니다. 그리고 장기화될 가능성이 큽니다. 국민감정이 맞서고, 갈등이 장기화될수록 일본선교는 험로를 걷게 될 것입니다.

일본사람들 가운데는 과거를 반성하고 사죄하는 양심세력도 있고 얼굴 두꺼운 사람들도 많습니다. 일본은 지난날 기독교를 박해한 전력을 가지고 있습니다. 그리고 소수이지만 일본 기독교인들도 존재합니다.

한일관계의 정상화를 위해, 일본 기독교의 시대적 사명 수행과 성장을 위해, 그리고 그네들의 영혼 구원을 위해, 선교의 통로를 위해 기도해야 합니다. 이런저런 이유로 한국교회의 선교열이 식어가고, 세계 도처에서 선교의 문이 좁아지고 있습니다. 가뜩이나 어려운 일본선교가 더 어려워지지 않도록 하나님의 섭리를 위해 기도합시다. 그리고 열악한 선교현장에서 마음 졸이며 사역하는 일본 선교사들을 지켜주시고 동역해 주시기를 기도드립니다.

포기하지 마시고 선교현장을 지키고 최선을 다하십시오. 기도로 동역하겠습니다.

> 선교

북한·중국 선교에 대해 여과 없이 말해요

 선교 현지 사정 때문에 선교 현장을 떠나 있습니다. 북한이나 중국 현지 이야기를 여과 없이 하는 사람들이 있습니다. 전혀 도움이 되지 않습니다.

다녀온 사람도 있고, 건너짚고 얘기하는 사람이 있습니다.

지도자는 말을 아껴야 합니다. 제 사무실에는 삼사일언(三思一言)이라는 족자가 걸려 있습니다. 세 번 생각하고 한 번 말하라는 뜻입니다. 고상한 말만 골라 할 순 없지만 "말이 많으면 허물을 면하기 어려우나 그 입술을 제어하는 자는 지혜가 있느니라"(잠 10:19)는 말씀을 되새겨야 합니다. 하고 있는 말이 진실인가 유익한가를 살핀 후 말해야 합니다.

여전히 불교권, 회교권, 공산권은 선교가 어렵습니다. 그래서 선교사들의 처신이 조심스럽고 위기감을 안은 채 선교사역을 수행하고 있습니다. 회교권의 경우 한국을 적성 국가로 치부하고 있습니다. 그 이유는 자기네 권역에 한국 선교사들을 파송하고 있다는 이유에서 입니다. 중국의 경우도 다양한 접근으로 선교활동을 하고 있지만 살얼음판을 걷는 것과 같습니다. 그리고 법적하자를 이유로 선교사들이 현장을 떠나고 있습니다. 북한은 생명을 걸어야 합니다.

그런 상황에서 현지 선교사들과의 소통도 없는 단기선교, 선교지 방문, 거기다 한국에 돌아와 마치 선교지를 숙달이라도 한 듯 현지 상황을 여과 없이 말하고 글 쓰고 광포하는 것은 선교현장에는 전혀 도움이 되지 않습니다.

선교 현지 상황을 공언하는 것은 선교 현장을 노출시키는 결과를 만들기 때문에 삼가 조심해야 합니다. "누구를 만났다, 어디 가니까 어떻게 모이고 있더라, 몇 명이 모이더라." 이런 얘기들이 선교현장에 어떤 유익이 되겠습니까? 잘못하면 자기자랑이나 공명심 충족의 도구는 될 수 있을지 몰라도 현지상황에는 바람직하지 않습니다.

차제에 단기선교에 대해서도 권하고픈 게 있습니다. 비전 트립이라고도 합니다만, 단기선교 자체는 장려해야 합니다. 문제는 관리입니다. 수십 명, 수백 명으로 구성된 팀이 시위를 하고 떠나면 현지선교사들은 허탈감에 빠진다는 게 이구동성입니다. 중장기 선교사 못지않게 철저한 준비와 진행이 필요합니다. 현지 선교사들과의 정보소통과 공유, 그리고 동역이 꼭 필요합니다.

설교

설교자의 반말, 은어 괜찮은지요?

Q 국민일보 상담코너 애독자입니다. 교회에서는 안수집사로 섬기고 있습니다. 설교자의 언어 사용이 궁금합니다. "예수님께서 그렇게 말씀하셨다고 하는 겁니다" "하나님께서 주관하신다고 하는 겁니다" "그렇게 생각되어집니다" "그렇게 보여집니다" 그 외에도 반말이나 은어도 사용합니다. 괜찮은지요?

A 국어를 바로 알고 바로 쓰는 일은 결코 쉽지 않습니다. 설교는 공공장소에서 공개적으로 이뤄지는 선포이며 표현이기 때문에, 그리고 신령한 사건을 인간의 언어로 표현하는 것이어서 더 어렵습니다.

그렇다고 아무렇게나 가리지 않고 설교를 하는 것은 삼가야 합니다. 설교는 바른 말, 고운 말, 맞는 말로 구성되고 전달해야 합니다. 솔직히 말하면 우리나라 설교자들 가운데 백 퍼센트 표준어를 구사하고 문법에 맞는 설교 문장을 담아내는 사람은 거의 찾기 힘들 것입니다. 이 답변을 적고 있는 저도 예외가 아니니까요

그러나 설교자가 약어, 비어, 속어, 은어를 가리지 않고 사용하는 것은 잘못입니다. 요즘 청소년들을 국어 이방인들이라고 합니다. 그네들이 주고받는 일상용어나 문자메시지는 그들만의 은어, 준말, 속

어를 통용하고 있습니다. 그래서 기성세대와의 소통이 어렵습니다.

그러나 설교자는 그러면 안 됩니다. 강단 용어는 정제된 언어라야 합니다. 청중이 알아듣기 힘든 사투리나 거북스런 속어, 문장 구성 등 인정하기 어려운 어휘 선택은 삼가는 게 옳습니다.

"했다는 겁니다" "생각되어집니다" "보여집니다"라는 것은 애매모호한 표현입니다. "했다고 합니다" "했습니다" "생각합니다" "보입니다"라고 표현해야 합니다. 설교자는 언제나 선포자로서 사건과 사물을 보고 해석하고 판단하고 결단해야 합니다. 다른 사람의 글이나 말을 인용할 수 있습니다. 그러나 매사를 제3자의 입장에서 바라보는 것처럼 "했다는 겁니다" "보여집니다" "생각되어집니다"라고 한다면 누가 그 말에 설득당하고 동의하겠습니까? 남의 말이나 남의 글을 인용하더라도 "나는 이렇게 생각한다, 이렇게 본다"라는 단호한 자세로 마무리해야 합니다.

그리고 청중이 알아듣지 못하는 외래어, 히브리어, 헬라어, 라틴어, 영어 등 사용을 남발하는 것도 삼가야 합니다. 원문해석이 필요할 때가 있지만, 설교를 듣는 교인들 가운데 헬라어나 히브리어를 알아듣는 사람은 없습니다. 정규신학을 공부한 사람이라면 예외입니다. 그런 표현이 자기과시를 위해서라면 더욱더 삼가는 게 좋습니다.

강단 언어는 건전성, 명료성, 정확성, 윤리성, 진실성의 여과장치를 거치는 게 좋습니다. 바른 말을 골라 설교하는 게 어렵다는 점도 기억해 주십시오.

설교

설교시간에 '아멘' 강요하고,
안 하면 '믿음 없다'고 야단쳐요

Q 제가 다니는 교회는 목사님 설교시간에 '아멘'을 강요합니다. 한마디 끝날 때마다 아멘을 해야 하고 안 하는 사람은 믿음이 없다고 야단칩니다.

A 구약의 경우 '아멘'은 '돌보다', '진실하다', '신뢰할 만하다'라는 동사에서 유래했고, 회당에서 찬송이나 기도 후에 아멘으로 화답했습니다(대상 16:36). 그리고 '할렐루야'로 하나님을 찬양한 후 백성들은 '아멘' 하라고 했습니다(시 106:48).

신약의 경우는 예수님 자신이 말씀하시면서 '아멘 아멘'(진실로 진실로)이라는 용어를 사용하셨고(마 5:18; 요 1:51), 초대교회는 기도와 찬송과 축복 후에 '아멘'을 사용했습니다(유 1:24~25; 계 1:6). 그리고 어린 양 예수 앞에 네 생물과 장로들이 경배하며 아멘을 고백했습니다(계 5:14).

중요한 것은 예수 그리스도의 호칭으로 아멘이 사용됐다는 것입니다. "아멘이시요 충성되고 참된 증인이시요 하나님의 창조의 근본이신 이가 이르시되"(계 3:14). 라오디게아 교회에 보낸 편지 속에서 예수 그리스도를 아멘이시라고 했습니다. 그 뜻은 아멘이신 분이라는 것입니다. 이사야 65장 16절에서는 "진리의 하나님"(그 이름이 아멘이신 하나님)이라고 했습니다. 성경에 사용된 '아멘'은 거룩한 용어이고 화답과 고백을 담은 용어들입니다.

아멘을 안 하는 것도, 그렇다고 함부로 남용하는 것도 문제가 됩니다. 기도 후에, 찬송 후에, 말씀 중간이나 끝난 후 아멘으로 화답하는 것은 믿음의 표현이기 때문에 장려하고 활성화해야 합니다. 그러나 강요된 아멘, 관습화된 아멘, 분별없는 아멘은 삼가야 합니다.

"오늘 날씨 좋으신 줄로 믿으시기 바랍니다." "여러분 은혜받고 얼굴이 해처럼 빛납니다"에 아멘 할 필요가 없습니다. 아멘을 수없이 도출해야 설교자의 권위가 선다고 여긴다면 그건 잘못입니다. 하나님 말씀의 선포에 동의하고 결단하는 신중한 자세로 아멘 해야 합니다. 사람의 말 말미에 아멘 하는 것은 아멘의 본래 뜻과는 상관이 없습니다. 할렐루야나 아멘은 그리스도인의 증빙언어입니다. 그러나 때와 장소에 맞게 아멘 해야 합니다. 조련된 입술의 아멘보다는 마음 깊은 곳에서 우러난 아멘이 바른 아멘입니다.

아멘을 거부하지 맙시다. 그러나 남용하지도 맙시다.

설교

설교단이 있는 강단 활용, 어떻게 해야 하나요?

Q 신학교 재학 중인 사람입니다. 설교단이 있는 강단은 지성소여서 아무나 올라갈 수 없다는 교회도 있고 극장 무대처럼 다목적으로 활용하는 교회도 있습니다. 어느 편이 맞는지요?

A 구약의 성전 즉 솔로몬이 건축한 성전은 현재 존재하지 않습니다. 이스라엘 사람들의 열망은 옛 성전터에 성전을 복원하는 것이지만 그곳은 아랍 점령지역으로 회교사원이 자리 잡고 있습니다. 그 지역에는 이스라엘 사람들은 얼씬거리지도 못합니다. 지성소란 성전 구조에서 가장 거룩한 곳으로 대제사장이 일 년 한 차례 대속죄일에 들어가 속죄를 위한 제사를 드리던 처소였습니다.

엄밀한 의미에서 현재 교회건물은 구약의 성전이 아닙니다. 예수 그리스도의 희생으로 속죄를 완성했기 때문에 속죄의 제사를 드렸던 지성소는 그 용도가 폐기된 것입니다. 그 상징적 사건이 예수님이 십자가에서 숨을 거두실 때 지성소 휘장이 찢어진 것입니다(마 27:51).

그렇다고 하나님을 예배하는 예배 공간이 극장무대, 공연장, 문화 공간 구별 없이 활용되는 것은 옳지 않습니다. 예배 공간은 예배를 위해 구분되어야 합니다. 천문학적인 돈으로 건축한 교회건물이 주일예배 한 차례만으로 활용되고 6일 동안은 불이 꺼져 있는 것은 잘 못입니다. 그 용도를 연구하고 활용성을 높여야 합니다. 그런 면에서 교회건물은 설계를 재검토해야 합니다. 선교교육 봉사를 위한 다목적 공간으로 365일 교회 문을 열 수 있는 효용성을 찾아야 합니다. 강단은 지성소니까 아무나 오를 수 없다는 논리는 맞지 않습니다. 반대로 아무렇게나 활용해도 상관없다는 논리도 옳지 않습니다.

그보다 더 중요한 것은 성전의 개념 정리입니다. 고린도전서 3장 6~17절은 "너희가 하나님의 성전이라"고 했고, "하나님의 성령이 너희 안에 계신다"고 했습니다. 그리고 "누구든지 하나님의 성전을 더럽히면 하나님이 그 사람을 멸하시리라"고 했습니다. 화려한 건물보다 삶의 성전 그 거룩성을 지키는 것이 더 중요합니다. 성령님이 거하시는 성전은 더럽히고 건물만 치장하는 것은 바람직하지 않습니다.

설교

왜 설교에 목숨을 걸어야 하나요?

Q 저는 부목사입니다. 설교에 목숨을 건다는 글을 읽었습니다. 왜 목숨을 걸어야 하는지요?

A 구약시대 설교는 예언이었습니다. 예언자들의 예언 대상은 이스라엘 남북왕조와 서슬 퍼런 집권세력들이었습니다. 그리고 흥망성쇠에 관한 예언들이어서 목숨을 내놓아야 했습니다. 당시 주변 국가들에 관한 예언도 포함되어 있었지만 주된 대상은 선민이었습니다.

상황 따라 예언의 내용을 가감하는 사람은 거짓예언자이거나 생명의 위협을 피하려는 사람들이었습니다. 대부분의 예언은 경고, 심판, 위로, 회복으로 구성되어 있습니다. 이사야의 경우도 추상같은 경고와 심판을 예언하는가 하면 메시아를 통한 구원과 회복을 예언하고 있습니다. 그리고 대부분의 예언자들은 예언 때문에 핍박을 받았고 생명을 내놓아야 했습니다.

신약시대도 예외가 아닙니다. 예수님 자신도 율법주의자들과 교권주의자들로부터 박해를 받으셨고 결국 십자가를 지셨습니다. 그 이후 스데반, 베드로, 바울, 그리고 사도들이 줄지어 순교의 잔을 마셨습니다.

설교는 하나님의 말씀을 전하는 것입니다. 상황(컨텍스트) 이해가 필요하지만 그렇다고 상황과 영합하다 보면 설교가 중심을 잃게 됩니다. 요즘 강단이 복 받아라, 성공해라, 번영해라 쪽으로 기우는 것도 설교 대상을 지나치게 고려하기 때문입니다.

설교에 목숨을 건다는 것은 설교하다가 죽겠다는 뜻이라기보다는 설교에 대한 무한책임을 지겠다는 뜻입니다. 설교자는 설교 준비와 선포하는 메시지에 대한 책임을 져야 합니다. 나는 못 믿지만 너는 믿어라, 나는 그렇게 못하지만 너는 하라가 되면 안 됩니다. 늘 자신을 향한 설교가 되어야 합니다. 예를 들면 '회개하라'가 아니라 '회개합니다'가 되어야 합니다.

설교는 신학 강의나 인문학 강의가 아닙니다. 살아 계신 하나님의 말씀을 대언하는 것입니다. 그러니까 전하는 사람이나 듣는 사람은 경청하고 공감하고 결단해야 합니다. 설교가 언어의 유희나 각색된 쇼로 끝나면 안 되니까요.

설교

출석 교회 목사님 설교가 너무 길어요

Q 제가 다니는 교회 목사님 설교가 너무 길어서 교인들이 좋아하지 않습니다.

A 설교는 하나님의 말씀인 성경의 재해석이며 선포입니다. 누구나 설교할 수 있고 누구나 설교해서는 안 되는 양면성을 가지고 있습니다.

구약의 예언자들은 "여호와의 말씀을 들으라"고 했습니다. 그 시대와 사람들에게 주시는 하나님의 말씀을 가감 없이 선포했습니다. 다시 말하면 예언의 내용이나 길이를 예언자 맘대로 정하지 않았습니다.

설교 역시 길이가 문제되지 않습니다. 때와 장소에 따라 내용과 길이는 변할 수 있기 때문입니다.

먼저 설교 듣는 자세를 말씀드리겠습니다.

첫째, 하나님의 말씀으로 받으십시오. 오늘 나에게 주시는 하나님의 말씀으로 수용해야 합니다. 계시록 10장 10절에 의하면, "두루마리를 갖다 먹어 버리니 내 입에는 꿀같이 다나 먹은 후에 내 배에서는 쓰게 되더라"고 했습니다. 쓰든 달든 하나님의 말씀은 가리면 안 됩니다. 그리고 '좋다, 나쁘다'로 구별하는 것도 삼가야 합니다.

둘째, 비교하지 마십시오. TV나 라디오는 24시간 내로라하는 목회자들의 설교를 내보내고 있습니다. 그 설교들을 비교 평가하고 순위를 매기지 마십시오.

셋째, 실천하십시오. 내 집 음식은 타박하고, 외식을 즐기다 보면 영양의 불균형으로 득될 게 없습니다. 넘쳐나는 설교들에도 불구하고 삶의 변화가 없는 것은 기현상입니다. 허약한 설교 속에도 실천해야 할 메시지는 있기 마련입니다.

설교자들에게 부탁합니다.

첫째, 기도로 말씀을 깊이 연구하십시오.

둘째, 내 소리 하지 말고 대언자가 되십시오. 설교자는 설교의 주인이 아닙니다. 자기를 드러내려 하지 마십시오.

셋째, 상황과 대상 이해에 유연하십시오. 상황과 대상을 따라 내용과 길이를 조율하십시오.

넷째, 진정성 있는, 그래서 아멘으로 화답할 수 있는 설교를 준비하십시오. 그래야 설교를 듣는 사람들이 건강한 그리스도인이 될 수 있기 때문입니다.

> 설교

설교에 히브리어, 헬라어를
자주 혼용해요

Q 제가 다니는 교회 목사님은 신학대학 교수이셨습니다. 설교시간에 히브리어, 헬라어, 라틴어, 영어를 자주 혼용하십니다.

A 국제화시대에 여러 나라 말을 능통하게 구사하는 것은 바람직한 일입니다. 신학의 경우도 깊이 있게 연구하려면 히브리어, 헬라어, 라틴어, 독어, 영어 등 원전을 읽고 이해할수록 좋습니다.

그러나 누구나 그것이 가능하진 않습니다. 성경은 히브리어와 헬라어 고전어로 기록했기 때문에 신학 전공자들도 완벽한 이해는 쉽지 않습니다.

성경의 깊은 뜻을 해석하고 설명하기 위해 원어를 사용할 수 있습니다. 그러나 우리말로 해설하는 것은 알아듣겠지만 원어를 듣고 이해하는 교인은 거의 없을 것입니다. 특별한 경우 외엔 한국말로 의미를 전달하는 게 좋습니다.

설교자의 어학 수준이나 실력을 과시하기 위해서라면 삼가는 게 옳습니다. 설교에서 중요한 것은 전달과 소통입니다. 일방통행식 설교는 전달도 소통도 되지 않습니다. 설교는 하나님 말씀의 선포라야지 자신을 과시하고 드러내는 행위여선 안 됩니다. 꼭 필요할 때 원문의 뜻을 옮기거나 해석하기 위해 원어를 구사할 수 있습니다. 단, 일상화하는 것은 피해야 합니다.

설교는 설교자를 위한 사건이 아니고, 듣는 사람을 위한 선포입니다. 도를 넘는 자기과시나 설교자의 감정이입은 삼가야 합니다.

바울은 "내가 너희를 젖으로 먹이고 밥으로 아니하였노니 이는 너희가 감당하지 못하였음이거니와 지금도 못하리라"(고전 3:2)고 했습니다. 바울의 수준에 맞춘 게 아니라 교인의 수준에 맞춰 말씀을 가르치고 전했다는 것입니다.

알아듣고 이해하고 결단하는 설교가 모든 설교자들의 바람이어야 합니다. 이런 결단이 설교 현장마다 일어날 수 있길 기도합니다.

예배

교회 외부강사, 간증자 초청이 너무 잦습니다

Q 저는 대학 전임강사로 일하고 있습니다. 저희 교회는 간증집회가 많습니다. 주일오후예배, 금요저녁집회는 거의 외부강사나 간증자들을 초청합니다. 간증들도 각양각색이어서 거부감이 드는 강사들도 있고 간증도 있습니다. 제 믿음이 작기 때문일까요?

A 간증이란 내가 겪은 신앙체험을 다른 사람들에게 말하고 알리는 것입니다. 교회의 간증은 듣는 사람들의 숫자가 많고 다양한 계층의 사람들이 대상이기 때문에 반드시 지켜야 할 윤리가 뒤따라야 합니다.

첫째, 사실이라야 합니다. '죽었다가 살아났다, 천국을 보고 왔다, 하나님을 만났다'는 등 비성경적이고 확인되지 않은 간증들이 있습니다. 그릇된 간증일수록 채색이 화려하고 과대포장을 하게 됩니다. 간증 전문가가 되면 날조된 간증을 하게 되고 그 수위가 점점 높아집니다. 그래서 신중한 검증이 필요합니다. 그런 사람들은 대부분 자기자랑이나 자기과시에 열을 올립니다. 사실에 근거한 간증이더라도 40년이나 50년이 지난 간증이라면 현실성이 떨어집니다.

둘째, 유익해야 합니다. 자신은 물론 교회공동체에 유익을 줘야 합니다. 교회의 공공성과 신앙을 해치는 간증은 하지도, 듣지도, 청하지도 않아야 합니다. 간증은 할 수 있습니다. 그러나 유익 없는 간증은 듣는 사람들의 신앙에 도움이 되지 않습니다. 교회 강단은 성경 말씀과 복음이 선포되어야 합니다. 그런데 개인의 간증 횟수가 지나치다 보면 강단의 본질이 허술해지게 됩니다. 특정인의 간증보다는 나 자신의 간증이 더 소중합니다. 내가 겪었던 사건, 삶의 현장에서 일어난 변화, 그런 것들이 유익하고 산 간증입니다.

외래강사 초빙의 경우 어느 교회나 있는 일입니다. 그러나 빈도 조절이 필요합니다. 외래강사의 설교는 음식으로 말하면 외식과 같습니다. 담임목사가 만든 영양가 높은 가정식 식단이라면 외식에 기대를 걸 필요가 없습니다. 담임목사만큼 교인들의 기호와 식성을 잘 아는 사람은 없습니다.

외식이 잦다 보면 습관이 되는 경우가 있습니다. 가뜩이나 TV 설교방영 때문에 안방에서 매일 수십 차례 설교를 시청할 수 있는데 교회에서도 외래강사가 시간시간을 채운다면 교인들은 자기도 모르게 면역에 빠질 것입니다.

만일 설교자가 식단을 잘못 만들어 입맛에 맞지 않는다면 외식 편향이 일어나게 될 것입니다. 간증은 신중하게, 외래강사는 빈도 조절이 필요합니다.

예배

송구영신예배 때
말씀 뽑기 기복적이라는데…

Q 저희 교회는 해마다 송구영신예배 때 성경구절 카드를 만들어 교인들이 뽑아 갖도록 합니다. 그런데 모 신학교 교수는 그런 행위는 기복적이고 주술적 행위라며 하지 않는 것이 좋다고 했습니다. 어떻게 해야 할까요?

A 신학교 교수의 말은 개인적 사견일 뿐 정답이 아닙니다. 성경 안에는 성경구절로 카드를 만들어 연초에 나눠주라는 구절도 없고, 하지 말라는 구절도 없습니다.

신명기 6장 8절은 "너는 또 그것을 네 손목에 매어 기호를 삼으며 네 미간에 붙여 표로 삼고"라고 했습니다. 하나님의 백성들에게 "말씀을 지키라, 그대로 행하라, 가르치라, 가까이 두라"는 뜻으로 주신 말씀으로 '쉐마'라고도 합니다.

성경구절 카드가 쉐마 구실을 한다는 뜻은 아닙니다. 제 경험을 이야기하겠습니다. 새해를 맞는 교인들을 축복하고픈 마음으로 송구영신예배가 끝나면 곧바로 가정별로 축복하는 기도를 했습니다. 아침 6시까지 가족들이 기도 차례를 기다리는 모습은 감동적이었습니다. 그것이 기복이나 주술 행위일까요? 아닙니다. 기복신앙이란 복이 목적이 되는 경우이고, 복을 신앙의 결과로 받아들이는 것은 기복신앙도 주술행위도 아닙니다.

교인수가 많아지면서 가족을 위한 기도가 어려워졌습니다. 생각 끝에 말씀 카드를 만들어 나눠주기로 했습니다. 은혜롭고 오래 간직하고 새겨야 할 구절들을 뽑아 예쁜 카드를 만들었습니다. 그리고 한 장씩 나눠주었습니다. 그 카드를 성경책 갈피에 넣고, 읽고 암송하고 묵상하는 모습들이 너무나 아름다웠습니다.

그 카드를 받은 교인들이 카드에 적힌 구절 때문에 운수대통 한다든지 부자가 된다든지 출세하리라는 생각을 품는 사람은 단 한 사람도 없었습니다. 주술은 최면을 걸고 허황된 기대를 갖도록 잘못 이끄는 미신적 행위입니다. 성경구절 카드를 나누고 간직하고 암송하는 행위가 왜 주술적 행위가 됩니까?

다시 말씀드리지만 복을 신앙의 목적으로 삼는 것은 잘못입니다. 그렇게 가르쳐도 안 되고 이해해도 안 됩니다. 내가 받은 복 가운데 최상, 최고의 복은 '구원'입니다. 구원의 복 하나만으로도 우리는 일평생 감사가 모자랍니다. 성경 안에는 바로 믿고 바로 살았기 때문에 복 받은 사람들의 이야기가 있고, 바른 신앙을 지키다 순교의 피를 흘린 사람들의 이야기도 있습니다. 복 받는 것만 강조하는 것도, 희생과 포기, 순교만을 강조하는 것도 옳지 않습니다. 바른 신앙을 위해서는 균형과 조화가 필요합니다.

예배

장례예배, 입관예배가 우상숭배인가요?

Q 저의 아버지께서 소천하셨습니다. 교회의 위로와 보살핌이 감사했습니다. 그런데 어떤 목사님의 설교 중에 장례예배, 입관예배, 발인예배는 우상숭배라고 하셨습니다. 왜 우상숭배가 되는지 궁금하고 바른 모범을 알고 싶습니다.

A '예배'의 사전적 의미는 '섬기다, 경배하다, 최상의 가치를 돌려드리다'입니다. 예배의 대상은 창조주이시고 살아 계신 하나님이십니다. 타종교에도 예배 행위가 있습니다. 그들의 예배 대상은 사람이 만든 신이거나 교주이거나 사물입니다. 그러나 기독교의 예배 대상은 경배와 찬양, 높임과 존귀를 받으시기에 합당하신 하나님입니다. 사람도 사상도 조직도 건물도 예배 대상일 수 없습니다.

구약시대의 경우 예배는 제사였습니다. 정해진 제사법에 따라 하나님께 제사를 드렸습니다. 단 한 번도 사람을 제사 대상으로 정한 일이 없었습니다. 번제, 소제, 속죄제, 속건제, 화목제 등 제물과 제사법은 다르지만 제사의 대상은 하나님입니다.

이스라엘 백성들이 예루살렘에 성전을 건축한 후 세월이 지나면서 저들의 제사가 형식화되기 시작했고, 하나님은 예언자들을 통해 그들의 형식화된 제사를 책망하셨습니다(사 1:11~13; 미 6:7). 솔로몬 성전은 주전 587년 외침으로 무너졌습니다. 이런 일들은 우리에게 바른 예배를 교훈하고 있습니다.

질문하신 내용의 요점은 용어의 문제인 것 같습니다. 그동안 목회자나 교회들이 생각 없이 사용했던 예배 용례들을 살펴보면 결혼예배, 장례예배, 회갑예배, 학위취득예배, 개업예배 등입니다. 문법대로라면 결혼이나 장례 같은 행사가 예배의 대상이 됩니다. 말씀드린 대로 사람도 행사도 그 어떤 것도 예배의 대상이 될 수 없습니다. 용어와 표현을 바꾸어 결혼예식, 장례예식, 개업이나 축하할 행사들은 감사예배로 용어를 바꾸고 하나님께 감사하는 예배를 드리면 됩니다.

결혼예식의 경우는 결혼 당사자, 가족들, 하객들, 주례자 모두가 함께 기뻐하고 축복하는 예식입니다. 분위기나 주례자의 예식 진행과 주례사는 축하와 격려로 진행되어야 합니다.

그러나 장례식의 경우는 위로가 필요한 예식입니다. 집례자의 태도 언어표현, 분위기가 장례식에 걸맞도록 해야 합니다. 조문하는 사람들도 절도와 예절을 지켜야 합니다. 죽은 사람을 신격화한다든지 예배 대상으로 설정한다면 그것은 우상숭배입니다. 죽은 사람을 신으로 떠받든다든지 숭배하는 것은 성경이 금하는 우상숭배입니다. 예를 들면 일본의 신사참배나 북한의 동상숭배 등입니다.

미흡한 용어 선택 때문이라면 우상숭배라기보다는 개선해야 할 부분이라고 봅니다. 일상용어도 바른 말을 사용해야 하지만 교회의 공적 용어들, 예배에 사용되는 용어들을 바로잡고 바로 쓰는 게 필요합니다. 바로 알고 바로 믿고 바로 쓰고 바로 살고가 중요합니다.

예배

예배는 꼭 다니는 교회에서만 드려야 하나요?

Q 예배는 꼭 자기 교회에서만 드려야 하는지요? 그리고 교회를 정하고 다녀야 하는지요?

A 이런저런 이유로 교회를 나가지 않는 것보다 어느 교회든 나가는 것이 좋습니다. 단, 교회 선택은 신중해야 합니다. 교회 아닌 교회도 있고 교회 간판을 내건 사이비 집단도 있으니까요. 여행이나 출장 중일 경우는 가까운 교회를 찾아가 예배를 드리는 것도 무방합니다. 그 경우도 선별이 필요합니다.

그러나 교회를 정하지 않고 이곳저곳을 순방하는 것은 바람직하지 않습니다. 성장하는 신앙인이 되려면 한 곳에 뿌리내리고 신앙을 키워나가야 합니다. 자주 옮기는 나무는 결코 거목 되는 게 불가능한 이치와 같습니다.

교회를 정하지 못하는 사람들의 이유는 대부분 마음에 드는 교회가 없다로 집약됩니다. 그런 면에서라면 교회의 책임도 큽니다. 주님을 위한 교회라야 하고 공교회라야 하는데 특정인이나 특정집단의 교회로 변형된다면 주님도 교인도 떠나게 됩니다.

교회는 주님 교회, 우리 교회, 내 교회라는 세 기둥을 든든히 세워야 합니다. 그리고 건물이 교회가 아니라 사람들이 교회라는 바른 교회론도 정립해야 합니다. 교회를 세우신 주인은 사람이 아닙니다. 사람이 주인 자리에 올라서면 거기는 교회가 아닙니다.

교회를 정하십시오. 그리고 바른 교인이 되십시오. 교인 한 사람 한 사람이 바른 신앙과 삶을 지키는 교인이 될 때 바른 교회가 존립하게 됩니다. 건물, 제도, 법, 행정기구는 교회를 세우고 섬기기 위한 방편이지 교회 자체는 아닙니다. 그런 것들 때문에 상처받거나 실망하지 마십시오. 그리고 내가 어떤 교인이 되는가에 따라 이상적 교회의 성립이 가능해진다는 것을 기억하십시오.

유럽 교회의 경우 예배자는 없고 관광객만 드나드는 모습을 보면서 그 책임의 소재를 생각하곤 합니다. 교회건물이 관광코스로 유명세를 타는 것보다는 옳고 바른 교회의 모습을 구현하는 것이 정도입니다.

정한 교회에서 예배드리고 섬기십시오. 교회의 규모에 연연하지 마십시오. 정한 교회를 섬기는 일꾼이 되고 어둠을 밝히는 불씨가 되십시오. 주님과 함께 교회와 함께하십시오.

예배

5월이면 가정문제 강의로
예배를 대신해요

Q 저희 교회는 가정의 달인 5월만 되면 전문강사를 초청해 저녁예배 시간마다 가정문제에 관한 강의를 듣습니다. 그런데 대부분의 강의는 TV나 인터넷에서 흔히 듣고 볼 수 있는 내용들입니다 그런 강의로 예배를 대신 해도 되는지요?

A 가정의 중요성은 재론의 여지가 없습니다. 건강한 가정이라야 건강한 가정과 국가를 세울 수 있습니다.

가정의 출발은 창세기 1장 27절입니다. "하나님이 자기 형상 곧 하나님의 형상대로 사람을 창조하시되 남자와 여자로 창조하시고"라고 했고, "그의 아내와 합하여 둘이 한 몸을 이룰지로다"라고 했습니다(창 2:24). 둘이 한 몸이 되라! 바로 이것이 부부와 가정 성립의 근본입니다.

남자와 남자, 여자와 여자가 한 몸을 이룰 수 있다는 것은 비성경적 발상입니다.

바울은 에베소교회에 보낸 편지에서 남편과 아내가 한 몸을 이루는 데 필요한 조건을 열거하고 있습니다. 그것은 "복종하라, 존경하라, 사랑하라, 깨끗하라"(엡 5:22~33)로 요약됩니다.

최초의 가정이 파괴된 것은 뱀의 유혹 때문이었습니다(창 3장).

현대 가정은 온갖 유혹에 노출되어 있습니다. 건강한 가정 회복을 위한 설교와 목회 프로그램이 중요합니다. 하지만 5월만 가족 문제가 중요시 된다든지 연중행사로 그친다면 별 의미가 없습니다. 가정은 구성원인 가족들의 쉼터, 요람, 둥지입니다. 그토록 소중한 가족 문제가 연례행사로 끝날 수는 없지 않습니까?

기독교인 가정은 그리스도를 모신 가정이라야 합니다. 우리네 마음에 그리스도를 모셔야 하는 것처럼 가정에도 모셔야 합니다.

교회의 가정문제 접근은 상식선을 넘어서야 합니다. TV, 라디오, 신문, 잡지, 인터넷을 통해 얼마든지 접할 수 있는 이야기들을 교회가 반복할 필요는 없습니다. 가정의 중요성이나 회복의 첩경은 성경에서 찾아야 합니다. 그리고 어떻게 실천할 것인가, 삶 속에 어떻게 적용할 것인가를 구체적으로 다뤄야 합니다.

우리네 약점은 많이 듣고 보고 배우는 데 반해 실천이 허약하고 서툴다는 것입니다. 건강한 가정의 회복은 가정을 만드신 하나님께로 온전히 돌아갈 때 성립됩니다.

예배

철야기도회 안 나가면
믿음 없다고 비난해요

Q 저는 새벽까지 일하는 직장에 다닙니다. 그런데 새벽기도회, 금요 철야기도회에 안 나오면 믿음 없다고 비판하고 야단칩니다. 교회 나가기가 싫습니다.

A '믿음이 있다, 없다'라는 사람의 평가는 정확하지 않습니다. 나의 믿음의 여부를 가장 잘 아는 사람은 나 자신입니다. 그리고 하나님만 내 믿음의 진위와 함량을 아십니다.

믿음이란 눈으로 볼 수 있는 사물이 아니기 때문에 '있다 없다, 크다 작다'로 비판하는 것은 바람직하지 않습니다. 바울은 "너희가 믿음에 있는가 너 자신을 확증하라"고 했습니다. 너 자신의 믿음을 점검해 보라는 뜻입니다.

물론 믿음은 행위로 드러나기 때문에 그 사람의 교회생활, 가정생활, 사회생활을 통해 가늠할 수는 있습니다. 그러나 교회출석 잘하는 것만으로 믿음 여부를 평가하고 속단하는 것은 잘못입니다. 우리는 너나없이 야단맞을 일이 많은 사람들입니다. 우리가 두려워할 것은 하나님으로부터 야단맞는 일이 없어야 한다는 것입니다.

새벽기도, 철야기도, 예배출석, 교회봉사를 할 수 있는 여건을 주시라고 기도하십시오. 다른 사람의 판단이나 비평에 흔들리지 마십시오. 어떤 경우라도 교회 나가기 싫다는 말을 함부로 하지 마십시오. "어떤 일이 있더라도 예수님은 떠나지 않겠습니다. 아무리 힘들어도 교회는 나가겠습니다"라고 기도하고 고백하십시오.

예수님은 "내 아버지께서 이제까지 일하시니 나도 일한다"고 하셨습니다(요 5:17). 교회도 일터도 하나님이 허락하신 사역 현장입니다. 자신의 신앙성장과 관리를 위해 새벽기도와 철야기도는 매우 유익합니다. 그러나 새벽기도나 철야기도가 믿음을 재는 척도는 아닙니다. 예수님은 바리새인과 서기관들의 위선을 책망하셨습니다(마 23:27~28). 걸핏하면 다른 사람을 비판하고 폄론하는 사람들, 말로 상처 주는 사람들, 자기 신앙의 저울로 다른 사람을 저울질하는 사람들 모두는 언행을 삼가는 게 좋습니다.

야간근무를 마치고 새벽 3시에 집에 돌아온 사람더러 새벽기도에 나오라고 다그치기보다는 그를 위로하고 격려하는 것이 주님의 마음입니다.

예배

유아실 예배 너무 시끄러워 집중이 안 됩니다

Q 5살 된 아이를 양육하고 있습니다. 유아실에서 예배드리는데 아이들이 울고 떠들어서 예배가 되지 않습니다.

A 자녀 교육은 태교에서부터 시작됩니다. 임산부는 태아를 위해 생각, 생활, 음식, 언행을 삼가야 합니다. 토마스 바니가 쓴 책《태아는 알고 있다》에서 저자는, 엄마의 감정이 태아의 성격 형성에 영향을 미치고 모든 정보를 공유한다면서, 복중에 있는 기간 동안 성격이 형성되고 학습도 가능하다고 했습니다. 그 이유는 간단합니다. 태아도 생명체이기 때문입니다.

독일의 임산부들은 태아에게 하이든, 모차르트, 베토벤, 브람스 등의 음악을 들려준다고 합니다. 태아의 성격 형성에 좋은 영향을 줄 수 있다고 믿기 때문입니다. 그런 면에서 모태 신앙교육의 중요성이 제기됩니다.

마리아가 엘리사벳을 방문했습니다. 마리아도 엘리사벳도 임신 중이었습니다. 마리아가 문안을 할 때 엘리사벳 복중의 아이가 뛰놀았습니다. 태중의 아이는 세례 요한이었습니다(눅 1:41, 44). 주경가들은 성령의 감동으로 나타난 태동이었다고 말합니다.

태교 신앙교육도, 출생 이후의 영유아 교육도 소중합니다. 그 시기는 감수성이 예민하고 순수한 기간입니다. 그리는 대로, 심는 대로 되는 시기입니다. 그런 면에서 영유아의 신앙교육은 중요합니다.

교회 여건이 허락된다면 영아부와 유아부를 만들고 체계적이고 단계적인 신앙 교육을 실시하는 게 좋습니다. 또한 주간 아기학교를 만들어 바른 성장과 발달을 위한 신앙교육 프로그램을 만들고 운영하는 것도 바람직합니다. 형편상 유아실을 운영할 경우 울고 떠들더라도 예배드리는 모습을 보게 하고 듣게 하는 것이 좋습니다. 아이들에게 물이 스며들듯 예배가 각인되기 때문입니다.

태교 영유아 교육은 인생을 결정짓는 출발점입니다. 신앙의 사람이 되게 하는 요람입니다. 교회는 최대한 영유아 교육을 위한 배려가 필요하고, 태교학교나 아기학교 등을 운영하는 것도 바람직합니다. 전인적 성장발달은 영유아 때부터 시작되는 것이니까요.

예배

강아지 품에 안고
예배드리는 초신자가 있어요

Q 예배드리러 올 때마다 강아지를 데리고 오는 초신자가 있습니다. 품에 안은 채 예배를 드리는데 강아지가 예배에 방해를 주는 건 아닙니다.

A 하나님을 예배하고 찬양과 경배, 감사와 기도를 드리는 것은 사람만 가능합니다. 이는 인간의 의무이기도 합니다. 애완견은 주인과 함께 왔을 뿐 예배자는 아닙니다. 다행인 것은 예배를 방해하지 않는다는 것입니다.

애완견을 키우는 사람들의 정성과 애정은 남다릅니다. 애완견과 관계된 다양한 사업들도 성업 중입니다. 강아지 유치원, 카페, 호텔, 미용실, 병원, 묘지, 보험 등 각종 사업이 확장 중에 있습니다. 우리나라 애완견 인구도 1천만 명을 넘어서고 있다고 합니다. 비용도 만만치 않습니다. 애완용품도 다양하고 고가입니다.

강아지를 교회에 데려오는 이유가 있을 것입니다. 맡길 곳이 없어서일 수도 있고, 강아지 사랑이 지극하기 때문일 수도 있습니다. 해외여행이나 외출도 함께하는 사람들이 있고 집안에서도 함께 생활합니다. 그런 초신자에게 강아지는 교회 오는 게 아니다, 사람만 오라고 한다면 그 사람은 강아지 때문에 상처받고 교회를 안 나오게 될 것입니다.

본인이 예배의 의미를 이해할 때까지 놔두는 게 좋습니다. 주인은 예배를 드리고 강아지는 주인을 따라온 것이니 나쁠 이유는 없습니다. 단, 강아지가 예배시간에 뛰어다닌다든지, 짖어댄다면 주인도 생각이 달라질 것입니다.

애완용 강아지는 주인 가는 곳이면 어디나 동행합니다. 그렇다고 강아지가 찬송하고 기도하고 경배드리는 예배자가 되는 것은 아닙니다. 교회가 강아지 유치원이나 카페를 개설할 수는 없지 않습니까?

시간이 필요합니다. 기다리십시오. 새신자가 그리스도를 주님으로 영접하고, 거듭나도록 양육하십시오. 사소한 일로 상처나 부담을 주지 마십시오. 언젠가는 새신자가 스스로 결단하게 될 것이고 바른 예배자가 될 것입니다. 강아지가 주인 따라 예배당에 온다는 것은 흔한 일은 아닙니다.

예배

집에서 온라인 예배를 계속 드려도 될까요?

Q 코로나19 때문에 집에서 인터넷으로 예배를 드렸습니다. 앞으로도 집에서 예배를 드려도 되는지요?

A 이런저런 이유를 내세워 예배를 드리지 않는 것보다는 어떤 형식이든 예배를 드리는 게 바람직합니다. 예배드리는 장소가 가정이냐, 직장이냐보다는 어떻게 드리느냐가 중요합니다.

코로나19 사태로 교회에서 드리는 예배가 유튜브나 인터넷으로 대체된 것은 피치 못할 상황이었습니다. 전 세계 교회가 함께 겪고 있는 불행한 일이기도 합니다.

그러나 위기상황이 끝났는데도 인터넷 예배를 강조하거나 선호하는 것은 동의할 수 없습니다. 편하다는 이유만으로 교회에 가지 않고 재택 예배를 드리는 것은 바른 예배가 아닙니다. 물론 교회에 안 나가는 것보다는 낫다고 할 수 있겠지만, 바른 예배는 아닙니다.

인터넷 예배를 드린 사람들의 경우 어떤 차림과 자세로 예배드렸는가에 대한 것은 본인만 알 뿐 객관적 검증은 불가능합니다. 인터넷이나 TV방송을 통한 예배는 눈으로 보는 예배가 되기 쉽습니다. 교회에서 예배드리듯 그런 준비와 자세로 예배드리는 게 쉽지 않습니다.

인터넷 예배 중에 실시한 성찬식도 문제가 됩니다. 집례자는 교회에 있고 수찬자는 집에서 자신이 준비한 떡과 잔을 나누는 형식의 성찬식을 놓고 찬반이 엇갈리고 있습니다.

초대교회 교인들은 박해를 피한 카타콤에서 예배드리고 성찬을 베풀었습니다. 하지만 그곳엔 교회가 있었습니다.

예배학적 검토가 필요하겠지만, 교회 안 나가도 된다는 이론에 성찬식까지 맞물리면 예배 실종사태로 번질 가능성이 많아집니다.

예배는 영과 진리로 교회에 나와 드리는 것이 옳습니다. 핑계를 만들지 마십시오.

예배

찬송가 시끄럽고 따라 부르기 어려워요

Q 50대 안수집사입니다. 대예배 외에는 기존 찬송을 부르지 않고 주로 가스펠을 부릅니다. 시끄럽고 따라 하기가 어렵습니다.

A 가스펠은 미국의 오순절 교회 중심으로 일어난 새로운 교회음악으로 흑인교회로 번지면서 진폭이 넓어졌고, 통기타와 대중적 악기들이 등장했습니다.

우리나라의 경우는 1950~60년대 부흥성가가 부흥회 중심으로 애창되기 시작했고, 뒤이어 가스펠이 도입됐습니다. 수를 셀 수 없는 복음성가가 제작되고, 복음성가 가수들이 줄지어 나섰습니다. 크리스천 현대음악(CCM) 전문기관이 들어섰습니다.

긍정적 평가를 내릴 수 있습니다만, 문제는 찬양의 대상 설정입니다. 일반음악의 대상은 사람입니다. 사람을 위한 사람의 노래입니다. 그러나 찬송은 대상이 하나님이십니다. 피조물인 인간이 창조주 하나님을 높이고 찬양하는 것입니다.

젊은이들의 기호에 맞춘다며 힙합이나 랩 스타일의 가스펠이 등장하고 있습니다. 이런 장르를 무조건 배제할 필요는 없습니다. 하지만 교회는 젊은이들만 있는 곳은 아닙니다. 다양한 계층이 모여 예배를 드립니다. 공예배에서 난해하고 부르기 힘든 랩 스타일의 찬송을 부른다면 따라 부를 사람이 많지 않을 것입니다.

그리고 '찬송은 누가 만드느냐, 어떤 노래이냐'가 고려되어야 합니다. 예컨대 민요 도라지곡에 찬양 가사를 입혀 부른다면 듣는 사람들은 백도라지를 떠올리게 될 것입니다. 곡도 가사도 하나님을 찬양하는 것이어야 하고, 함께 부르고 화답할 수 있어야 합니다.

시편의 경우 다양한 악기가 등장합니다. 다윗도 악기를 연주했습니다. 그러나 이 모든 악기들은 하나님을 찬양하는 도구들이었습니다. 누구를 위한 악기인가, 누구를 위한 노래인가, 누가 부르는가가 검토돼야 합니다.

다양한 이유로 젊은이들이 교회를 멀리하고 있습니다. 그네들의 걸음을 교회로 옮기게 하는 것은 노래가 아닙니다. 영혼을 뒤흔드는 복음이라야 하고, 예수 그리스도를 만나게 해야 합니다. 저도 복음성가를 선호하지만 분별과 조화가 필요합니다.

예배

대표기도가 부담스럽고 힘들어요

Q 장로 임직한 지 1년차입니다. 당회원 수가 작아서 대표기도를 자주 하게 됩니다. 부담스럽고 힘듭니다.

A 기도 문제는 수차례 다룬 바 있습니다만, 대표기도 문제여서 다시 답을 드리겠습니다.

기도는 하나님께 드리는 인간의 간구입니다. 그리고 대표기도는 예배자들을 대표해 드리는 기도여서 개인 기도와는 차별됩니다.

일반적으로 대표기도의 형식은 은혜에 대한 감사와 찬양, 참회와 간구로 구성됩니다. 대표기도자의 범위는 정해져 있지 않습니다. 당회가 구성된 경우 장로님들이 할 수도 있고, 당회 구성이 안된 경우라면 안수집사나, 권사님이 할 수도 있습니다. 절기를 따라 예배자들을 대표하는 청년이나 유소년 대표가 기도할 수도 있습니다. 성경이나 예배 모범에 대표기도자를 한정하고 있지 않기 때문입니다.

왜 대표기도가 부담스러울까요. 기도를 들으시는 하나님보다 사람들을 의식하기 때문입니다. 듣기 좋은 말, 논리적인 전개, 유창한 표현을 신경 쓰는 것은 사람들을 생각하기 때문입니다. 그러다 보면 힘들고 부담스러울 수밖에 없습니다. 하나님께 말씀드린다는 감격과 감사로 드리는 기도라면 부담스러울 리가 없습니다.

일반적으로 하나님과의 기도를 대화라고 합니다. 대화는 반드시 논리적이거나 고상한 언어를 선택하지 않아도 됩니다. 기도를 잘하려고 하지 말고 진정성 있는 기도를 드리십시오. 잘 믿는 것보다 바로 믿는 것이 중요한 것처럼, 기도를 잘하려 하지 말고 감사함으로 드려야 합니다.

그리고 개인기도는 시간을 제한할 필요가 없지만 대표기도는 길이도 고려해야 합니다. 개인기도는 길수록 좋고 대표기도는 짧을수록 좋습니다.

국가 문제나 사회 문제를 기도할 수 있지만, 예배를 위한 기도가 우선이라야 합니다. 기도자 개인의 신상보고여도 안 되고 하소연이어도 안 됩니다.

대표기도는 기도로 준비해야 합니다. 기도문을 만드는 것도 바람직합니다만, 책 읽듯 하는 것은 피하는 게 좋습니다. 아버지와 대화하듯 간결하게 진심으로 드리는 기도라야 합니다.

예배

예배당은 장소 의미… 교회가 더 소중

 예배당과 교회는 차이점이 있는지요?

 다릅니다.

예배당이란 예배하는 사람들이 모이는 장소를 의미하고, 교회란 예수 그리스도를 주로 고백하는 사람들의 공동체입니다. 예배 장소는 공간이기 때문에 크기 측정이 가능하고, 숫자가 정해져 있지 않습니다. 구약의 경우는 성전이 제사 장소였고 예배 장소였습니다. 그리고 예루살렘 성전 한 곳으로 한정되어 있었습니다.

BC 959년 모리아 산에 건축한 솔로몬의 성전은 BC 586년 바벨론에 의해 파괴되고, 이후 재건한 스룹바벨 성전과 헤롯 성전도 무너졌습니다. 그러나 교회는 영원하고 천상교회로 이어집니다.

바울의 교회론에 의하면 "교회는 그의 몸"(엡 1:23), "그는 머리니 곧 그리스도라"(엡 4:15), "너희는 그리스도의 몸이요 지체의 각 부분이라"(고전 12:27). 그리스도는 교회의 머리이시고 교회는 그의 몸이요 각 지체라는 것입니다. 교회란, 그리스도와 한 몸이요 하나의 공동체라는 것입니다.

예배당은 예배하는 곳이고 교회가 모이는 장소라고 할 수 있습니다. 예배당을 천주교는 성당이라 부르고 기독교는 성전이라 부릅니다.

흔히 기독교를 개신교라고 부릅니다만, 그것은 마르틴 루터 이후 천주교가 부른 별명이지 공식 명칭은 아닙니다. 개신교가 아니고 기독교가 맞습니다. 그리고 개신교인이 아니고 기독교인이 올바른 이름입니다. 예배당보다 교회가 더 소중하고, 교회보다 예수 그리스도가 본체이십니다. 예수님은 성전보다 크시고(마 12:6) 안식일의 주인이시기 때문입니다(마 12:8).

예수님 없는 예배당이나 교회는 의미도 가치도 없습니다. 교회는 거룩한 공동체이기 때문에 세속적 논리나 이해관계로 얽히는 것을 피해야 합니다.

주님은 "내 아버지의 집으로 장사하는 집을 만들지 말라"(요 2:16)고 하셨습니다.

예배

성찬식도 비대면이 가능한가요?

Q 비대면 성찬식이 가능한지요? 동역자 사이에 의견이 갈리고 있습니다.

A 성찬식의 시작은 예수님께서 제자들과 함께 나누신 마지막 식사입니다. 그 이후 교회는 함께 모여 떡을 떼고 잔을 나누는 성찬 예전을 이어 나왔습니다. 기독교는 기념설을, 천주교는 화체설을 취하고 있습니다.

기독교의 성례는 세례와 성찬입니다.

비대면 예배가 계속되면서 성찬에 대한 이해가 나뉘고 있습니다. 비대면 예배는 진행형이긴 하지만 조만간 끝납니다. 그 뜻은 조금만 더 기다리자는 것입니다.

목사가 온라인으로 성찬을 베풀고 참예자들은 안방에서 떡을 떼는 이른바 온라인 성찬을 왜 서둘러 진행해야 합니까?

그렇다면 성례의 하나인 세례도 온라인으로 가능할까요? 집례자는 온라인으로 세례를 선포하고 수세자는 안방에서 자기 머리에 물을 끼얹는 것으로 세례가 성립될까요?

통합총회는 성찬 자리에 참여하지 않는 자에게는 떡과 잔을 나누지 못하게 한다는 지침을 정했고, 코로나19 사태가 진정될 때까지 성만찬 예식은 드리지 않는 게 좋다고 했습니다.

우병훈 교수(고신대)는 인터넷 예배는 코로나19로 인해 한시적으로 허용된 가슴 아픈 타협이라며 인터넷 성찬까지 허용되는 것은 옳지 않다고 했습니다.

최진봉 교수(장신대)는 비대면 예배상황에서 온라인 성찬 시행은 성찬에 대한 몰이해와 성찬 감상주의 또는 성찬 절대주의가 낳은 현상이라고 했습니다.

김병훈 교수(합동신대)는 성찬은 한 공동체에 모이는 것이 마땅하고 온라인 세례가 안 되듯 온라인 성찬도 바람직하지 않다고 했습니다.

이길용 교수(서울신대)는 한국교회가 지나치게 온라인으로 기우는 현상에 대해 너무 사이버 공간만 고집할 필요는 없다. 사이버 공간은 보완재로 활용하는 것이 효과적이라고 했습니다.

예배와 성례전에 대한 견해 차이가 있을 수 있습니다. 그러나 받아 먹으라, 마시라고 하신 대면 만찬이 성찬의 원형입니다. 원형을 버리고 변형된 성찬 형식을 취하려는 것은 옳지 않습니다.

| 예배 |

온라인 예배를 앞으로도 계속 드리자고 해요

Q 코로나로 인해 집에서 온라인으로 예배드리고 있습니다. 남편은 교회 갈 것 없이 앞으로 계속 이렇게 예배드리자고 합니다.

A 코로나19로 비대면이 일상화되면서 예배가 비대면으로 바뀌고, 교회 문이 닫혔습니다. TV나 온라인 예배는 드리는 예배가 아니라 보는 예배입니다. 온라인 예배는 임시 처방이지 예배의 바른 자세는 아닙니다.

온라인 교회, 온라인 예배 예찬론자들은 국경을 넘어 전 세계를 교구화할 수 있다고 말합니다. 그러나 그곳엔 인격적 대면이 없습니다.

하나님은 사람을 지으실 때 대면적 존재로 지으셨습니다. "둘이 한 몸을 이룰지로다"(창 2:24). 대면을 부부 윤리로 주신 것입니다. 그러나 아담과 하와는 선악과 사건 이후 여호와 하나님의 낯을 피해 동산 나무 사이에 숨었고(창 3:8), 하나님은 그들에게 "네가 어디 있느냐"(창 3:9)라고 부르셨습니다. 하나님과의 대면을 피해 아담은 숨었고, 하나님은 찾으셨습니다.

요나의 경우도 여호와의 얼굴을 피하려고 일어나 다시스로 도망하려 하여 욥바로 내려갔습니다(욘 1:3). 그러나 하나님의 얼굴을 피해도피 길에 들어선 요나를 기필코 대면의 자리로 옮기시고 대화의 장을 마련하셨습니다.

하나님의 본심은 대면입니다. 우리가 기계문명의 홍수 속을 살고 있지만 예배는 대면이라야 합니다. 영상이나 온라인은 방편이지 본질은 아닙니다.

물론 이런 상황에서 영상이나 온라인 기술이 큰 도움이 된 건 인정합니다. 그러나 교회 문 닫고 온라인이 좋다, 온라인으로 바꿔야 한다는 발상은 바른 교회, 바른 예배는 아닙니다.

코로나19 이후 교회와 신앙의 회복은 방법론에 있지 않습니다. 복음과 교회의 본질을 재확인하고 본질로 돌아가야 합니다. 온라인은 본질이 아닙니다.

예배

고등부 학생이 혼자밖에 없다며
교회에 안 나가요

Q 작은 교회여서 고등부 학생이 저희 아들 혼자입니다. 종교 선택은 자유라며 교회를 나가지 않고 있습니다.

A 갈수록 젊은이들의 신앙 관리가 어려워지고 있습니다. 코로나19로 교회 문이 닫히고 예배와 교육이 온라인화하고 모임들이 위기를 맞고 있습니다. 젊은이들이 교회를 떠나고 교인 수는 극감하고 있는 현상은 한국교회의 문제를 넘어 전 세계 교회가 겪고 있는 문제이기도 합니다.

온라인교회를 예찬하는 이들이 있습니다만 교회는 대면공동체입니다. 인격적 만남 없이 건강한 신앙은 성립되지 않습니다.

교회를 떠나는 사람들, 안 나오겠다는 사람들을 어떻게 교회로 돌아오게 할 것인가 대책 마련이 시급합니다. 온라인 프로그램 개발, 온라인교회 등 다양한 전략을 연구하고 있습니다만 복음의 회복이 정답입니다. 방법을 찾느라 복음을 소홀히 하면 교회의 본질이 훼손되고 흔들리게 됩니다.

몇 가지 조언을 드립니다.

첫째, 소통하십시오. 인정하고 대화하십시오. 강요하거나 야단치지 마십시오. 아들의 고민이 무엇인지, 왜 그렇게 됐는지, 어떤 생각을 하고 있는지 대화하십시오. 그리고 부모의 신앙 기준으로 아들의 신앙을 재려들지 마십시오. 부모세대와 아들세대 사이엔 큰 골이 있다는 걸 인정하십시오. '왜 그래, 그러면 안 돼'라는 표현을 쓰지 마십시오.

둘째, 친구가 있는 교회를 연결하십시오. 부모의 입장은 내 아들이 내 교회에 머무는 것을 바라지만 아들 입장에선 떠나고 싶은 생각이 클 것입니다. 신앙은 만남을 통해 성숙하는데 친구도 대화 상대도 없는 상황에선 신앙이 자랄 수 없습니다. 친구가 있는 교회나 대화 상대가 있는 교회를 함께 찾으십시오. 그 교회로 인도하십시오.

셋째, 절실한 기도가 필요합니다. 아들의 마음을 움직이고 감동케 하는 분은 하나님이십니다. 어거스틴의 어머니 모니카처럼 기도하고 하나님의 선하신 섭리를 기다리십시오.

예배

민요곡에 성가 가사 개사해 불러도 되나요?

Q 어느 행사에서 특별찬양 순서를 맡은 사람이 민요곡 도라지에 성가 가사를 넣어 불렀습니다. 문제가 안 되는지요?

A 찬송과 민요나 가곡은 구별됩니다. 찬송은 하나님의 영광을 높이고 하나님의 섭리와 복음을 전하는 노래들이고, 민요나 가곡은 대상이 사람입니다.

요즘 교회마다 경배와 찬양이라는 이름으로 전자기타, 드럼, 전자오르간, 음향 장비들이 동원되는가 하면 젊은이들의 기호에 맞춘다며 작사나 작곡이 기형화하고 있습니다.

강단도 말씀과 성찬 중심이 아니고 극장 무대화하고 있습니다. 예배도 드리는 예배에서 보는 예배로, 하나님 중심에서 사람 중심으로 변형하고 있습니다.

물론 현대문화를 등 돌릴 필요는 없습니다. 문화를 이해하고 최대한 매체로 활용해야 합니다. 그러나 정상궤도를 이탈하는 것은 피해야 합니다.

악보 찬송가는 1894년 언더우드 선교사에 의해서 출판된 이후 수차례 험난한 과정을 거쳐 오늘의 찬송가를 만들어 냈습니다. 하지만 석연찮은 이유로 찬송가가 나뉜 것은 가슴 아픈 일입니다.

찬송가는 하나님을 찬양하기 위해 작사도 작곡도 이뤄져야 합니다. '도라지'곡에 아무리 좋은 가사를 입혀도 듣노라면 도라지가 생각나고, '아 목동아' 곡에 성가 가사를 올려 부르면 '아 목동의 피리소리'가 떠오르게 됩니다.

찬송은 경건한 그리스도인에 의해 작사와 작곡이 이뤄져야 합니다. 검증되지 않은 살아 있는 사람들의 시나 곡이 공적 찬송가에 실리는 것은 삼가는 게 좋습니다. 그 이유는 만든 사람들의 신앙과 삶이 찬송과 연계되기 때문입니다.

복음성가가 홍수를 이루고 있습니다만, 그 역시 선별과 정돈이 필요합니다. 젊은 세대의 기호에 맞춘다는 발상은 이해하지만 하나님 찬양이 세속음악의 장르를 따를 필요는 없기 때문입니다.

찬송은 세속음악과 구별되고 찬송다워야 합니다.

예배

십자가 가리는 영상 스크린 괜찮나요?

Q 제가 다니는 교회는 강단 중앙에 있는 십자가를 가리고 영상 스크린을 설치했습니다.

A 영상시설을 설치하는 교회들이 많아지고 있습니다. 농어촌 교회들도 영상기기를 설치하고 있습니다. 모든 예배 프로그램도 영상으로 처리되고, 휴대폰 안에도 성경과 찬송이 저장되어 있어서 성경이나 찬송을 가지고 다니지 않는다고 합니다. 교회마다 앞다퉈 대형 스크린을 설치하는가 하면, 영상 제작에 힘을 쏟고 있습니다.

그러나 교회가 활용하는 영상의 영역은 한계가 있습니다. 예배는 하나님께 드리는 거룩한 행위이기 때문입니다. 다시 말하면 고가의 영상기기나 고화질의 대형스크린들이 하나님께 드리는 예배와는 관계가 없다는 것입니다.

하나님은 영상문화 발전 이전의 예배도 다 받으셨습니다. 영상 없던 시대의 예배가 오히려 더 진실한 예배였습니다.

예배의 대상은 하나님이시고 예배자는 사람이어야 합니다. 다시 말하면 어떤 영상시설인가보다는, 누가 어떻게 예배드리느냐가 중요합니다.

교회의 영상시설은 문화에 익숙한 현대인의 기호를 따르는 접근 정도로 보면 됩니다.

영상시설이 없어도 바른 예배를 드릴 수 있고, 오히려 과도한 영상 화면 때문에 바른 예배가 흔들릴 수도 있다는 점을 유의해야 합니다. 예배드린 사람들이 "영과 진리로 드렸다"라고 고백해야지, "오늘 영상 멋있었다"라고 후평한다면 영상이 예배를 밀어낸 결과가 될 것입니다.

영상은 필요합니다. 그러나 '과'는 피해야 합니다.

교회는 문화공동체도 아니고, 영화사도 아니고, 드라마 제작국도 아닙니다. 왜 십자가를 밀어내고 스크린이 걸려야 합니까? 편법으로 십자가를 강단 모서리로 옮긴 교회도 있다고 합니다.

십자가를 옮기지 마십시오. 예수 그리스도의 십자가가 중심에 자리 잡아야 합니다.

예배

예배 장소 중요하지 않다는데…

 어떤 목사님이 영과 진리로 예배해야지 장소는 중요하지 않다며 요한복음 4장을 예로 들었습니다.

요한복음 4장은 예수님과 사마리아 여인과의 대화 기사입니다.
"이 산에서도 말고 예루살렘에서도 말고 너희가 아버지께 예배할 때가 이르리라"(요 4:21).

이 구절은 온라인예배 예찬론자들의 인용구이기도 합니다. 그러나 이 구절은 예배 장소의 무용론을 의미하는 것이 아닙니다. 유대인들의 유일한 예배 장소는 예루살렘 성전이었습니다. 그런데 남북왕조가 분열되면서 북왕국의 여로보암은 단과 벧엘에 신당을 세우고 금송아지 숭배를 강요했습니다. 이후 북왕국 사람들은 그리심 산에 성전을 짓고 예배했지만 문제는 하나님 예배와 우상숭배의 혼합예배였다는 것입니다. 바른 예배가 아니었습니다.

성경 주석학자 웨스트콧은 "그들은 예배할 대상은 알았지만 그 하나님이 어떤 하나님이신가는 알지 못했다"고 했습니다. 예수님은 그런 류의 그리심 산 예배를 부정하신 것입니다.

"예루살렘에서도 말고"의 뜻은 무엇입니까? 당시 유대인들의 성전

예배는 위선과 형식에 치우쳐 있었습니다. 예배의 본질인 영과 진리는 외면한 채 모였다가 흩어지는 이른바 보는 예배로 전락했습니다. 또한 상업주의가 성전 안에 파고들어 강도의 소굴을 만들고 있었습니다(마 21:13). 그래서 예수님이 '이 산도 아니다, 예루살렘도 아니다'라며 바른 예배의 회복을 말씀하신 것입니다.

그때나 지금이나 형식적인 예배, 사람을 기쁘게 하는 예배, 혼합된 예배는 바른 예배가 아닙니다. 당시 유대인들은 예루살렘 성전을 유일한 예배 처소로 믿었고, 사마리아 사람들은 그리심 산 성전을 최고의 예배 공간으로 믿었습니다.

예수님은, 본질은 외면하고 장소를 가지고 다투는 그들에게 바른 예배의 지침을 주신 것입니다. 예배 공간의 위치나 크기는 중요하지 않습니다. 함께 모여 영과 진리로 드리는 예배라야 합니다. 요한복음 4장 21절은 비대면을 지지하는 구절이 아닙니다.

> 예배

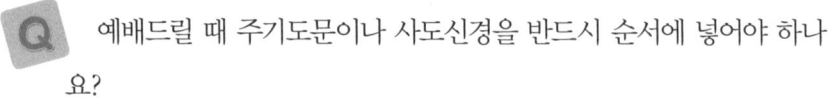

예배에 주기도문, 사도신경 꼭 넣어야 하나요?

Q 예배드릴 때 주기도문이나 사도신경을 반드시 순서에 넣어야 하나요?

A 주기도는 예수님께서 제자들에게 기도의 모범으로 가르쳐주신 것입니다. 그래서 "너희는 이렇게 기도하라"로 시작됩니다.

당시 바리새인들의 기도는 자신들의 의를 과시하는 데 급급했습니다. 사람에게 보이려고 회당과 거리에서 큰소리로 기도했습니다. 예수님은 그들처럼 외식하는 기도를 하지 말라며 바른 기도를 가르쳐주셨습니다.

주기도의 핵심은 세 가지입니다. 하나님의 이름을 높이고 뜻을 구할 것, 바른 인간관계를 구할 것, 일용할 양식을 구할 것 등입니다. 짤막한 기도문 안에 바른 신앙과 삶의 지침이 다 들어 있습니다.

사도신경은 출처가 성경입니다. 정확하진 않지만 초대교회 사도들의 신앙고백을 모아 만든 것으로 보고 있습니다. 마르틴 루터도 "사도들의 고백을 모은 것이라"고 했습니다.

사도신경은 기독교 신앙고백의 요약이며 모범입니다. 사도신경은 성부 하나님의 창조주 되심과 성자 예수님의 탄생, 고난, 죽음, 부활,

승천, 재림을 고백하고, 성령님과 공교회와 성도의 교제를 고백합니다. 그리고 사죄와 부활과 영생을 믿는다는 것을 고백합니다. 사도신경 외에 다른 고백은 있을 수 없습니다.

주기도나 사도신경을 예배 시마다 고백하는 것도 필요하지만 더 중요한 것은 그대로 믿는 것입니다. 기도는 외우기보다는 드려야 하고, 사도신경은 나의 고백이 되어야 합니다. 사도신경은 "믿습니다"로 시작해 "믿습니다"로 끝납니다.

의도적으로 예배 순서에 주님의 기도나 사도신경을 제외하는 것은 잘못이고, 습관적 암송도 옳지 않습니다.

주님이 가르쳐주신 기도를 따라 바른 기도를 드려야 하고, 사도신경은 나의 신앙고백이 되어야 합니다.

청지기

주일 낀 해외여행 어머니께서 말려요

Q 지난 8월 초, 아는 단체와 함께 백두산을 다녀왔습니다. 기간 중 주일이 끼어서 저희 부부는 호텔방에서 예배를 드렸습니다. 이번 추석 때도 중국 장가계를 가기로 했습니다. 역시 주일이 끼게 됩니다. 그런데 어머니는 장로권사가 주일을 범하고 여행 가는 것은 하나님이 기뻐하지 않으시고 본이 되지 않는다며 예약금을 버리더라도 가지 말라고 하십니다.

A 어머니 말씀이 옳습니다. 예약금을 포기하고 여행을 취소하십시오.
점차 주일성수 신앙이 퇴색하고 있습니다. 주일 예배는 약식으로 드리고 운동회, 야유회, 체육대회로 메꾸는 교회도 있고, 1부 예배드리고 등산 가고 골프 치러 가고 놀러가는 교인들도 있습니다. 보다 더 심한 사람들은 교회도 나오지 않고 예배도 드리지 않고 자기 길로 가는 사람들입니다.

모 교회에서 있었던 일입니다. 항존직 두 가정이 주일을 끼고 여행을 다녀왔습니다. 목사님이 그들을 만나 야단을 쳤습니다. 그랬더니 다른 교회로 옮기겠다며 그게 뭐 그리 큰 잘못이냐며 따졌다고 합니다. 그 뒷얘기를 할 필요는 없습니다. "우리가 교회 나와 주는 것만도 고맙게 알아라"는 신앙 태도라면 신앙의 성장이 어렵습니다.

특별한 사정이 있는 출장이나 여행이라면 담임목사님께 사정을 말씀드리고 기도를 부탁하십시오. 그것이 장로님과 권사님의 겸허한 자세입니다. 그리고 현지에 있는 교회를 찾거나 숙소에서 예배를 드리십시오. 놀러가는 여행, 그것도 불신자들과 어울리는 단체여행은 흥은 있겠지만 득은 없습니다. 하나님의 사람들이 얻을 게 없다는 말입니다.

결혼식을 앞둔 사람들에게 당부하는 말이 있습니다. "주일예배 드리고 신혼여행을 떠나라. 여행 현지에서 주일을 맞게 되면 교회를 찾아가 예배를 드려라. 그리고 아침에 일어나서 부부가 함께 기도하고 저녁에도 손잡고 기도하라."

여행보다는 예배가 중요하고, 구경보다는 교회를 지키고 섬기는 행위가 더 소중합니다. 그렇다고 1년 내내 날마다 교회를 지키고 들락거릴 필요는 없습니다. 그러나 기본신앙, 기본정신이 흔들리면 뿌리가 흔들리는 나무처럼 성장통을 겪게 됩니다.

"주일 지켜라. 손해 보더라도 취소하고 여행 가지 마라. 장로권사가 교회 지켜야지"라는 어머니의 애정 깊은 당부를 하나님의 메시지로 수용하고 아멘 하십시오. 유대인들은 안식일 피해망상증 환자들이었습니다. 그래서 위선으로 포장하고 날의 노예로 전락했습니다.

예배와 섬김을, 중직자로서 자리 지킴을 기뻐하십시오. 본을 보이십시오.

청지기

직장 일로 주일 못 지키는데 항존직 임직 괜찮나요?

Q 저희 교회 안에 3교대 하는 직장인이 있습니다. 시간상 주일 대예배를 정기적으로 출석하는 것이 어렵습니다. 그런데 교회 항존직으로 피택되어 곧 임직을 해야 합니다. 임직 후 주일예배 출석 때문에 본이 되지 않는다는 점을 본인도 목회자인 저도 염려하고 있습니다. 지혜로운 해법은 무엇일까요?

A 바울은 디모데에게 "믿는 자에게 본이 되라"(딤전 4:11~12)고 했습니다. 여기서 말하는 본이란 모형, 본보기라는 의미를 내포하고 있습니다. 그리스도인은 다양한 삶의 현장과 일터에서 본을 드러내고 보여야 합니다. 젊은 목회자인 디모데에게 말과 행실로 본을 보이라는 바울의 교훈을 교회를 섬기는 지도층의 사람들이 귀담아 들어야 합니다.

목회자는 입을 열고 말할 기회가 많습니다. 특히 한국교회 목회자의 경우 설교 횟수가 많기로 유명합니다. 그럴수록 일상용어와 강단 언어 선택을 유의해야 합니다. 언행의 본이 필요합니다.

항존직을 맡은 사람이 주일 예배 출석을 안 하고 여가를 즐긴다든지 오락에 빠진다면 문제가 됩니다. 그러나 직장 사정으로 주일 지키는 것이 여의치 않다면 정죄할 일은 아니라고 봅니다. 그리고 본이 된다는 상황 설정이 주일예배 출석만으로 한정돼선 안 된다는 점도 생각해야 합니다. 주일이면 하루 종일 교회에서 이일 저일 맡아 하고 새벽기도회, 철야기도회, 성경공부, 헌금, 봉사 등 열심이지만 그의 삶은 지탄의 대상이고 언행이 본이 되지 않는 사람이 있을 수 있습니다. 그럴 경우 드러난 행위만으로 본이 된다고 말할 수는 없지 않습니까? 그리고 '내가 다 한다, 나 없으면 안 된다'는 사람들이 본이 된다면 교회는 바리새 집단의 양성소가 되고 말 것입니다. 하지만 늘 미안해하고 죄송해하는 낮은 자세로 교회를 섬기는 사람이라면 오히려 그들을 격려하고 손잡아 줘야 할 것입니다.

여기서 목회자가 취할 자세가 있습니다. 정죄하지 마십시오. 그런 사람들의 일터 정황을 이해하십시오. 주님도 세리보다 바리새인들을 책망하셨습니다. 그리고 '생활신앙'을 가르쳐야 합니다. 그동안 우리는 '신앙생활'을 강조하고 가르쳤습니다. 그러나 삶의 현장과 신앙의 괴리는 고려하지도 고민하지도 않은 채 교회생활을 하고 있습니다. 생활신앙이란 삶의 현장과 일터에서 예수 그리스도의 가르침을 실천하는 것을 뜻합니다. 우리는 성경통독, 성경암송, 성경필사, 설교듣기에는 익숙하지만 그 말씀을 실천하는 데는 무관심했고 서툴렀습니다. 바로 믿고 바로 사는 것을 가르쳐야 합니다.

고민하는 임직자가 취할 자세도 있습니다. 자신의 처지나 입장을 변명하거나 정당화하지 마십시오. 일터의 상황 변화를 위해 기도하고 노력하십시오. 그리고 가능한 모든 여건을 동원해 교회를 섬기고 본이 되는 삶을 위해 최선을 다하십시오. 섬세하게 찾으면 얼마든지 할 일들이 이곳저곳에 기다리고 있을 것입니다. 우리에게 일터를 주신 분은 하나님이십니다. 하나님의 뜻을 헤아려 일하십시오.

청지기

교구 안에 몰래 하는 친목모임이 있어요

Q 대형교회 교인입니다. 교구 안에 끼리끼리 친목 모임이 많습니다. 교회 방침은 그런 모임 하지 말라고 하는데 몰래 하는 모임들이 있습니다.

A 교회는 예배, 선교, 교육, 섬김, 친교가 있는 공동체입니다. 우리가 고백하는 사도신경 안에 "성도가 서로 교통하는 것과"라는 고백이 들어 있습니다.

사도행전 초대교회의 경우 "모이기를 힘쓰고 물건을 서로 통용하고 나눠주고 떡을 떼며 음식을 먹고 칭송을 받고"라고 했습니다. 이것은 초대교회의 전통이었고 자랑이었습니다. 그러나 주목할 것은 "순전한 마음으로"와 "칭송을 받으니"입니다 (행 2:43~47).

모임 자체를 탓하거나 문제시할 필요는 없습니다. 그러나 '왜 모이느냐, 모여서 뭘 하느냐'가 중요합니다. 교회의 지도를 따르고 목회방향에 맞춰 모이는 모임은 크든 적든 문제될 게 없습니다. 그러나 "교회 몰래, 목회자 모르게" 모이는 모임은 사조직과 같아서 건덕을 세우기 어렵습니다.

물론 교회 밖에서 친지나 친구들이 건강한 목적으로 모이는 친교

모임까지 교회가 간섭할 필요는 없습니다. 교회 안에 사적 모임을 조직화하지 말라고 한 데는 그럴만한 이유가 있었을 것입니다. 부정적 영향을 끼쳤거나 문제의 단초를 제공해 교회를 어렵게 했기 때문일 것입니다.

예루살렘 초대교회처럼 동기가 순수해야 합니다. 모임의 구성원들은 칭찬받을 일을 해야 합니다. 그런데 그 모임 때문에 파벌이 형성된다든지 부정적 영향을 행사한다든지 하는 것은 옳지 않습니다. 자칫 잘못하면 반대를 위한 반대가 그 집단을 통해 형성될 수 있기 때문입니다.

교회가 조심할 부분도 있습니다. 그것은 예수 그리스도가 교회의 머리이시고 주인이라는 것과 교인을 올바르게 가르치고 인도해야 된다는 것입니다. 난세일수록 유언비어가 나돌고 민심이 흔들리기 마련입니다. 사람이 교회의 주인 노릇 하려 들면 뒷말이 많아집니다. 그러나 교회도 목회도 예수 그리스도에게 주권을 두게 되면 이런저런 파도는 잠잠해집니다.

교회 내 사조직은 없어야 합니다. 그리고 사조직의 단초를 제공하지 말아야 합니다.

> 청지기

자기 편 아니면
사탄으로 모는 중직자가 있어요

Q 오래된 중직자가 있습니다. 자기 기준에 맞지 않거나 편을 들지 않으면 사탄의 역사, 악의 세력이라고 몰아세우고 구원도 없다고 합니다. 그로 인해 상처받는 이들이 많습니다.

A 구원의 여부는 구원자이신 하나님께 있고 선과 악의 기준은 성경에 있습니다. 이를 제쳐둔 채 구원 여부를 속단하는 것은 큰 잘못입니다. 옳고 그름의 기준을 자기에게 맞추고 판단하는 것은 옳지 않습니다. 선악의 기준을 자신에게 두는 사람이라면 흠이 없는 완전인이라야 합니다. 독선이나 오만 때문이라면 책망받아 마땅합니다.

예수님 당시 바리새파 사람들의 경우를 살펴보겠습니다. 그들은 자신들의 의를 포장하는 데 달인들이었습니다. 그러나 하나에서 열까지 외식으로 일관했습니다. 율법의 기본 정신은 내팽개치고 조문과 형식에 치우쳐 자신들이 만든 의의 잣대로 다른 사람을 정죄하고 심판했습니다.

이민교회에서 있었던 일입니다. 주일 성수를 강조하는 중직자가 있었습니다. 성가대나 청년들도 커피나 아이스크림도 사먹지 못하게 했고 외식도 못하게 했습니다. 그 교회에 부흥회가 있었습니다. 주일

1~3부 예배 후 제직회까지 모였고 주일을 성수한다며 그 중직자 집에서 강사 점심을 준비했습니다. 초청된 여러 사람들이 40분 걸리는 그 집까지 가는 도중 자동차 기름이 떨어진 사람은 주유소에서 주유를 했고 보채는 아이들을 달래느라 가게에서 과자를 사야 했습니다. 그날 점심은 3시가 지나서야 먹을 수 있었습니다. 그 이후로도 그 중직은 교회 일에 사사건건 시시비비를 걸곤 했다고 합니다.

주일은 성수해야 합니다. 그러나 내가 만든 기준은 옳지 않습니다. 내 편 아니면 사탄이라는 논리는 억지와 오만입니다. 이 논리가 잘못되면 자신이 신의 자리에 올라서는 우를 범하게 됩니다.

하나님을 대적하고 성령님의 역사를 훼방하는 집단이나 세력의 행위는 당연히 사탄의 역사겠지만, 나와 반대되는 사람을 사탄이나 악의 세력으로 규정짓는 논리는 옳지 않습니다. 사람은 그 누구도 다른 사람을 정죄하는 잣대를 가질 수 없습니다.

청지기

교인에게 빌려준 돈 아직 못 받고 있어요

Q 교인에게 돈을 빌려줬는데 미루고 갚지 않습니다. 저도 형편이 어렵습니다.

A 돈에 대한 성경의 교훈을 살펴보겠습니다.
"이자 받고 돈을 꿔 주지 말라"(레 25:37; 신 23:19; 겔 18:8), "중한 변리로 재산을 늘리지 말라"(잠 28:8), "빚지지 말라"(롬 13:8), "돈을 사랑하지 말라"(딤전 6:10; 히 13:5) 등 돈에 관한 교훈이 많습니다. 이자 받기 위해 꾸어 주지 말라, 고리대금 하지 말라, 돈을 꾸지 말라, 돈을 사랑하지 말라는 것입니다.

명언도 있습니다. "돈은 바닷물과 같아서 마실수록 목마르다." "돈을 빌려 달라는 것을 거절함으로 친구를 잃는 것은 적지만, 돈을 빌려줌으로 친구를 잃는 것은 매우 쉽다"(쇼펜하우어). "돈, 쾌락, 명예를 사랑하는 사람은 타인을 사랑하지 못한다"(에픽 테토스). "돈 잃고 사람 잃는다"(속담).

돈은 필요를 따라 사람이 만든 소유가치이지 절대가치가 아닙니다.
돈을 빌리는 사람의 경우 대부분 급한 사정 때문입니다. 그리고 반드시 갚겠다는 약속을 합니다. 그런데 그 약속을 지키지 못하는 사람들이 많고, 의도적으로 돈을 빌리는 사람들도 있습니다.

교인 간의 금전거래는 바람직하지 않습니다. 돈을 갚지 못한 사람은 외면하게 되고, 돈을 받지 못한 사람은 그 사람을 미워하게 되기 때문입니다. 특히 화려한 조건을 제시하는 금전거래나 투자는 피해야 합니다.

돈을 빌린 사람은 반드시 약속을 지켜야 하고, 교인이라면 더 그렇습니다.

"돈을 빌려준 사람의 기억력이 훨씬 좋다"는 프랭클린의 말처럼 빌려준 사람은 잊지 않습니다.

돈을 빌리고 갚지 않는 나쁜 습관을 버리고, 나눠주고 베푸는 삶이 되도록 노력해야 합니다. 돈을 빌린 사람이 의도적으로 갚지 않을 수도 있고, 갚지 못할 경우도 있을 것입니다. 그 사람이 빌려주고 베푸는 삶이 되게 해달라고 기도하십시오. 어떤 이유든 다른 사람을 미워하면 나 자신의 영성이 무너지니까요.

Fourth 키워드

사
회
생
활

...

문화

교수님의 현실교회 비판…
옳은 가르침인가요?

Q 저는 서울시내 모 신학대학에 재학 중이고 교육전도사로 사역하고 있습니다. 그런데 A교수님은 강의시간이면 현실 교회를 비판하고 목회자들을 비판합니다. 한국교회의 성장시계는 이미 멈췄고 유럽 교회의 전철을 밟게 될 거랍니다. 옳은 가르침인가요?

A 신학과 교회, 교회와 신학은 수레바퀴처럼 함께라야 합니다. 한쪽 바퀴가 이탈하면 수레는 제 갈 길을 갈 수 없게 됩니다. 신학은 교회를 지키고 교회는 신학을 보호해야 합니다. 엇박자가 계속되면 위대한 음악 연주가 망가지는 것과 같습니다.

신학이 허약한 교단이나 교회는 바른 자리매김이 어렵고, 교회를 외면한 신학은 설 자리를 잃게 됩니다. 그런 면에서 바른 신학이라야 합니다. 바른 신학이란 성경에 뿌리를 두고 성경을 지키고, 성경을 바르게 해석하는 신학입니다.

신학이 성경을 떠나거나 성경 위에 군림하면 교회는 고사의 위기를 맞게 됩니다. 성경을 외면하고 신학자들의 연구실에서 제작된 신학이 교회에 무슨 도움이 되겠습니까? 그동안 한국 신학은 외래신학 의존도가 높았습니다. 대부분 수입품이었고, 구미신학이 나올 때마다 한국 신학도 둘셋으로 나뉘고 그 틈새에서 교단이 분열하는 아픔을 겪었습니다. 교단 분열에 신학이 일조를 한 것입니다.

대부분의 신학교들은 교단의 목회자 양성을 위해 시작했습니다. 목회자는 교회를 세우고 가르치는 지도력을 책임진 사람들입니다. 한국교회가 성장하면서 각 신학교들이 신학자 양성에도 관심을 기울이기 시작했습니다만, 신학교수의 수는 목회자처럼 많을 수도 없고 그럴 필요도 없습니다.

그런데 교회목회를 책임지고 이끌 신학도들을 모아놓고 교회를 비난하고 교회 성장을 매도하고 한국교회의 부정적 미래를 논한다면, 그런 신학이 교회에 무슨 도움이 되겠습니까? 건강하게 성장 발육해야 될 자식을 앞에 두고 '너는 클 필요가 없다, 크지 않아도 된다, 네 장래는 비관적이다'라며 기염을 토하는 아비가 있다면 정상일 수 없습니다. 현대교회가 처한 상황은 '해보자, 노력해보자, 최선을 다하자'고 다짐하고 나서도 어려운 상황입니다. 그런데 신학교 교실에서 '안 된다, 못한다, 필요 없다'는 부정적 얘기를 그것도 교수가 되풀이한다면 그 결과가 어떻게 되겠습니까?

물론 다 덮자, 그냥 넘어가자, 잘못도 잘못이 아니라는 용비어천가는 금하는 게 맞습니다. 비판과 분석, 평가와 논단이 필요합니다. 그러나 긍정적 접근이라야 합니다. 지금 한국교회는 몰매를 맞고 있습니다. 잘못을 저지른 당사자들도, 그리고 교회들도 아픕니다. 상처는 싸매야 치료됩니다. 건드리면 상처는 덧나고 치료되지 않습니다. 그래서 우리는 치유를 위해 외과적 접근과 내과적 접근을 공유하고 공용해야 합니다. 당근과 채찍법을 융합하는 지혜가 필요합니다.

교수님, 치유와 회복을 위한 명강의로 명의들을 만들어주십시오.

문화

기독연예인의 조폭 역할, 술담배 연기 불편해요

Q 가끔 TV드라마나 영화를 보면 기독교 신자로 알려진 연예인들이 술을 마시거나 담배를 피우는 연기를 하는 장면이 나오고 조폭이나 사기꾼으로 나올 때가 있습니다. 그런 역을 해야 하는지 보기에 민망할 때가 있습니다.

A 대중문화의 영향력과 파급효과는 크고 강합니다. 더 많은 기독 연예인들과 K-pop 그룹들이 다양한 활동으로 선한 영향력을 끼칠 수 있기를 바라는 마음 절실합니다. 문제는 연기자가 자신이 만든 작품을 마음대로 연기하는 것이 아니라는 데 있습니다. 드라마나 영화의 경우 극본을 쓴 사람, 작품을 만들고 감독하는 사람, 제작비를 책임진 제작사, 그리고 소속사가 있습니다. 그리고 배역의 특성에 따라 연기자를 캐스팅합니다. 연기자 마음대로 할 수 있는 게 없습니다. 연기자가 원하는 배역을 선택하는 것이 아니라 감독이 배우를 선택합니다. 연기자라면 누구나 주연이 되고 싶고 출연료도 많이 받고 싶을 것입니다. 그리고 최고의 작품에 출연하고 싶을 것입니다. 그러나 그 모든 것이 내 맘대로 되지 않는다는 데 어려움이 있습니다. 누가 단역이나 악역을 맡고 싶겠습니까? 연기자는 배역에 따라 연기해야 된

다는 점을 이해해야 합니다.

그러나 기독 연예인들이 삼가야 할 부분이 있습니다. 기독 연예인으로서 평소 사생활이 건전하지 못하다면 부정적 파장이 클 수밖에 없습니다. 물론 그것은 연예인에게만 국한되는 것은 아닙니다. 삶의 현장인 사회 속 공동체에서 모든 그리스도인들은 향기를 발하고 빛과 소금이 되어야 할 책무가 있습니다.

멜 깁슨이 만든 "패션 오브 크라이스트" 영화가 국내에서 상영된 일이 있었습니다. 그 영화의 예수 역을 맡은 배우는 제임스 카비젤이었습니다. 그는 예수 역을 맡은 뒤 영화계에서 왕따를 당했었다고 합니다. 그러나 더 중요한 것은 지금 그가 어떻게 살고 있느냐입니다. 예수 역을 맡았던 배우가 패륜과 부도덕한 삶을 살고 있다면 그 영화를 사랑했던 많은 팬들의 실망 지수가 높아질 것입니다. 이럴 경우 연기와 삶은 같지 않다, 전혀 무관하다고 선을 긋는 것은 어렵습니다.

연기자뿐이겠습니까? 우리는 삶과 신앙생활 속에서 악역을 맡지 않는 게 좋습니다. 삶은 현실이며 현장이기 때문입니다. 드라마나 영화에서 주로 악역을 맡고 있는 배우의 말이 떠오릅니다. "악역을 맡다 보니 제가 악한으로 보이나 봐요. 저를 보면 수군거리는 사람도 있고, 욕하는 아줌마도 있어요. 저도 멜로드라마의 주인공 역을 해보고 싶어요."

하물며 교회 생활과 신앙생활, 직장생활과 사회생활 속에서 악역을 맡거나 자청할 필요가 있겠습니까? 바울의 권면으로 답을 마칩니다.

"무엇에든지 참되며 무엇에든지 경건하며 무엇에든지 옳으며 무엇에든지 정결하며 무엇에든지 사랑 받을 만하며 칭찬 받을 만하며"(빌 4:8).

문화

평창올림픽 기도 세리머니 못 봐 아쉬워요

Q 동계올림픽이 끝났습니다. 메달을 딴 선수들 가운데 기독교인들이 있었을 텐데 기도 세리머니를 볼 수 없어서 아쉬웠습니다.

A 기도 세리머니를 처음 시작한 사람은 70년대 축구 국가대표였던 이영무 선수였습니다. 지금은 목사님이 되셨고 할렐루야 구단을 이끌고 있습니다만, 당시 이 선수는 골을 넣고 나면 그라운드에 무릎 꿇고 기도하는 세리머니를 보여주곤 했습니다. 그 후 차범근 집사가 98년 월드컵 감독 시절 경기 시작 전에나 경기 도중 벤치에 앉아 기도하는 모습이 TV중계 화면이나 신문에 뜨곤 했습니다. 기성용 선수도 기도 세리머니로 자신의 신앙을 표현했습니다.

그 후 "특정 종교행위다, 국민정서에 맞지 않는다"라며 시비를 거는 사람과 단체가 나타나기 시작했습니다. 특히 종자연이라는 단체는 "월드컵은 개인의 종교를 드러내는 곳이 아니다"라며 항의 의사를 전달했고, 국제축구연맹은 "국가 대항전에서 정치적 표현은 금한다. 그러나 개인의 신앙 표현은 따로 규제하지 않는다"라는 입장을 내놓았습니다. 기도 세리머니는 기독교를 드러내거나 선전하는 것이 아니고 개인의 신앙을 표현하는 것이기 때문에 문제될 게 없다는 것입니다.

연예대상 시상식의 경우 수상소감을 밝히는 경우를 보면 "하나님께 감사합니다"라는 수상자들을 볼 수 있습니다. 그러나 "부처님께 감사합니다", "신령님께 감사합니다"라는 수상소감을 밝힌 연예인은 거의 없습니다. "감독님께, 스태프들에게, 작가님에게, 부모님께, 아내에게" 감사한다는 수상소감도 있습니다.

이 표현이 나쁜 표현들입니까? 특정인을 지칭한 표현들이어서 금해야 하는 표현들입니까? 아닙니다. 대한민국 헌법 19조는 양심의 자유를, 20조는 종교의 자유를 보장하고 있습니다. 신앙 표현의 자유도 그 안에 포함됩니다. 국익에 반하고 사회 공공질서를 파괴하고 건덕을 해치고 민심을 이반시키는 사회행동이나 종교행위는 금해야 합니다. 그러나 건전하고 건강한 개인의 신앙표현을 종교편향이니 특정종교선전이라는 이유로 억제하거나 매도하는 것은 더 큰 종교편향적 시도가 아닐 수 없습니다.

기독교인의 바리새적 태도나 과시는 피하는 게 좋습니다. 시도 때도 장소도 가리지 않고 티를 내는 것은 선교의 걸림돌이 될 수도 있습니다.

중요한 것은 기독교인으로서 정체성을 지키고, 바로 믿고, 바로 사는 모습을 보여주는 것입니다. 선수나 연예인의 개인적 신앙 표현인 기도 세리머니는 백번 지지하고 찬성합니다. 그러나 그보다 앞서야 할 것은, 평소 사는 모습이나 삶의 태도를 통해 그리스도인의 삶의 멋진 품새를 보여주고 전하는 것입니다.

문화

종교 간 '화합과 일치'
기독교 정체성에 맞는 일인가요?

Q 종교 간의 화합과 일치를 목적으로 기독교, 불교, 천주교 등이 연합행사나 활동을 하는가 하면 그를 위한 기구도 있습니다. 기독교의 정체성과 맞는 일인지 궁금합니다.

A 종교 간의 갈등을 막기 위해 대화의 장을 마련하는 것은 좋다고 봅니다. 그러나 일치는 가능하지 않습니다. 그 이유는 다른 점들이 너무나 많기 때문입니다.

종교 간의 갈등이나 다툼이 국론을 분열시키고 국민화합을 막는 것은 피해야 하지만 기독교, 불교, 천주교 등 다양한 종교가 일치를 시도하는 것은 원론적으로 불가능합니다. 종교마다 직제가 다르고, 교리가 다르고, 신학이 다르고, 신앙이 다르기 때문입니다.

예를 들어 천주교의 직제는 교황, 추기경, 주교, 신부, 수녀로 구분됩니다. 기독교의 경우는 목사, 장로, 집사, 권사로 구분됩니다. 천주교는 교황의 절대권과 무오를 주장하지만, 기독교는 그 어떤 직제에도 절대권을 부여하거나 무오를 주장하지 않습니다.

신학도 다릅니다. 가장 중요한 구원론의 경우 세 종교가 다르고 신앙 방법도 같지 않습니다. 그런데 어떻게 일치가 가능하겠습니까?

타종교가 포기를 하든지 기독교가 자신의 정체성을 포기하지 않는 한 일치는 불가능합니다. 그런 조건들을 잠재한 채 하나가 되자는 것은 종교다원주의적 발상에서만 가능합니다.

종교다원주의 신학은 성경적 신학이 될 수 없습니다. 어떤 종교라도 갈등을 부추기는 것은 피해야 합니다. 그러기 위해 대화의 장을 마련하는 것은 바람직합니다. 하지만 일치를 위한 기구나 활동은 동의할 수 없습니다.

우리의 관심을 안으로 돌려봅시다. 교단 간의 불일치, 교단 내의 불협화, 교회 안의 갈등과 분쟁들, 연합기구들의 파열음, 거기에 관심을 기울이고 화합과 일치의 노력을 기울여야 합니다. 추락한 기독교의 위상과 지도력을 회복하는 일이 더 시급합니다. 집안 단속도 못하는 사람들이 화합과 일치를 논하는 것은 바람직하지 못합니다.

좁아지는 세계선교의 문, 성장 정체의 해법, 교회 위상과 지도력의 회복 등 문제가 산적해 있습니다. 바른 신학과 균형목회의 자리를 지켜야 합니다.

문화

가나안 교인이란 어떤 교인인가요?

Q 가나안 교인이란 어떤 교인인가요?

A 본래 가나안은 지명이었고 그곳에 살고 있던 사람들을 가나안 사람이라고 불렀습니다. 일찍이 하나님은 아브라함과 그 후손에게 가나안을 주시겠다고 언약하셨습니다.

"내가 이 땅을 네 자손에게 주리라"(창 12:7).

"네가 거류하는 이 땅 곧 가나안 온 땅을 주어 영원한 기업이 되게 하고"(창 17:8).

야곱에게도 똑같은 약속을 하셨습니다.

"네가 누워 있는 땅을 내가 너와 네 자손에게 주리니"(창 28:13).

기독교인들에게 가나안은 장차 들어갈 영원한 나라의 그림자입니다. 그러니까 가나안은 긍정적이고 미래지향적 용어입니다.

그러나 가나안 교인이란 교회에 안 나가는 교인을 지칭하는데 안 나가의 역순이 가나안입니다. 교회 안 나가면서 스스로를 교인이라고 자처하는 사람들을 부르는 신조어입니다. 본래 '가나안'과는 전혀 상관없는 용어입니다.

객관적 현상만으로 가나안 교인도 신자인가를 논하는 것은 바람직하지 않습니다. 신앙과 구원의 문제는 개인의 확신과 고백으로 성립되기 때문입니다.

그들이 교회를 안 나가는 이유는 다양합니다. 교회가 교회답지 못하다, 하는 일이 마음에 들지 않는다, 교회가 허약하다, 실망했다 등 여러 가지입니다. 이 문제에 대해서는 교회의 자성이 필요합니다. 가나안 교인을 양산 배출하는 원인 제공자가 교회이기 때문입니다. 교회의 자성과 자정이 미흡하면 가나안 교인은 증가할 것입니다.

그러나 신학의 도전과 문화의 충격, 반기독교적 환경의 도전에 백기를 드는 것은 옳지 않습니다. 우리 모두 제2, 제3의 마르틴 루터가 되어 한국 교회를 살리고 바로 세워야 합니다. 이스라엘은 온갖 역사적 시련에도 불구하고 약속의 땅에 들어갔습니다. 그러나 지금도 그들은 지상천국 가나안을 이루지 못하고 있습니다. 그 뜻은 완전한 교회는 미래완료형이지 현재완료형이 아니라는 것입니다.

그리고 바울의 교회론에 따르면 내가 교회입니다. 내가 바른 교회가 되면 교회다움이 성립됩니다. 교인이라면 영원한 가나안을 사모하고 기필코 그 땅에 들어가기 위해 지금 여기서 최선을 다해야 합니다. 그리고 '안나가'가 '가나안'이 되도록 낡은 집을 고쳐야 합니다.

> 문화

유해를 화장하면 부활 때 문제가 되나요?

 고인의 유해를 화장하는 것은 부활 때 문제가 되는지요?

 사체 화장은 찬반양론이 있습니다.

구약성경의 경우는 매장이었습니다. 고대 이집트인들은 사체의 영구보존을 위해 미라를 만들었고, 사체 보존을 위한 다양한 기술이 발달되어 있었습니다.

화장의 시작은 신석기시대로 보고 있습니다. 그리고 우리나라는 신라시대였다고 합니다.

1990년대 들어서면서 장지 확보의 어려움 때문에 화장이 공론화되기 시작했습니다. 1913년 체코 가톨릭을 시작으로 영국 국교와 프랑스 가톨릭 교회가 뒤이어 화장을 허용하기 시작했고, 한국교회의 경우는 신학적 해석이 양립하고 있습니다.

화장을 반대하는 견해는 고인을 두 번 죽게 한다, 유가족들의 정서에 상처를 준다, 부활 때 문제가 된다 등입니다. 매장이든 화장이든 사자와는 상관이 없습니다. 대리석 비석인지 어느 지점인지 어떤 장례식이었는지 인지하지 못합니다. 그리고 매장과 화장, 그 어떤 것이든 부활과는 상관이 없습니다.

2천 년 전에 매장한 사람의 유골도, 전쟁의 포화 속에 산화한 유해도 부활을 이루시는 분은 하나님이십니다. 매장한 유해는 부활이 가능하고, 화장한 유해는 부활이 불가능하다는 논리는 성립되기 어렵습니다.

기독교인은 부활을 믿는 사람들입니다. 그리고 수시로 "몸이 다시 사는 것"과를 고백합니다. 그 고백의 핵심은 다시 살리시는 전권과 전능이 하나님께 있다는 것입니다. 여러 군데 신자들을 위한 봉안소(납골당)가 들어서고 있습니다. 수목장도 있고, 화장 후 뿌리는 경우도 있습니다. 유해 처리를 어떻게 하느냐보다 더 중요한 것은 부활신앙을 확립하는 것입니다.

"나는 부활이요 생명이니 나를 믿는 자는 죽어도 살겠고 무릇 살아서 나를 믿는 자는 영원히 죽지 아니하리니 이것을 네가 믿느냐"(요 11:25~26).

"나팔 소리가 나매 죽은 자들이 썩지 아니할 것으로 다시 살아나고 우리도 변화되리라"(고전 15:52).

구원도 부활도 영생도 하나님이 하십니다.

문화

기독 연합체 분열 걱정이 큽니다

Q 중도시 목회자입니다. 기독교 연합체들의 분열과 교계 지도층 인사들의 언행이 사람들의 입에 오르내리고 있습니다. 변명하기가 어렵습니다.

A 한국교회 초기는 연합체가 극소수였고, 지탄의 대상이 아니었습니다. 설립정신을 벗어나지 않았기 때문이고 제자리를 지켰기 때문입니다.

그러나 현재 상황은 연합체가 포화 상태인데다 지탄과 공격의 대상이 되고 있습니다. 기독교 연합체의 기본 정신은 교회를 지키고 세우는 데 있습니다. 그런데 시간이 지나면서 정체성을 잃는가 하면 사분오열로 걱정스런 집단이 되고 있습니다.

연합체 설립의 목적은 힘의 집합과 교회 보호를 위해, 그리고 대사회적 영향력의 확장을 위한다는 것들입니다.

문제는 소수집단의 독주와 정체성 이탈로 시작됩니다. 누가 크냐, 누가 차지하느냐의 키 재기가 계속되는 한 갈라진 연합기관의 봉합은 어렵습니다. 자기 홍보와 세 확장에 나서는 사람들, 연합기관을 사유물로 여기는 사람들, 나 아니면 안 된다는 사람들이 책임자의 자리에 머무는 한 연합기관의 하나 됨은 어려워집니다.

　하나 됨을 위해선 자신을 내려놓고 물러설 줄 알아야 합니다. 개체보다 전체를 보아야 하고, 준엄한 역사의 심판을 예견해야 합니다. 분열된 교단이나 기관의 연합도 성사시키지 못하는 사람들이 남북 화해와 통일을 논할 수 있겠습니까?

　더 이상 지탄의 표적이 되지 않기 위해, 그리고 하나 되라는 성경의 가르침을 따르기 위해 진정성 있는 기관들의 연합이 꼭 이루어지길 소망합니다.

일터

회식 때마다 폭탄주 강요해 너무 힘들어요

Q 제조업을 하는 중기업 2년 차 사원입니다. 회식 때마다 폭탄주를 만들어 마시고 강요합니다. 힘들고 난감합니다.

A 양주 소비량은 우리나라가 1위랍니다. 판매량은 5,500킬로리터인데 1,600만 명 분량이고 트럭으로 9,500대 분이랍니다. 소주 소비량도 1,600만 명이 일주일에 2병 마시는 꼴이 된답니다. 술은 그 자체로서 백해무익합니다. 그런데도 TV, 드라마, 영화 등 앞다퉈 술 마시는 장면으로 도배질하고 있습니다.

국민건강과 사회질서의 안정을 위해 잘못된 술 문화를 바로잡아야 합니다. 음주운전으로 인한 인명피해, 각양 범죄, 알코올 중독 등 술로 인한 폐해가 심각합니다. 그리고 청소년들을 타락한 술 문화에 방치한다면 국가 장래가 걱정입니다. 술은 마시지 않는 게 좋고 타인에게 강요해도 안 됩니다.

에베소서 5장 18절에 "술 취하지 말라 이는 방탕한 것이니"라고 했습니다. 술 마시는 사람들은 핑계가 많습니다. 교제하기 위해 스트레스를 풀기 위해 '와인은 포도 음료다, 맥주는 보리차다, 막걸리는 곡차'라는 것이 술을 정당화하려는 핑계들입니다.

술 마시고 성공한 사람은 없습니다. 반대로 술 때문에 건강 빼앗기고 인생 망친 사람들은 부지기수입니다. 폭탄주를 강요하고 겁박하는 것은 문화적 태도가 아닙니다. 왜 남에게 술을 강요합니까? 폭탄주 안 마시면 회사를 그만둬야 하는 상황은 아니잖습니까?

자신의 신앙과 신념을 포기하거나 내려놓지 마십시오. 바벨론 포로였던 다니엘은 왕의 음식과 술을 거부했습니다. 이런 행위는 징벌을 각오한 것입니다. 그러나 그는 안 먹고 안 마셨습니다. 오히려 그의 그런 신앙과 신념 때문에 총리로 발탁되었습니다.

왜 술을 마시지 않는가를 밝히십시오. 그리고 애사심과 성실한 섬김의 모습을 보이십시오. 술은 마시지 않지만 성실과 책임을 다하는 멋진 사원이라는 평을 듣도록 하십시오. 그리고 직장을 동료들을 그리스도에게로 인도하는 전도 현장으로 만드십시오. 그 비전이 이뤄지도록 기도하십시오.

> 일터

직장 신우회 회장이 신임을 받지 못하고 있어요

Q 직장 신우회를 책임진 상사가 직원들의 존경과 신임을 받지 못하고 있습니다. 그 영향으로 신우회 모임이 어렵습니다.

A 교회는 충전소와 같습니다. 예배와 말씀과 양육을 통해 영적 에너지를 충전하고 일터로 나가 빛을 발하는 것이 그리스도인의 삶입니다. 우리네 약점은 신앙과 삶의 이중구조를 공유하고 있다는 것입니다. 다시 말하면 믿는 대로 사는 것이 허약합니다.

교회 안의 삶과 교회 밖의 삶이 다른 모습일 때 지켜보는 사람들은 실망하게 됩니다. 그런 면에서 신앙과 삶, 교회와 일터를 이분화하는 것은 잘못입니다.

바울은 디모데에게 "배우고 확신한 일에 거하라"(딤후 3:14)고 했습니다. 배운 대로 믿고 믿은 대로 살라는 뜻입니다. 교회마다 각종 성경공부가 있고 교회 밖에도 성경연구 프로그램이 있습니다. 신학교도 많습니다.

그런데 믿음의 현주소는 부실하고 사는 모습은 더 허약합니다. 신앙생활은 강조하지만 생활신앙은 외면하기 때문입니다. 그런 면에서 일터를 교회로, 삶의 현장을 선교현장으로 이해하는 새로운 접근이 필요합니다. 최근 대두되고 있는 선교적 교회의 강조점이기도 합니다.
 직장동료나 일터 사람들에게 "이분이 예수다"라고 보여주는 것은 불가능합니다. 예수님은 영으로 우리와 함께하시기 때문입니다. 그러나 "이 사람은 예수님을 닮은 사람입니다"라고 말할 수 있어야 합니다. 그리고 그리스도인의 삶을 지켜보는 사람들이 "역시 예수 믿는 사람들이 우월하다, 기독교가 최고의 종교다"라고 말할 수 있게 해야 합니다.
 상당수의 사람들이 일터에서 자신이 그리스도인임을 감추고 있습니다. 이유는 자신의 그늘진 삶 때문이기도 하고, 교회의 부정적 이미지에 눌려 있기 때문입니다.
 일터와 사는 동네에서 칭찬은 듣지 못하더라도 욕은 먹지 맙시다. 나 때문에 전도의 문이 가로막힌다면 그를 가리켜 그리스도인이라 말하긴 어려울 것입니다. 바른 믿음과 바른 삶을 가르치고 배워야 합니다.

일터

타종교인 동기와 동업을 생각하고 있어요

Q 시무장로입니다. 직장 퇴직 후 대학동기와 요식업을 함께하자는데 의견을 모으고 있습니다. 그 친구는 3대째 불교 집안입니다.

A 동업을 하지 마십시오. 통계가 나와 있진 않지만, 동업에 성공한 사람은 많지 않습니다.

성경의 교훈을 따르는 게 좋습니다. 바울은 "너희는 믿지 않는 자와 멍에를 함께 메지 말라 의와 불법이 어찌 함께하며 빛과 어두움이 어찌 사귀며 그리스도와 벨리알이 어찌 조화되며 믿는 자와 믿지 않는 자가 어찌 상관하며 하나님의 성전과 우상이 어찌 일치가 되리요"(고후 6:14~16)라고 했습니다.

그 뜻은 분명합니다. 그리스도인의 삶은 구별되고 차별화되어야 한다는 것입니다. 당시 고린도는 우상숭배와 음란의 도시였습니다. 그런 상황에서 기독교인들의 처신은 힘겨웠습니다. 그렇다고 야합하고 타협하면 신앙의 정체성을 지키기 어렵기 때문에 멍에를 함께 메지 말라고 한 것입니다.

멍에란 밭을 가는 소에게 매는 도구입니다. 두 마리 소가 한 멍에를 맬 경우 방향을 맞추고 속도를 맞추는 게 쉽지 않습니다. 그래서 제대로 밭을 가는 것이 어려워집니다. 그런 상황을 바울은 경계한 것입니다.

종교가 다르고 신앙과 가치관, 인생관과 삶의 방식이 다른 두 사람이 함께 이익분배를 조건으로 동업한다는 것은 두 마리 소가 밭을 가는 것보다 더 어렵습니다.

아직 동업을 시작하지 않았다니 다행입니다. 모든 사업이 다 어렵지만 요식업은 더 어렵습니다. 장소가 어디냐에 따라 다르지만 평일이나 주말을 가리기 어렵습니다. 그리고 대부분의 요식업은 주류를 제공해야 합니다. 쉽게 넘길 문제가 아닙니다. 타 종교인이나 불신자와의 동업은 물론 교인들과의 동업도 삼가는 게 좋습니다. 이해득실이 전제되면 관계가 나쁜 쪽으로 얽히기 때문입니다.

어떤 업종을 선택할 것인가 더 고민하시고 동업은 접는 게 좋겠습니다. 유의미한 일터를 위해 기도하십시오.

일터

응급환자 주일 진료로
주일 성수를 못하고 있습니다

Q 중도시에서 외과병원을 운영하고 있습니다. 응급환자는 주일에도 진료를 해야 하는데 주일 성수가 마음에 걸립니다.

A 유대인들의 문자적 안식일 준수를 따를 필요는 없습니다. 형식에 빠져 있기 때문입니다. 그러나 주일 성수는 예수님의 부활과 구원의 은총에 대한 감격과 감사가 동기가 되어야 합니다.

안식일에 밀 이삭을 잘라 먹은 것을 본 바리새인들의 시비에 예수님은 "인자는 안식일의 주인이다"(마 12:8)로 일축하셨습니다.

예수님께서 안식일에 손 마른 사람을 고치셨을 때 고발을 벼르는 사람들에게 "안식일에 선을 행하는 것과 악을 행하는 것, 생명을 구하는 것과 죽이는 것 어느 것이 옳으냐"라고 말씀하시고 그 손을 치료하셨습니다.

주일이라는 이유로 병원을 찾아온 응급환자를 돌보지 않는 것은 옳은 태도가 아닙니다. 응급환자는 대부분 생사의 갈림길에 있기 때문에 응급처치가 필요합니다. 규모가 큰 병원일수록 입원환자나 응급환자는 의사와 간호사의 돌봄이 24시간 필요합니다.

코로나19 사태로 주일성수와 예배신앙이 무너져가고 있습니다. 주일은 주의 날이 아니라 쉬는 날, 놀러가는 날, 즐기는 날로 바뀌고 있습니다. 교인의 의무에 주일성수가 자취를 감추고 있습니다. 주일 예배 후 병원 문을 열고 가난하고 불쌍한 환자들, 의사의 치료가 꼭 필요한 사람들을 예수님의 마음으로 진료하십시오.

전 세계 도처에서 기독의료인들이 선교적 사명을 수행하고 있는가 하면 매년 의료선교에 나서는 의료인들도 있습니다. 그리고 병원에서 예수님의 사랑을 실천하는 의료인들이 많습니다.

병원을 선교현장으로 만드십시오. 의사는 싸매고, 하나님은 치료하신다는 믿음으로 진료에 임하십시오. 고치시는 예수님이 임재하시는 병원이 되게 하십시오.

일터

공직 은퇴 이후의 삶 어떻게 살아야 하나요?

Q 교육공무원으로 30년 근무하고 은퇴를 앞두고 있습니다. 은퇴 이후를 어떻게 살아야 할는지요?

A 은퇴란 공적으로 하던 일에서 물러나는 것입니다. 자영업은 은퇴나 정년이 없습니다. 직업 분야에 따라 정년이 다릅니다만, 교육공무원의 경우는 한창 일할 나이에 일터를 떠나야 합니다.

은퇴란 공직에서 떠나는 것이지 인생을 은퇴하는 것은 아닙니다. 한창 일할 나이에 일터를 떠나기 때문에 다른 일을 계획하는 게 필요합니다. 사업을 계획하거나 다른 일터를 찾을 수 있습니다.

그런데 조심할 게 있습니다. 교육 외길만을 걸었던 탓으로 다른 분야에는 길눈이 어둡습니다. 제 주변 지인들 가운데 투자를 했거나 동업한 이들은 대부분 손실을 입었습니다. 본인들 말은 "속았다"고 했습니다. 서두르지 마시고 꼼꼼하게 살피는 게 좋습니다.

그러나 그보다 더 소중한 것은 자아관리입니다.

규칙적인 생활리듬이 깨지고 정신적 허탈감이 겹치면 건강이 흔들리게 됩니다. 새로운 생활 시간표를 만드십시오. 그리고 그동안 못다한 보람된 일들을 계획하십시오. 신앙관리 시간표도 새로 만드십시오. 기도, 성경읽기, 교회 섬기기 등 주간 계획을 세우고 실천하십시오.

초등학교 교장직을 은퇴한 지인이 있습니다. 그분은 월요일에서 주일까지 주간 계획을 세우고 실행하고 있습니다. 예를 들면, 주일은 교회 가서 예배드리고 주일학교 교사들 뒷바라지, 월요일은 부부가 함께 시간 보내기, 화요일은 보육원 방문, 수요일은 성경공부, 목요일은 개인 전도, 금요일은 걷기 운동, 토요일은 교회 청소, 주보 접기 등 멋지고 보람 있는 시간표를 만들어 실행하고 있습니다. 생활은 연금으로 부부가 살 수 있답니다.

할 일은 많습니다. 단 교육공무원 시절의 향수에 사로잡히는 것은 옳지 않습니다. 그 시절은 지나간 시절이니까요. 오늘을 어떻게 살고 일할 것인가, 보람된 삶을 위해 기도하고 실행하십시오.

일터

기독교인이라고 굳이 티낼 필요가 없나요?

Q 저는 대학 동기 친구와 함께 안수집사로 같은 교회를 섬기고 있습니다. 그런데 친구는 술, 담배도 가리지 않고 회사에서는 기독교인이라는 말을 안 한다고 합니다. 이유는 혼자 믿으면 되는 거지 구태여 티를 낼 필요가 없다는 것입니다.

A 순교자들의 경우를 생각해 보겠습니다. 박해자들 앞에서 적당히 처신하고 애매모호한 태도로 얼버무리면 죽음을 맞지 않아도 됩니다. 그러나 총검 앞에서 끝까지 예수 그리스도의 구주 되심을 고백하고 선포했기 때문에 목숨을 빼앗긴 사람들을 순교자라 부릅니다. 위기를 넘긴 다음 잘 믿고 주의 일을 하는 것이 죽음으로 삶을 마감하는 것보다 더 바람직하다는 것이 그들의 핑계일 것입니다. 그러나 순교자들은 자기 신앙을 고백하고 꺾지 않기 때문에 극형을 당하는가 하면 생명을 바쳤습니다. 법정 뜰에서 베드로는 세 차례나 반복해 예수를 부인하고 저주했습니다. 위기를 극복하기 위해서였습니다. 그러나 베드로는 통회하고 울었습니다. 자신의 행위가 제자의 정도가 아님을 깨달았기 때문입니다.

몇 구절 성경 말씀이 생각납니다.

"누구든지 사람 앞에서 나를 시인하면 나도 하늘에 계신 내 아버지 앞에서 그를 시인할 것이요 누구든지 사람 앞에서 나를 부인하면 나도 하늘에 계신 내 아버지 앞에서 그를 부인하리라"(마 10:32~33).

예수님이 하신 말씀입니다. 다른 구절도 있습니다.

"네가 만일 네 입으로 예수를 주로 시인하며 또 하나님께서 그를 죽은 자 가운데서 살리신 것을 네 마음에 믿으면 구원을 받으리라 사람이 마음으로 믿어 의에 이르고 입으로 시인하여 구원에 이르느니라"(롬 10:9~10).

사람들 앞에서 시인하라는 말씀을 주목해야 합니다. 신앙은 고백을 통해 확인되고 고백은 언행으로 성립됩니다.

모 장관 후보자의 청문회에서 창조론 시비가 있었습니다. 개인의 신앙을 국회청문회에서 시빗거리로 삼았다는 것 자체가 바람직한 일은 아니었습니다. 만일 그 자리에서 후보자가 나는 그냥 교회를 드나들 뿐이다, 창조론은 한낱 학설일 뿐이라며 청문회를 비켜갔다면 교인일 수는 있겠지만 그리스도인은 아닐 것입니다. 믿음 없는 사람이 믿음 있는 것처럼 꾸미고 포장하는 것은 위선입니다. 그러나 내가 믿는 예수님을 언제 어디서 어떤 경우에도 떳떳하고 당당하게 시인하고 고백하는 것이 참된 그리스도인의 신앙태도입니다.

그리스도인이 신분을 감추는 것은 예수 그리스도 때문이 아니라 내 삶과 행동이 부실하고 떳떳하지 못하기 때문입니다. 교인은 많습니다. 그러나 그리스도인의 숫자는 미지수입니다.

정치

목회자의 정치 관심 바람직한가요?

Q 제 아버지는 목회자이십니다. 그런데 정치에 관심이 많으십니다. 복지시설도 운영하면서 정치인들과 교분도 두텁습니다. 특정 정치인을 노골적으로 지지하는가 하면 말이나 글도 주저하지 않습니다. 바람직한 자세일까요?

A 사람마다 세계관, 역사관, 가치관, 신앙관이 다릅니다. 사람마다 얼굴이 다른 것처럼 성격도 삶의 방법도 취미도 각각 다릅니다. 역사를 보고 사회를 보는 관점도 다를 수밖에 없습니다. 그리고 그 다양성 때문에 생존과 삶의 의미가 두드러집니다.

철학자 아리스토텔레스는 "인간은 정치적 동물이다"라고 했습니다. 인간은 정치적 존재여서 정치를 하고 관심을 기울이고 호불호를 논하게 됩니다. 국가 공동체는 물론 종교도 정치형태를 수용하고 제도화하고 있습니다. 세 종류의 사람이 있습니다.

첫째, 정치지향적인 사람입니다.

직접 참여하고 비상한 관심을 기울이고 정치 마당을 기웃거리고 줄서기를 즐기는 사람들이 있습니다. 그러나 목회자는 그러면 안 됩니다. 목회자가 설 자리는 교회이고 목회현장입니다. 이해득실 때문이라면 더 삼가야 합니다. 정치권에 줄 대고 도움받고 청탁할 일이 많다는 것 자체가 바람직한 자세가 아닙니다.

둘째, 정치를 혐오하는 사람입니다.

정치를 세속집단의 퇴행으로 보고 혐오하고 부정하는 사람들이 있습니다. 그들은 정치인들을 싸잡아 오염인간으로 치부하고 정치적 관심을 외면합니다. 그러나 우리가 여기에 머물고 살아가고 있는 것은 정치의 힘과 역할 때문이라는 것을 잊어선 안 됩니다. 어떤 사람은 가정도 정치라고 했습니다. 신령공동체인 교회도 정치가 존재합니다. 물론 속물정치로 공동체를 타락시키는 사람들도 있습니다. 그들은 교회를 떠나야 합니다. 정치인은 필요합니다. 그러나 정치꾼이 되는 것은 피해야 합니다.

셋째, 균형과 조화를 이루는 사람들입니다.

국가나 교회도 정치가 필요합니다. 그러나 정치를 위해 존재하는 것은 아닙니다. 정치의 의미는 바른 국가, 살기 좋은 나라를 세우기 위해서이고, 신령공동체인 교회의 질서와 건강성을 지키기 위해서입니다. 그런데 정치 때문에 국가가 사분오열된다든지 교회가 타락하고 중심을 잃는다면 그런 정치는 없는 게 좋습니다.

바른 정치의 모판은 바른 신앙입니다. 교회보다 정치에 관심이 많은 목회자, 정권이 바뀔 때마다 줄서기에 나서는 목회자라면 원위치를 떠난 사람들입니다. 그리고 강단을 정치구현의 도구로 사용하는 것도 삼가야 합니다. 절묘한 균형과 조화, 그리고 정치 정도를 제시하고 지도하는 지도자가 되어야 합니다.

정치

정치지망생인데
요즘 정치권 보면 환멸을 느껴요

Q 저는 모 대학 정치외교학과에 재학 중입니다. 정치에 뜻을 두고 있는데 요즈음 정치권을 보노라면 꿈을 접고 싶습니다.

A 왜 정치가가 되려는지 목표 설정이 분명해야 합니다.
정치는 필요합니다. 그러나 정치가 사람을 변화시키진 못합니다. 착한 정치를 통해 세상이 달라진 예도 있지만 잘못된 정치 탓으로 세상이 더 나빠진 예들도 많습니다.
정치는 일종의 도구와 같습니다. 도구를 누가 어떻게 쓰느냐에 따라 이기가 될 수도 있고 흉기가 될 수도 있습니다. 흉기가 되면 국가를 파국으로 몰고 백성의 삶을 도탄에 빠트립니다.
정치인들과 정치지망생들이 유념해야 될 것이 있습니다.
첫째, 영원한 정권은 없다는 것입니다. 정권은 풍향계처럼 돌고 돕니다. 여가 야 되고, 야가 여 되는가 하면, 최고 집권자도 자연인으로 내려앉아야 합니다. 승차지점이 있고 하차지점이 있습니다. 그것은 정권은 잡되 정권욕은 버려야 된다는 것을 교훈합니다. 욕심이 과하면 탈이 납니다. 그리고 정권을 잡았던 사람들의 행태를 지계석으로 삼아야 합니다.

둘째, 정도정치라야 합니다. 미국 16대 대통령 링컨의 말이 떠오릅니다. "국민을 잠시 속이는 것은 가능하지만 영원히 속이는 것은 불가능하다. 나는 노예가 되고 싶지 않은 것처럼 주인도 되고 싶지 않다." 링컨의 정도정치 철학입니다. 권모술수나 임기응변이 잠깐 통할 수는 있겠지만 영속되는 것은 아닙니다. 권력 지향적인 사람들은 집권과 그 유지를 위해서라면 물불을 가리지 않는 특성을 가지고 있습니다. 그러나 정도를 걷는 것은 느리고 지루한 듯하지만 쉽게 무너지진 않습니다.

셋째, 목표가 선명해야 합니다. 누구를 위한 어느 나라를 위한 정치인가가 선명해야 합니다. 국익 우선이라야 하고 국민이 주인임을 잊지 말아야 합니다. 정치를 하십시오. 비전을 세우십시오. 단 출세의 창구로 여기지는 마십시오. 정치인이 되십시오. 그러나 어떤 류의 정치인이 될 것인가 자화상을 신중하고 섬세하게 그리십시오. 그 그림이 떠오르지 않는다면 다른 길을 선택하십시오. 존재가치를 인정받지 못하는 정치인이 많으니까요.

정치

한·일관계 어떻게 봐야 할까요?

Q 목회자입니다. 요즘 문제가 되고 있는 일본을 어떻게 보아야 할까요?

A 일본은 그냥 일본일 뿐입니다. 지리적으론 가까운 나라이지만 이웃도 친구도 아닙니다. 우리에겐 일본을 아는 지일(知日)과 일본을 이기는 극일(克日)이 필요합니다.

일본은 36년간 우리나라를 침탈했고, 신사참배를 강요했고, 인권을 유린했고, 교회를 박해했고, 나라 사랑하는 사람들을 투옥했고 처형했습니다. 그러나 단 한 번도 진정성 담긴 사죄를 하지 않았습니다. 저들은 조선반도를 떠나며 '다시 온다'라며 떠났습니다. 침략의 야욕을 버리지 못한 것입니다. 그러나 다시 와도 안 되고 올 수도 없습니다.

일본은 미신 국가입니다. 8백만 넘는 잡신을 섬기는가 하면 지금도 신사를 참배하고 있습니다. 기독교 인구는 1퍼센트에 미치지 못합니다. 기독교 정신을 찾기 어려운 나라입니다. 일본은 지금도 36년간 이어진 식민통치의 향수를 버리지 못하고 있습니다. 범국민적 반일 운동이 일어나야 합니다.

그러나 반일운동이나 불매운동은 완전한 해법은 아닙니다. 극일이라야 합니다. 친일과 반일, 친미와 반미, 친북과 반북으로 국론이 분열되는 것도, 교인끼리 맞서는 것도 바람직하지 않습니다. 일본을 이기는 국가적 전략이 필요합니다.

예레미야는 "애굽으로 가지 말라"(렘 42:19)는 메시지를 전했습니다. 애굽은 430년간 이스라엘 민족을 학대하고 노동력을 착취한 나라입니다. 그리고 우상숭배가 만연한 우상국가입니다. 그런 나라에 대한 향수나 미련을 버리라는 것입니다.

그 어느 나라도 영원한 우방일 수 없습니다. 국익을 따라 언제라도 등을 돌릴 수 있는 나라들이라는 것을 상기해야 합니다.

독일이 전범죄를 사죄하는 데는 기독교 정신이 있었기 때문입니다. 그러나 일본이 면피용 사죄로 일관하는 것은 저네들의 종교와 정신문화 탓입니다. 잘못한 게 없다는 사람들더러 잘못했다고 말하라는 것은 무의미합니다.

일본 때문에 당회원이 다투고 편가르기를 하는 것은 득될 게 없습니다. 기도로 난국을 헤쳐나가고 단합된 국민 의지로 위기를 극복해야 합니다.

> 정치

목회자 독서모임에서
정치문제로 편이 갈려요

Q 목회자들이 정기적으로 독서모임을 하고 있는데 최근 들어 정치문제로 편이 갈려 격론이 벌어지고 있습니다.

A 독서모임의 본래 의도는 목회에 도움되는 책을 읽고 독서정보를 공유하고 나누는 것입니다. 그런데 성격이 달라졌군요.

모임이나 온라인으로 정치문제 얘기할 수 있습니다. 그러나 목회자의 관심이 정치문제 쪽으로 기우는 것은 바람직하지 않습니다. 목회란 교인을 하나님의 백성으로 양육하고 이끄는 영적 사역입니다. 그래서 목회자의 관심사는 정치가 아니라 영적 돌봄이라야 합니다.

그렇다고 세상사에 대한 관심을 외면하자는 것은 아닙니다. 그러나 목회자의 세속적 관심 때문에 목회 현장에 소홀하거나 갈등이 번지는 것은 피해야 합니다.

우리네 상황은 국론분열이 위험수위를 넘어서고 진영논리의 대립이 양극화하고 있습니다. 거기다 신학도 양극화하고 목회자들까지 편을 가른다면 교회는 어디로 가야 합니까?

그리스도인들은 성경에서 답을 찾아야 합니다. "우로나 좌로나 치우치지 말라"(신 5:32, 17:11; 수 1:7, 23:6; 잠 4:27)는 교훈이 거듭되고 있습니다. '치우치다'의 뜻은 '빗나가다'입니다. '죄'의 뜻도 '빗나가다'입니다. 하나님의 계명을 떠나고 말씀에서 빗나가지 말라는 것입니다. 정도 이탈을 금하라는 것입니다.

모든 그리스도인이 지켜야 할 행위의 중심은 성경입니다. "성경은 하나님의 감동으로 된 것으로 교훈과 책망과 바르게 함과 의로 교육하기에 유익하니"(딤후 3:16)라는 말씀대로 신앙과 행위의 중심은 하나님의 말씀이라야 합니다. 성경이 정답이고 정도입니다. 목회자는 극단적 입장을 취하는 것은 피해야 합니다. 융합하고 통전하는 조율사가 되어야지 편 가르기에 편승하면 교회가 어려움을 겪게 됩니다.

독서모임의 순수성을 회복하십시오. 그게 어렵다면 잠시 쉬도록 하십시오. 피차 다른 생각을 주고받다 보면 감정이 상하고 관계에 금이 갈 수도 있습니다. 성경 읽고 책 읽는 것은 혼자서도 가능하니까요.

> 정치

통일 위한 교회 관심이 너무 지나쳐요

Q 저는 지방 신학대학에서 윤리학을 강의하고 있습니다. 통일을 위한 교회의 관심이 증대되고 있는 점을 긍정적으로 평가하면서, 한편으론 너무나 많은 단체들이 난립하는가 하면 교회들도 아전인수의 틀을 벗어나지 못하고 있습니다. 통일을 위한 한국교회의 교통정리가 필요하다고 생각합니다.

A 전적으로 동의합니다. 독일교회의 경우 통독이 이뤄지기까지 오랜 세월 동안 기도하고 통일을 위한 전략을 세우고 추진했습니다. 한국교회 역시 통일을 위해 기도했고, 지금도 기도하고 있습니다. 그리고 통일을 위한 선교전략을 수립하고 연구를 거듭하고 있습니다.

통일은 국가적 과제이기 때문에 교회만의 노력으로 될 수 있는 것은 아닙니다. 그러나 통일은 하나님의 주권과 섭리 아래 있다는 것이 우리의 신앙이기 때문에 통일을 위한 교회의 노력과 선교전략은 강력한 기도를 기반으로 이뤄져야 합니다. 그리고 통일전략은 보다 더 구체적이고 통전적이라야 합니다. 하나님이 정하신 시간표를 따라 통일의 날은 반드시 올 것입니다.

긍정적으로 보면 통일을 위한 교회들의 기도모임, 다양한 단체들의 접근과 노력 모두 바람직합니다. 그러나 교회들과 단체들이 동상이몽에서 벗어나지 못한다면 통일전략 수립에도 장애가 될 것이고 심각한 통일방해 세력으로 변형될 소지가 큽니다.

예를 들겠습니다. 통일이 되는 날 모든 교단마다 자기네 교단 깃발을 꽂을 것입니다. 선교단체마다 간판을 내걸 것이고, 교회마다 교회 개척과 재건을 위해 사람을 파송할 것입니다. 황무지에 장미꽃이 피는 게 아니라 가시꽃이 피게 될 것입니다. 그리고 자기네 세 확장을 위해 경쟁과 각축전을 펼 것입니다. 거기다 이단사이비들도 때를 놓치지 않고 나설 것입니다. 그렇게 되면 북한 땅에 갈등과 혼란이 일게 될 것이고, 한국교회는 분열과 분파의 원인 제공자가 될 것입니다.

해법은 교단과 교회, 단체와 기구들이 자신들의 전략과 의도를 내려놓고 통일된 하나의 북한교회 그림을 그려야 합니다. 그러기 위해선 협의와 합의의 도출이 필요합니다. 잘못하면 한국교회가 통일과 북한교회 재건의 방해자가 될 수도 있다는 점을 심사숙고해야 합니다. 그리고 북한사회를 교회가 어떻게 무엇을 섬길 것인가에 대한 연구와 전략도 함께 세워야 합니다.

하나는 강하고, 둘이 모이면 다투고, 셋이 모이면 나뉜다는 우리의 약점을 시급히 바로잡아야 합니다. 그러기 위해선 긍정적이고 미래지향적인 사고와 자세의 전환이 필요합니다. 함께 가야 합니다. 통일의 날은 반드시 옵니다. 준비가 필요합니다.

Christian Q&A
묻고 답하고

1판 1쇄 인쇄 _ 2022년 10월 8일
1판 1쇄 발행 _ 2022년 10월 15일

지은이 _ 박종순
펴낸이 _ 이형규
펴낸곳 _ 쿰란출판사

주소 _ 서울특별시 종로구 이화장길 6
편집부 _ 745-1007, 745-1301~2, 747-1212, 743-1300
영업부 _ 747-1004, FAX 745-8490
본사평생전화번호 _ 0502-756-1004
홈페이지 _ http://www.qumran.co.kr
E-mail _ qrbooks@daum.net / qrbooks@gmail.com
한글인터넷주소 _ 쿰란, 쿰란출판사
페이스북 _ www.facebook.com/qumranpeople
인스타그램 _ www.instagram.com/qrbooks
등록 _ 제1-670호(1988.2.27)
책임교열 _ 신영미·오완

ⓒ 박종순 2022 ISBN 979-11-6143-774 3 03230

책값은 뒤표지에 있습니다.
이 출판물은 저작권법에 의해 보호를 받는 저작물이므로 무단 복제할 수 없습니다.
파본(破本)은 구입처에서 교환해 드립니다.